"十四五"职业教育国家规划教材

"十三五"职业教育国家规划教材
"十三五"职业教育新能源汽车专业"互联网+"创新教材

电动汽车结构原理与检修

主 编 敖东光 宫英伟 陈荣梅
副主编 胡海玲 李倩龙 薛 菲 张 毅
参 编 李维强 高 磊 彭保才
主 审 姜建才 罗雪虎

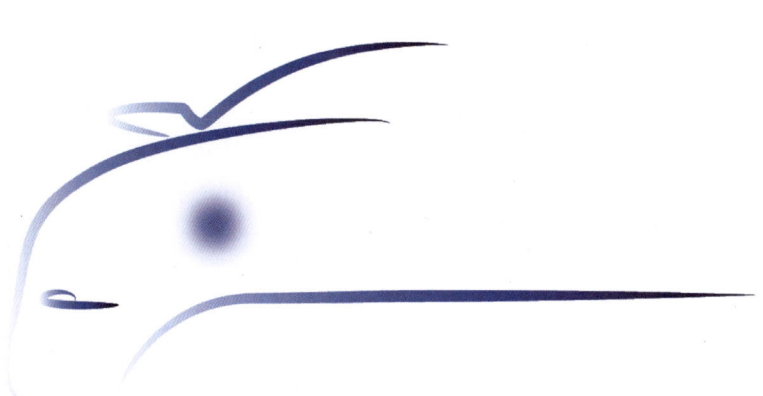

机械工业出版社

本书是"十四五"职业教育国家规划教材。

为了适应新时期职业教育人才培养的需要，以及科学技术发展的新趋势和新特点，我们组织教师和企业专家成立了课程研发小组，用"互联网+汽车专业"思维创新模式，编写了这套"十三五"职业教育新能源汽车专业"互联网+"创新教材，包括《走进新能源汽车》《电动汽车检查与维护》《电动汽车结构原理与检修》《电动汽车总装技术》《混合动力电动汽车结构原理与检修》以及相应工作页。

本书共6个学习情景，17个学习任务，以当前市场主流纯电动车型的结构为基础，在充分讲授电动汽车原理的系统性和典型性的基础上，重点介绍了电动汽车维修安全操作、整车控制系统结构原理与检修、动力电池系统结构原理与检修、驱动电机及控制系统结构与检修、充电系统结构原理与检修和辅助系统结构原理与检修。本书还配有工作页与各学习情景一一对应（需另行购买）。本书融合了大量的图片，并在教材上整合移动多媒体技术，在学习资料文本附近设置二维码，使用者用装有摄像机的手机进行扫描，便可在手机屏幕上显示和教学材料相关的多媒体内容，方便读者理解相关知识，以便更深入地学习。

本书可作为职业院校新能源汽车和汽车维修等相关专业的教学用书，也可作为汽车企业的内部培训资料，还可以作为想了解新能源汽车的大众科普读物。

图书在版编目（CIP）数据

电动汽车结构原理与检修/敖东光，宫英伟，陈荣梅主编．—北京：机械工业出版社，2017.1（2025.6重印）

"十三五"职业教育新能源汽车专业"互联网+"创新教材

ISBN 978-7-111-55856-9

Ⅰ.①电… Ⅱ.①敖…②宫…③陈… Ⅲ.①电动汽车-结构-高等职业教育-教材②电动汽车-车辆修理-高等职业教育-教材 Ⅳ.①U469.72

中国版本图书馆CIP数据核字（2016）第323327号

机械工业出版社（北京市百万庄大街22号　邮政编码100037）
策划编辑：曹新宇　　责任编辑：曹新宇　张丹丹
责任校对：张　薇　　封面设计：马精明
责任印制：单爱军
北京联兴盛业印刷股份有限公司印刷
2025年6月第1版第21次印刷
210mm×285mm · 13.75印张 · 306千字
标准书号：ISBN 978-7-111-55856-9
定价：54.90元

电话服务	网络服务
客服电话：010-88361066	机　工　官　网：www.cmpbook.com
010-88379833	机　工　官　博：weibo.com/cmp1952
010-68326294	金　书　网：www.golden-book.com
封底无防伪标均为盗版	机工教育服务网：www.cmpedu.com

关于"十四五"职业教育
国家规划教材的出版说明

为贯彻落实《中共中央关于认真学习宣传贯彻党的二十大精神的决定》《习近平新时代中国特色社会主义思想进课程教材指南》《职业院校教材管理办法》等文件精神，机械工业出版社与教材编写团队一道，认真执行思政内容进教材、进课堂、进头脑要求，尊重教育规律，遵循学科特点，对教材内容进行了更新，着力落实以下要求：

1. 提升教材铸魂育人功能，培育、践行社会主义核心价值观，教育引导学生树立共产主义远大理想和中国特色社会主义共同理想，坚定"四个自信"，厚植爱国主义情怀，把爱国情、强国志、报国行自觉融入建设社会主义现代化强国、实现中华民族伟大复兴的奋斗之中。同时，弘扬中华优秀传统文化，深入开展宪法法治教育。

2. 注重科学思维方法训练和科学伦理教育，培养学生探索未知、追求真理、勇攀科学高峰的责任感和使命感；强化学生工程伦理教育，培养学生精益求精的大国工匠精神，激发学生科技报国的家国情怀和使命担当。加快构建中国特色哲学社会科学学科体系、学术体系、话语体系。帮助学生了解相关专业和行业领域的国家战略、法律法规和相关政策，引导学生深入社会实践、关注现实问题，培育学生经世济民、诚信服务、德法兼修的职业素养。

3. 教育引导学生深刻理解并自觉实践各行业的职业精神、职业规范，增强职业责任感，培养遵纪守法、爱岗敬业、无私奉献、诚实守信、公道办事、开拓创新的职业品格和行为习惯。

在此基础上，及时更新教材知识内容，体现产业发展的新技术、新工艺、新规范、新标准。加强教材数字化建设，丰富配套资源，形成可听、可视、可练、可互动的融媒体教材。

教材建设需要各方的共同努力，也欢迎相关教材使用院校的师生及时反馈意见和建议，我们将认真组织力量进行研究，在后续重印及再版时吸纳改进，不断推动高质量教材出版。

机械工业出版社

前言

随着我国的汽车产销量逐年增加,汽车与能源、汽车与交通、汽车与环保、汽车与城市化等问题也日益突出,发展新能源汽车已刻不容缓。从21世纪初的"十五""863"计划电动汽车重大专项主要政策开始,到2009年《新能源汽车生产企业及产品准入管理规则》,新能源汽车越来越受到国家和企业的重点关注。同时,发展新能源汽车还承载着我国弯道超车的梦想,因此研发高效能、高环保性的新能源汽车已成为我国汽车工业发展的主题。

目前,我国自主品牌的新能源汽车在全球市场正高歌猛进,很多自主品牌,如北汽新能源、比亚迪等已经在新能源汽车市场取得很优秀的成绩。尤其是近年来在政府的支持下,个人购买电动汽车的数量急剧增加,新能源汽车行业前、后市场对技能人才的需求量不断增大。为此,我们组织教师和企业人员成立了课程研发小组,主要结合企业岗位的实际需求,广泛参考借鉴了国内外新能源汽车方面的研究成果,形成以模块式课程为载体、以工作过程为主线、以任务驱动教学为主要形式的专业课程开发思路,编写了本套教材,包括《走进新能源汽车》《电动汽车检查与维护》《电动汽车结构原理与检修》《电动汽车总装技术》以及相应工作页。

本书始终坚持正确的政治方向,以国家和社会的需求为导向,以专业人才培养目标为依据,以所在专业能力结构为主线,将习近平新时代中国特色社会主义思想和党的二十大精神融入教材,以全力打造精品教材为出发点,以每一个学习情境、每一个学习任务、每一幅插图为落脚点,全面落实立德树人的根本任务,发挥铸魂育人实效。

本书采用学习任务模式导入,设定的情景多来源于企业一线并配合教学一线的教学经验,具有很好的教学效果。本书选取目前市场主流电动汽车北汽的车型为参考,结合其他品牌的电动车型,以电动车的主流技术及其检修方法为出发点,按照汽车维修职业岗位应掌握的技能和知识,进行学习情景的课程教学,对电动汽车的维修知识进行全方位的讲解。六个学习情景分别为电动汽车维修安全操作、整车控制系统结构原理与检修、动力电池系统结构原理与检修、驱动电机及控制系统检修、充电系统结构原理与检修、辅助系统结构原理与检修。每个学习情景内容由若干个学习任务组成,学习任务含学习目标、任务描述和知识准备三个部分。知识准备按照电动汽车系统的部件或控制功能划分,以保证知识和技能的系统性,并融入了小贴士、课堂练习、知识拓展等环节,丰富了教学内容。在任务描述部分,编者们还深入到电动汽车维修一线收集整理关于各系统的常见故障及维修思路,选取了电动汽车检修的典型工作任务,并从实际维修环节中收集了大量的故障案例进行总结,对学生排除故障具有引导型示范作用,同时也便于教师更好地完成教学。

本书用"互联网+汽车专业"思维创新模式,融合了大量的图片,并在教材上整合移动多媒体技术,在学习资料文本附近设置二维码,使用者用装有摄像机的手机进行扫描,便可在手机屏幕上显示和教学材料相关的多媒体内容,便于阅读和学习者理解,提升对新能源汽车的兴趣,为进一步深入学习新能源汽车的相关技能打下良好基础。

本书由北京汽车技师学院组织编写,由姜建才和罗雪虎主审。本书由敖东光、宫英伟、陈荣梅担任主编,胡海玲、李倩龙、薛菲、张毅担任副主编,其他参与编写的还有李维强、高磊、彭保才。

由于编者水平和经验有限,书中难免存在缺点和疏漏,恳请广大读者批评指正。

编　者

前言

学习情景 1　电动汽车维修安全操作

学习任务 1　电气危害与救助 …………………………………………………… 002
学习任务 2　高压安全操作 ……………………………………………………… 011

学习情景 2　整车控制系统结构原理与检修

学习任务 1　更换整车控制器 …………………………………………………… 028
学习任务 2　检修整车控制器与其他子系统的连接故障 ……………………… 041
学习任务 3　检修整车供断电控制故障 ………………………………………… 050

学习情景 3　动力电池系统结构原理与检修

学习任务 1　拆装动力电池 ……………………………………………………… 060
学习任务 2　更换动力电池内部组件 …………………………………………… 070
学习任务 3　检修动力电池故障 ………………………………………………… 097

学习情景 4　驱动电机及控制系统结构原理与检修

学习任务 1　更换驱动电机系统部件 …………………………………………… 112
学习任务 2　检修驱动电机控制系统故障 ……………………………………… 130

学习情景 5　充电系统结构原理与检修

学习任务 1　检修快充系统故障 ………………………………………………… 138
学习任务 2　检修慢充系统故障 ………………………………………………… 151
学习任务 3　检修直流高压转低压故障 ………………………………………… 162

学习情景 6　辅助系统结构原理与检修

学习任务 1　检修制动系统故障 ………………………………………………… 172

学习任务 2　检修冷却系统故障 …………………………………………………… 181
学习任务 3　检修电动助力转向系统故障 ………………………………………… 193
学习任务 4　检修电动空调系统故障 ……………………………………………… 201
参考文献 …………………………………………………………………………………… 212

学习情景 1

电动汽车维修安全操作

- 高压安全操作
  - 车辆的电气防护
  - 对电动车辆维修的安全操作规程
  - 电动汽车高压系统结构及功能介绍
  - 使用绝缘电阻测试仪对车辆进行绝缘检查
  - 使用钳形电流表测试电流
  - 通过断电检查判断故障
  - 高压互锁的检查

- 电动汽车维修安全操作

- 电气危害与救助
  - 电气事故及原因
  - 电流对人体的危害
  - 电弧对人体的危害
  - 人体触电的方式
  - 电击预防技术
  - 电击事故急救

学习任务1　电气危害与救助

【学习目标】

1. 了解电对人体的危害。
2. 懂得基本的触电急救知识。
3. 能够按照电动汽车高压安全操作规程对车辆进行操作。
4. 正确地使用测量工具对车辆进行检查。
5. 对电动汽车的高压部分进行绝缘检查。

【任务描述】

客户委托：对触电的维修技师进行救助

一名技师在维修电动汽车高压系统时，没有按照安全操作规程进行操作导致触电，作为车间的技术人员请你对这名技师进行现场救助。

【知识准备】

电可对人体构成多种伤害。例如，电流通过人体，人体直接接受电流能量会遭到电击；电能转换为热能作用于人体，致使人体受到烧伤或灼伤；人在电磁场的照射下，吸收电磁场的能量也会受到伤害。与其他一些伤害不同，电流对人体的伤害事先没有任何预兆。伤害往往发生在瞬息之间，而且人体一旦遭受电击后，防卫能力迅速降低。这两个特点都增加了电流伤害的危险性。

一、电气事故及原因

由于电气原因而造成的人身伤亡和设备损坏的事故，叫作电气事故。它包括人身事故和设备事故。人身事故包括电流伤害、电磁伤害、静电伤害、雷电伤害、电器设备故障造成人身伤害等。设备事故包括短路、漏电和操作事故等。发生人身事故和设备事故，大多数是由于违反安全操作规程或安全技术规程造成的。

1. 违章操作

违章操作是引起电气事故的原因之一，例如违反停电检修安全工作制度，因误合闸造成维修人员触电；违反带电检修安全操作规程，使操作人员触及电器的带电部分；在带电情况下移动电器设备导致触电；用水冲洗或用湿布擦拭电器设备；违章救护他人触电，造成救护者一起触电；对有高压电容的线路检修时未进行放电处理导致触电。

2. 施工不规范

在电气操作中施工不规范也能引起电气事故。如误将电源保护搭铁与零线相接，且插座相线（俗称火线）、零线位置接反，使机壳带电；插头接线不合理，造成电源线外露，导致触电；电路的中线接触不良或安装保险，造成中线断开，导致电器损坏；线路敷设不合规范造成搭接物带电；随意加大熔丝的规格，失去短路保护作用，导致电器损坏；施工中未对电器设备进行搭铁保护处理。

3. 产品质量不合格

使用了不合格的电气产品，也能导致电气事故。电器设备缺少保护设施造成电器在正常情况下损坏和触电；当带电作业时，使用不合理的工具或绝缘设施造成维修人员触电；产品使用劣质材料，使绝缘等级、抗老化能力降低，容易造成触电。电热器具使用塑料电源线造成触电。

二、电流对人体的危害

人碰到带电的导线，电流通过人体就叫作触电。触电后，会对人体及人体内部组织造成不同程度的损伤。触电时，让人体受伤的是电流而不是电压。电流对人体的伤害有三种：电击、电伤和电磁场伤害。电击是指电流通过人体，破坏人体心脏、肺及神经系统的正常功能。电伤是指电流的热效应、化学效应和机械效应对人体的伤害，主要是指电弧烧伤、熔化金属溅出烫伤等。电磁场生理伤害指在高频磁场的作用下，人会出现头晕、乏力、记忆力减退、失眠和多梦等神经系统的症状。

1 电击电流的大小及危害

电击是由于电流流过人体而造成的。当电流流过人体时，对人体造成的伤害程度与很多因素都有关，比如个体的体质、心情状况、电流的大小和持续时间等。当人体通过大约0.6mA的电流就会引起人体麻刺的感觉；通过50mA的电流就会有生命危险。一般人体流过不同的电流后，身体的反应情况见表1-1。

表1-1 流过人体的电流与人体反应表

流过人体的电流/mA	人体的反应
0.6~1.5	手指开始感觉发麻
2~3	手指感觉强烈发麻
5~7	手指肌肉感觉痉挛，手指感觉灼热和刺痛

(续)

流过人体的电流/mA	人体的反应
8~10	手指关节与手掌感觉痛,手已难以脱离电源
20~25	手指感觉剧痛,迅速麻痹,不能摆脱电源,呼吸困难
50~80	呼吸麻痹,心房开始震颤、强烈灼痛,呼吸困难
90~100	呼吸麻痹,持续3s或更长时间后,心脏麻痹或心房停止跳动

2. 电流流过人体的路径

电流通过头部可使人昏迷;通过脊髓可能导致瘫痪;通过心脏会造成心跳停止,血液循环中断;通过呼吸系统会造成窒息。因此,从左手到胸部是最危险的电流路径,从手到手、从手到脚也是很危险的电流路径,从脚到脚是危险性较小的电流路径。

电流由一手进入,另一手或一脚流出,电流通过心脏,即可立即引起室颤;通过左手触电比通过右手触电严重,因为这时心脏、肺部、脊髓等重要器官都处于电路内。

3. 摆脱电流

摆脱电流是指人在触电后能够自行摆脱带电体的最大电流。成年男性平均摆脱电流约为16mA,成年女性平均摆脱电流约为10.5mA,儿童的摆脱电流较成人要小。摆脱电流是人体可以忍受而一般不会造成危险的电流。若通过人体的电流超过摆脱电流且时间过长,会造成昏迷、窒息,甚至死亡。

电流强度对人体随时间的伤害如图1-1所示。在强度范围①内,不论多长时间对人体都无不良影响;在强度范围②内,电流可能会导致器官受伤;在强度范围③内,电流可能会导致生命危险。

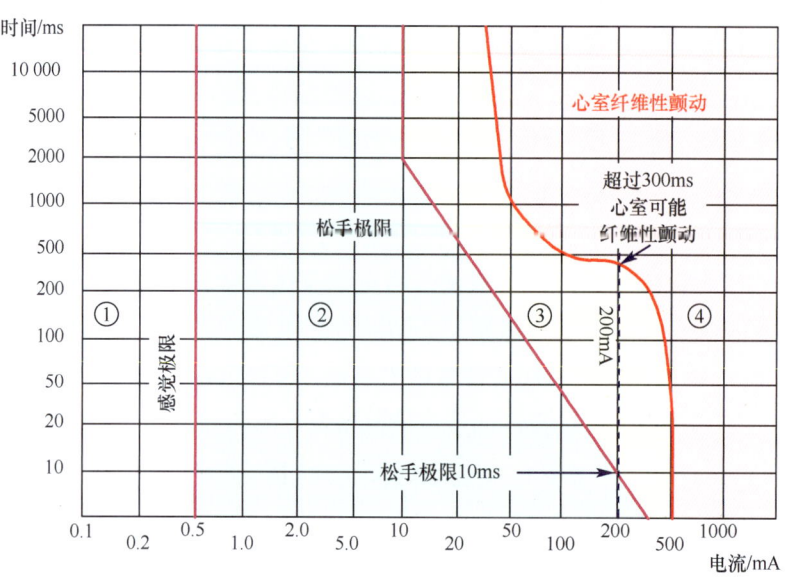

图1-1 电流强度对人体随时间的伤害

4. 致命电流

在短时间内危及生命的最小电流为致命电流，其最小电流即致命阈值。致命电流与电流持续时间关系密切。当电流持续时间超过心脏周期时，致命电流仅为 50mA 左右；当电流持续时间短于心脏周期时，致命电流为数百毫安。

注意：通过人体的电流所引发的后果取决于接触位置、电压的强度、电流强度和电流的持续时间，还有电流的路径及电流的频率。

5. 交流电对人体的危害

工频交流电的危害性大于直流电，因为交流电主要是麻痹破坏神经系统，往往难以自主摆脱。一般认为 40~60Hz 的交流电对人体最危险。随着频率的增加，危险性将降低。当电源频率大于 2000Hz 时，所产生的损害明显减小，但高压高频电流对人体仍然是十分危险的。对于交流电，如果电流在心脏的滞留时间达到大约 10~15ms，就会致命（心室纤维性颤动）！

注意：电流的类型不同，对人体的损伤也不同。直流电一般引起电伤，而交流电电伤与电击同时发生。

6. 安全电压

虽然电流是让人受伤的根本原因，但人体可等效成一个电阻，根据欧姆定律（$I = U/R$）可知，流经人体电流的大小与外加电压和人体的电阻有关。

影响人体电阻的因素很多，通常流经人体电流的大小无法事先计算出来。因此，为确定安全条件，往往不采用安全电流，而是采用安全电压来进行估算。根据 GB 4943—2011（等效于 EN60950 或 IEC 60950）规定：在干燥的条件下，相当于人的一只手的接触面积上，交流峰值电压高达 42.4V 或直流电压高达 60V 的稳态电压视为不具危险的电压，即安全电压。

1）危险电压：> AC 42.4V or DC 60V。
2）安全电压：< AC 42.4V or DC 60V。

7. 人体的电阻

人体电阻是不确定的电阻，皮肤干燥时一般为几千欧姆左右，而一旦潮湿可降到 1kΩ（冬季及皮肤干燥时，人体电阻可达 1.5~7kΩ；当皮肤裂开或破损时，电阻可降至 300~500Ω）。人体不同，对电流的敏感程度也不一样，一般地说，儿童较成年人敏感，女性较男性敏感。患有心脏病者，触电后的死亡可能性就更大。身体越强健，受电流伤害的程度越轻。因此，触电时女性比男性受伤害更重，儿童比成人更危险，患病的人比健康的人遭受电击的危险性更大。

8. 电击及事故后果

电击对人体会产生电击效应、热效应、化学效应和肌肉刺激效应四种情况。

课堂练习：根据图 1-2 所示完成以下问题。

问题 1：在高电压车辆上双手触电时，流经人体的电流为多少？摆脱时间是多少？会发生什么危险？

问题 2：在高电压车辆上单手触电时，流经人体的电流为多少？摆脱时间是多少？会发生什么危险？

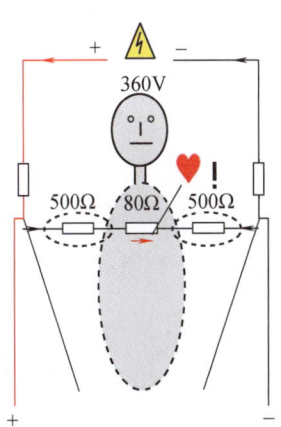

图 1-2 360V 直流电压造成的电气事故

（1）电击效应　当电流低于导通限值时，会有相应的电击反应，从而容易因肢体不受控制和失去平衡而导致受伤。

（2）热效应　电流导入导出点处会发生烧伤和焦化，也会发生内部烧伤。结果是导致肾脏负荷过大，甚至造成致命的伤害。

（3）化学效应　血液和细胞液成为电解液并被电解。结果发生严重的中毒，中毒情况在几天后才能被发现，因此伤害极大！

（4）肌肉刺激效应　所有的身体功能和人体肌肉运动都是由大脑通过神经系统的电刺激来控制。如果通过人体的电流过高，肌肉开始抽搐，大脑再也无法控制肌肉组织。例如，握紧的拳头再也无法打开或者移动。如果电流经过了胸腔，肺会产生痉挛（呼吸停止），心脏的跳动节奏会被中断（心室纤维性颤动，无法进行心脏的收缩扩张运动）。

三、电弧对人体的危害

当开关电器开断电路，电压和电流达到一定值时，触点刚刚分离后，触点之间就会产生强烈的白光，称为电弧。电弧的实质是一种气体放电现象，电弧放电具有很高的温度。电弧的存在延长了开关电器开断故障电路的时间，加重了系统短路故障的危害。

电弧产生的高温，可以使触点表面熔化和蒸发，烧坏绝缘材料。由于电弧在电动力、热力的作用下能移动，容易造成飞弧短路和伤人或引起事故的扩大。

四、人体触电的方式

人体触电有直接触电（单线触电、两线触电）和间接触电（跨步电压触电、其他触电形式）两种方式。直接触电是指人体直接接触或过分靠近电器设备及线路的带电导体而发生的触电现象。间接触电指人体触及了在正常运行时不带电，而在意外情况下带电的金属部分。其他触电形式还有感应电压触电、剩余电荷触电、静电触电和雷电电击等。

1. 单线触电

单线触电是人体某一部分触及一相电源或接触到漏电的电器设备，电流通过人体流入大地造成触电，分为电源中性点搭铁的单线触电（占多数）和电源中性点不搭铁的单线触电。图1-3所示为中性点搭铁的单线触电的方式，图1-4所示为中性点不搭铁的单线触电的方式。

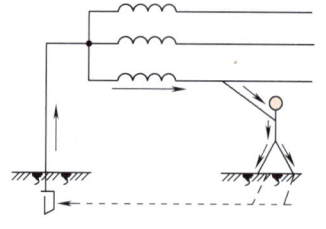

图1-3　中性点搭铁的单线触电的方式

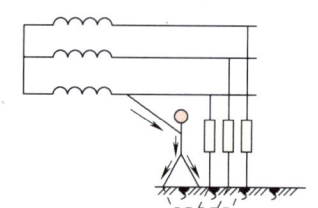

图1-4　中性点不搭铁的单线触电的方式

在人体与大地之间互不绝缘的情况下，人体的某一部位触及三相电源线中的任意一根导线，电流从带电导线经过人体流入大地而造成的触电伤害。

2. 两线触电

两线触电也叫作相间触电，这是指人体与大地绝缘的情况下，同时接触到两根不同的相线，或者人体同时触及电器设备的两个不同相的带电部位时，电流由一根相线经过人体到另一根相线，形成闭合回路。人体承受的线电压将比单线触电时高，危险性更大。图1-5所示为两线触电方式。

图 1-5　两线触电方式

课堂练习：人体接触220V裸线触电，小鸟儿两脚站在高压裸线上却无事（图1-6）是什么原因？

图 1-6　站在电线上的小鸟

3. 接触正常不带电的金属体

当电器设备内部绝缘损坏而与外壳接触，将使其外壳带电。当人体触及带电设备的外壳时，相当于单线触电。大多数触电事故属于这一种。

4. 跨步电压触电

跨步电压触电（图1-7）是指高压电网搭铁点或防雷搭铁点及高压相线断落或绝缘损坏处，有电流流入地下时，强大的电流在搭铁点周围的土壤中产生电压降。如果误入搭铁点附近，应双脚并拢或单脚跳出危险区。从安全防护的角度而言，在查找搭铁故障点时，应穿绝缘靴，以防跨步电压电击。

图 1-7　跨步电压触电

五、电击预防技术

1. 直接接触电击预防

直接接触电击预防技术分为绝缘、屏护和间距三类(最常见的安全措施)。

(1) 绝缘 绝缘就是使用不导电的物质将带电体隔离或包裹起来,以对触电起保护作用的一种安全措施。瓷、玻璃、云母、橡胶、木材、胶木、塑料、布、纸和矿物油等都是常用的绝缘材料。应当注意很多绝缘材料受潮后会丧失绝缘性能或在强电场作用下会遭到破坏,丧失绝缘性能。

绝缘材料的种类包括气体绝缘材料、液体绝缘材料和固体绝缘材料。气体绝缘材料有空气、氮气、氢气、二氧化碳和六氟化硫等。液体绝缘材料有矿物油(如变压器油、开关油、电容器油、电缆油等)、硅油、蓖麻油、十二烷基苯、聚丁二烯和三氯联苯等合成油等。固体绝缘材料有绝缘纤维制品(如纸、纸板)、绝缘浸渍纤维制品(如漆、漆布和绑扎带)、绝缘漆、绝缘胶、熔敷粉、绝缘云母制品、电工用薄膜、复合制品和黏带,以及电工用层压制品、电工用塑料和电工用橡胶及玻璃制品等。

绝缘材料的绝缘性能是以绝缘电阻、泄漏电流、击穿强度和介质损耗等指标来衡量,通过绝缘试验来判定的。绝缘电阻是最基本的绝缘性能指标,绝缘电阻值是直流电压与流经绝缘体表面泄漏电流之比,绝缘电阻越大,绝缘性能越好。不同的电器设备和线路对绝缘电阻有不同要求的指标值。一般来说,高压的比低压的要求高,新设备比老设备要求高。

当绝缘材料所能承受的电压超过某一数值时,在强电场的作用下,会在某些部位发生放电,使其绝缘性能遭到破坏,这种放电现象叫作电击穿。当固体绝缘击穿后,一般不能恢复绝缘性能;气体绝缘在击穿电压消失后,绝缘性能还能恢复;液体绝缘击穿一般是沿电极间气泡、固体杂质等连成的"小桥"击穿。液体多次击穿可能导致液体失去绝缘性能。

(2) 屏护 屏护是指采用遮拦、护照、护盖箱闸等把带电体同外界隔绝开来。电器开关的可动部分一般不能使用绝缘,而需要屏护。高压设备不论是否有绝缘,均应采取屏护。屏护装置有永久性屏护装置,如配电装置遮拦、开关的罩盖等;也有临时性的,如检修工作中使用的临时屏护装置和临时设备的屏护装置;有固定屏护装置,如母线的护网;也有移动性屏护装置,如跟随起重机移动的行车滑触线的屏护装置。

(3) 间距 间距是保证安全的必要距离。间距除了可防止触及或过分接近带电体外,还能起到防止火灾、防止混线、方便操作的作用。在低压工作中,最小检修距离不应小于0.1m。间距的大小取决于电压的高低、设备的类型和安装的方式等因素。

2. 电击防护用具

电击防护用具包括绝缘手套、绝缘靴、绝缘服、护目镜和绝缘工具。绝缘工具的选用要根据操作的高压范围确定,图1-8所示为绝缘手套、绝缘靴、绝缘服、护目镜和绝缘工具实物。

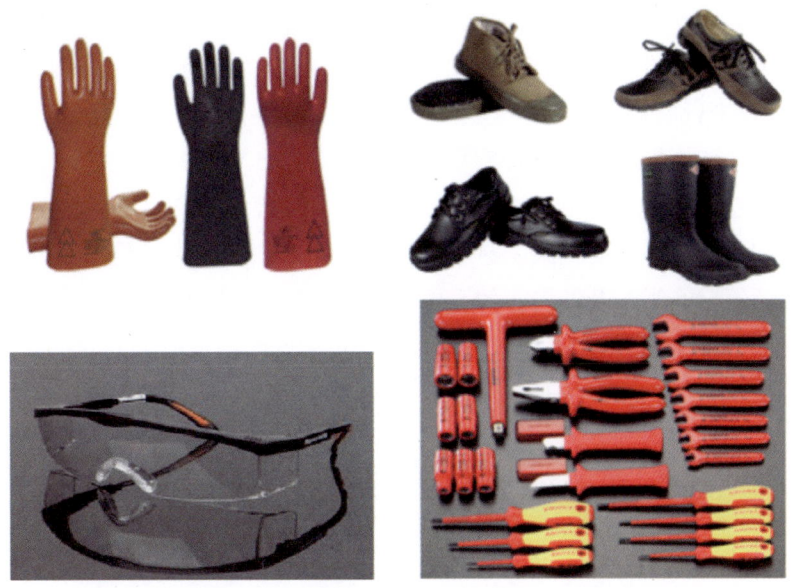

图 1-8 绝缘手套、绝缘靴、绝缘服、护目镜、绝缘工具实物

课堂练习：请说出在维修电动车辆时，所采取的保护措施应该有哪些？

六、电击事故急救

在进行维修操作时如果遭受了电击，要及时对受伤人员进行救助。在援救电气事故中受伤人员时，应谨记：自身的安全是第一位的！绝对不要去触碰仍然与电压有接触的人员！如果可能，马上将电气系统断电（关闭点火开关或者马上拔出维修开关），用不导电的物体（木板、扫帚等）把事故受害者或者导电体与电压分离。图 1-9 所示为救助受电击人员的流程。

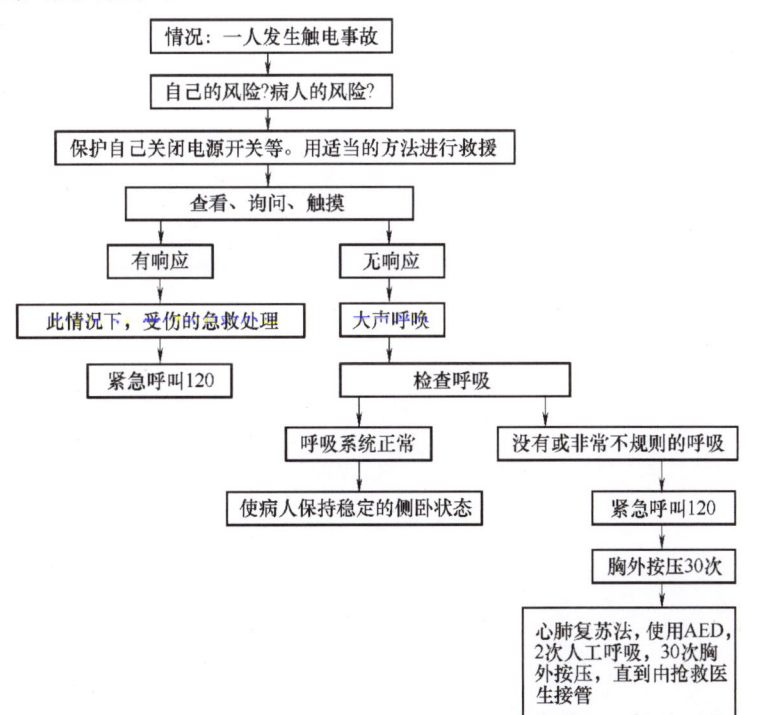

图 1-9 救助受电击人员的流程

当受伤人员呼吸和心跳均停止时，应立即按心肺复苏法维持生命，正确进行就地抢救。就地抢救的项目包括通畅气道，口对口（鼻）人工呼吸，胸外按压（人工循环），用除颤仪进行电除颤。

心脏通过心肺复苏法 2 次人工呼吸和 30 次胸外按压可维持氧气供应，直到急救人员到达。回归心脏的正常功能可能包括使用电能（除颤）和急救医生的抢救。自动体外除颤器（AED）是一种便携式、易于操作、稍加培训即能熟练使用、专为现场急救设计的急救设备，可独立提供伤者的心电图（ECG），并在适当的情况下，进行除颤。越早使用 AED 人的生存机会越大。

学习任务 2　高压安全操作

【学习目标】

1. 了解电动汽车的高压保护措施。
2. 能够正确识别电动汽车高压部件。
3. 能够正确地使用高压检测工具。
4. 掌握基本维修操作规程。
5. 掌握对高压部分进行绝缘检查和互锁检查的方法。

【任务描述】

客户委托：按照正确的操作规程对车辆进行检查

　　一辆纯电动汽车仪表盘高压系统故障警告灯点亮，车辆不能行驶。作为一名维修技术人员要对此车进行维修，请按照正确的操作规程对车辆进行检查。

【知识准备】

一、车辆的电气防护

　　在电动汽车上存在高压电，为了保证驾驶和维修安全，必须进行必要的电气防护。防护的措施主要有：高压正极和高压负极使用各自单独的高压线；系统带有等电位线，用于引开接触电压；插头和连接均有接触保护；动力电池上有可控的高压正极触点和高压负极触点；动力电池上安装有维修开关，在拔下维修开关后高电压断电或电压下降；采用电绝缘式DC/DC转换器；高压部件内的中间电容器会进行放电；高压元件上有互锁安全线；高压元件采用绝缘监控；在识别出碰撞时，动力电池上的高压触点就会断开。

用电安全知识

1. 高压电气网络防护

　　对于电动汽车的高压部分，电气网络结构就决定了从供电器（比如动力电池）到用电器（比如电机）的电能传输路径。图 1-10 所示为一般的电气网络结构类型。电气网络的结构说明见表 1-2。

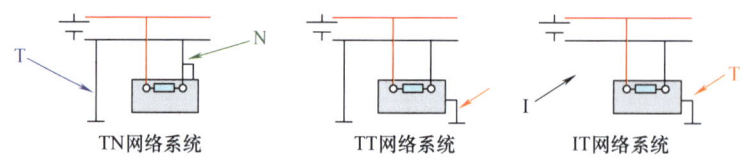

图 1-10　一般的电气网络结构类型

表 1-2　电气网络的结构说明

第一个字母（供电器）	第二个字母
是否与车身连接	壳体与车身是否连接
T 是，已连接	N 否，但与起保护作用的不带电搭铁线连接
I 否，绝缘的	T 是，以电位补偿方式（等电位）连接

对于 TN 网络系统和 TT 网络系统，如果从正极到壳体的导线出现故障，那么无论当前行驶状态是什么，高压系统都会立即被断电，图 1-11 所示说明了这种情况。

车辆中所用的高压网络就是一种 IT 网络系统，如图 1-12 所示。对于 IT 网络系统，由于高压电有单独的回路，与壳体绝缘，所以就不会有电流经车身，而是流向动力电池负极。IT 网络系统的优点是如果从正极到壳体的导线出现故障，IT 网络系统不会被断电。

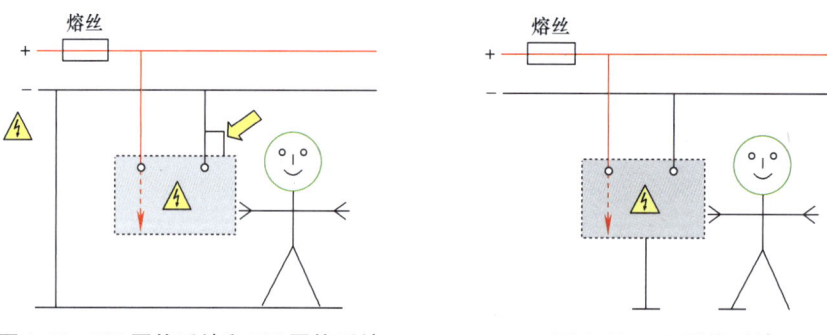

图 1-11　TN 网络系统和 TT 网络系统　　　图 1-12　IT 网络系统

IT 网络系统出现等电位连接故障，如图 1-13 所示。第一个故障在车上出现时，系统仍能工作，有报警信息。第二个故障出现时动力电池管理系统（BMS，Battery Management System）会将高压系统切断（断电），同时系统内会短路，功率电子装置内和维修开关内的熔丝会爆开，组合仪表上会有报警信息，高压系统无法工作，也无法重新启动。

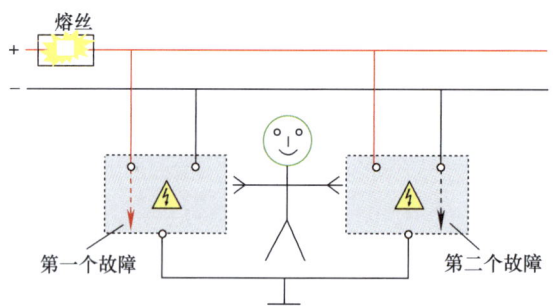

图 1-13　IT 网络系统出现等电位连接故障

IT 网络系统出现非等电位连接故障，如图 1-14 所示。第一个故障无安全风险，第二个故障电流可能会流经全身。电流的路径为正极电路→第一个用电器壳体→人体→第二个用电器壳体→负极电路。

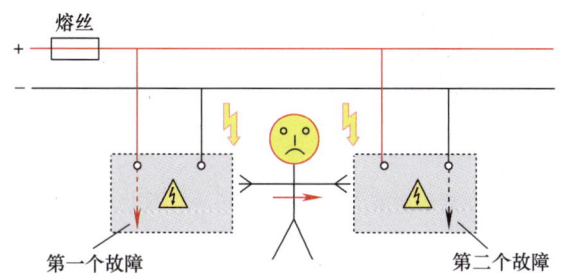

图 1-14　IT 网络系统出现非等电位连接故障

等电位（电位均衡）保护要求所有接触面应洁净且无油脂。导线截面不可因电缆断裂而减小。接触电阻大和电缆断裂时电阻增加了，在出现故障时，等电位就可能无保护作用了。

2. 高压电缆防护

高压正极和高压负极使用各自单独的高压电缆（高压线）。高压正极和高压负极通过各自单独的导线与高压部件相连接，车身不用作搭铁。电动车的高压电缆一般都是橙色的。某电动车型单芯高压电缆的结构如图 1-15 所示，双芯高压电缆的结构如图 1-16 所示。

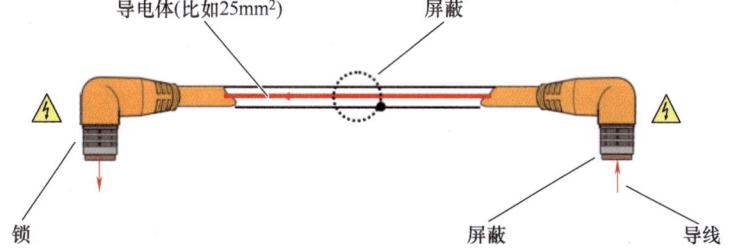

图 1-15　某电动车型单芯高压电缆的结构

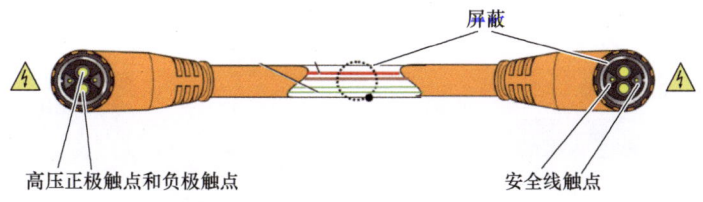

图 1-16　双芯高压电缆的结构

3. 插头的接触保护和插座的接触保护

电动车型的高压插头和插座都具有特殊的结构形式。某电动车型高压插头的结构如图 1-17 所示，高压插座的结构如图 1-18 所示。

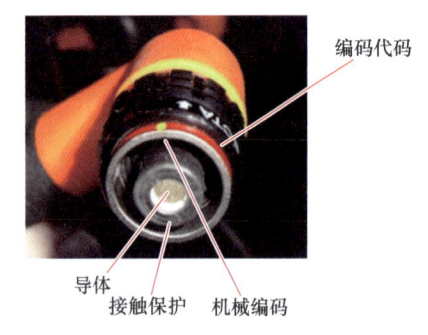 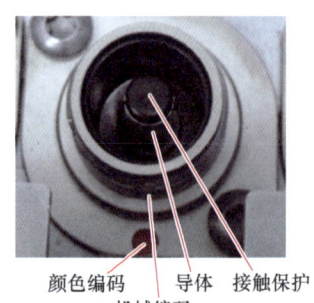

图 1-17　某电动车型高压插头的结构　　　图 1-18　高压插座的结构

4. 维修开关

电动汽车上都安装有维修开关，在维修时将插头拔下，保证维修时断开高压电。拔下维修开关，安全线就中断了，动力电池内部的连接就断开了。某车型动力电池内部维修开关线路和维修开关的保险实物如图 1-19 所示。

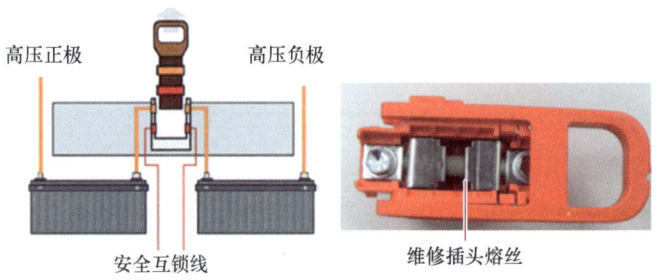

图 1-19　某车型动力电池内部维修开关线路和维修开关的保险实物

5. 高压系统的高压互锁

高压互锁安全回路是个环形线路，通过低压电网来监控高压电网。不可在未断开安全线的情况下就拔下高压插头。如果安全回路线断路，会导致高压系统立即被切断，对高压系统进行保护。某车型高压互锁回路如图 1-20 所示。

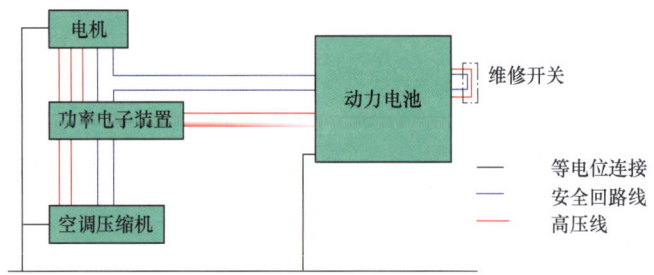

图 1-20　某车型高压互锁回路

6. DC/DC 转换器内的安全防护

电气分离装置会将 DC/DC 转换器的初级线圈和次级线圈分离开。与车身搭铁的连接仍是接在 12V 车载供电网络上。因此，初级线圈和次级线圈之间就不会有电压了。某车型 DC/DC 转换器内的安全防护原理如图 1-21 所示。

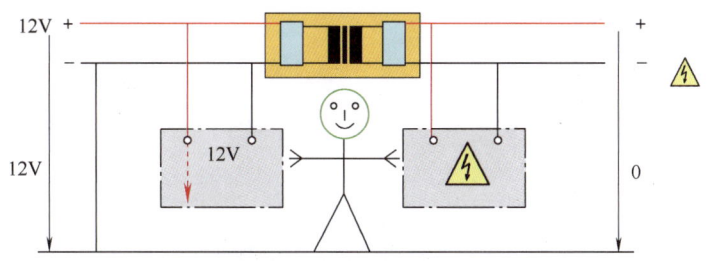

图 1-21 某车型 DC/DC 转换器内的安全防护原理

7. 电容器放电

在电机控制器（MCU）或功率电子装置内安装有电容器，电容器具有放电作用。通过放电可以消除功率电子装置内电容器上的残余电压。主动放电是由电动汽车的管理系统来操控的，每次切断高压系统或者中断控制线，都会发生这种主动放电过程。被动放电是为了保证在把高压部件拆卸的情况下可以把残余电压消除掉。为了能把残余电压可靠消除掉，在拔下维修开关后，需要等待一段时间，然后才可以开始高压部件的检修工作。

二、对电动车辆维修的安全操作规程

电动车辆的维修人员需具备一定的资质，遵守一定的安全操作规程。

1. 维修高压车辆人员资质

维修电动汽车的人员必须参加过厂家电气的培训，经过授权可以检修有高压系统的车辆，并能给车辆做标识和对工作场所进行防护。维修人员需获得国家安监局电工作业资格，参加过电动汽车高压系统维修的资格培训（电动车、燃料电池车），经销商内部认可后可以执行车辆高压系统维修工作。

2. 高压技术人员的主要工作

高压技术人员的主要工作有断开高压系统供电并检查是否已绝缘；严防高压系统重新合闸；将高压系统接通重新投入使用；对高压系统上的所有作业负责；培训和指导经销商内部所有与高压系统车辆相关人员，使得这些人员在监督下能执行高压工作。

3. 车辆标识和工作区安全

维修车间内配备有高压装置的车辆，必须做上标识。使用专用的警示标牌，工作区必须防止其他人员进入。某品牌电动车辆维修工作区域如图 1-22 所示。

4. 高压维修的操作规程

在检查或维修高压系统时，请遵循以下安全措施：关掉点火开关，将钥匙妥善保管；断开低压电池负极端子；戴好绝缘手套；拆除维修开关；等待 10min 或更长时间高压电器电容放电；用绝缘乙烯胶带包裹被断开的高压线路插接器。

电动汽车的高压安全

图 1-22　某品牌电动车辆维修工作区域

5. 检查绝缘手套方法

在使用绝缘手套前，请确认裂纹、磨损以及其他损伤。侧位放置手套，卷起手套边缘，然后松开二到三次，折叠一半开口去封住手套，确认无空气泄漏，则证明绝缘手套完好。绝缘手套的检查流程如图 1-23 所示。

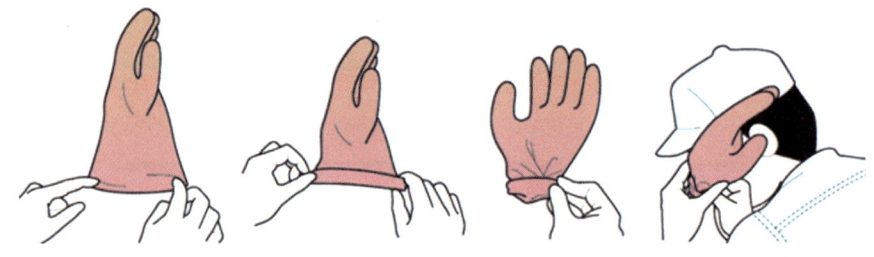

图 1-23　绝缘手套的检查流程

说一说：在进行高压操作时怎样保护好自己、他人和环境？

6. 检修高压系统时注意事项

在检修高压系统时应注意以下事项：所有橙色的线均带高压，可能危及生命；不得将喷水软管和高压清洗装置直接对准高压部件；高压插头上不可使用润滑油、润滑脂和触点清洗剂等；在高压导电部件附近进行检修工作时，必须先让系统断电。在进行焊接、用切削工具加工以及用尖锐工具进行操作时，必须先让系统断电；所有松开的高压插头必须严防进水和污物；损坏的导线必须予以更换；佩带有电子/医学生命和健康维持装置的人（比如带心脏起搏器）不得检修高压系统（包括点火系统）；必须使用合适的测量仪器；检修进水的高压系统时要非常小心，特别是潮湿的部件是非常危险的！

7. 恢复系统运行

在对电动车辆维修完毕后，要由高电技师恢复系统运行。要目视检查所有的高压连接以及高压系统的接插口和螺孔连接都正确锁止，要目视检查所有的高压电缆都无法被触碰到，要目视检查是否电压平衡、电缆清洁并无法被触碰到，插入维修开关并把它锁闭。打开点火开关读取所有系统的故障码，把"高压系统已关闭"的警示标签从车辆上移除。在车辆显眼的位置贴上"高压系统已激活"的警示标签。

三、电动汽车高压系统的结构及功能介绍

在电动汽车上，一般使用高压动力电池和一些高压电器部件。在 EV200 的机舱布置着电机控制器、高压控制盒、DC/DC 转换器等高压部件（图 1-24）。

图 1-24 EV200 的机舱高压电器布置

1. 集成式控制器

很多品牌的电动汽车，将一些高压部件集成在一起，如比亚迪秦 EV300 采用的是集成式控制器，即 AC/DC（交流/直流充电机，即车载充电机，该充电机的作用是为动力电池充电）、DC/DC（直流/直流充电机，该充电机的作用是为小蓄电池充电）、电机控制器等模块均集成在一个壳体内。集成式控制器的结构如图 1-25 所示。

图 1-25 集成式控制器的结构

2. 动力电池系统

动力电池系统主要由动力电池模组、BMS、动力电池箱及辅助元器件四部分组成，内部设置有动力电池管理器和温度、电压传感器。因为动力电池有温度和电压的限制要求，所以动力电池里需要有温度和电压传感器对其进行数据采集，然后将数据传给动力电池管理器进行判断。某车型动力电池系统结构如图 1-26 所示。

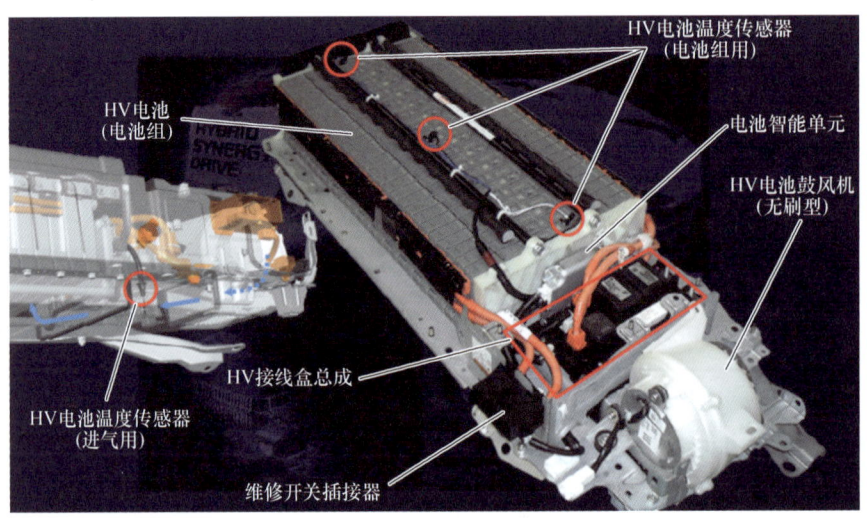

图 1-26 某车型动力电池系统结构

3. 驱动电机

电机是电动车的能量转换装置，是高压电器部件。电机通过电机控制器将电能转化为机械能，驱动整车行驶。电机还要实现能量回收功能。当车辆滑行或制动时，车轮反拖电机转动，在这个工况下，电机可进行发电并将电能回收到电池中，以此延长车辆的续航里程。

4. 电机控制器

电机控制器将其动力电池提供的直流电，转换为交流电，然后输出给电机；通过电机的正转来实现整车加速、减速；通过电机的反转来实现倒车；通过有效的控制策略，控制动力总成以最佳方式协调工作。电机控制器对所有的输入信号进行处理，并将驱动电机控制系统运行状态的信息发送给整车控制器。图 1-27 所示为某车型永磁同步电机控制器外观和铭牌。

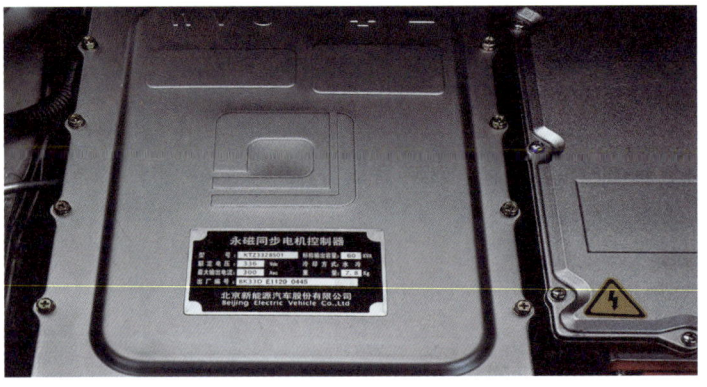

图 1-27 某车型永磁同步电机控制器外观和铭牌

5. 车载充电机

电动汽车都配有车载充电机，用于对动力电池充电。车载充电机连接车辆的交流充电口（慢充口）。车载充电机一般具有通信功能，收到允许充电信号后，将输入220V 交流电，经过滤波整流后，通过升压电路和降压电路，输出合适的电压电流给动力电池进行充电。图 1-28 所示为某车型车载充电机的外观和布置。

图 1-28　某车型车载充电机的外观和布置

6. DC/DC 转换器

DC/DC 转换器为电动车中将动力电池中的电能传递至铅酸蓄电池的电气元件。它的主要功能是在车辆起动后将动力电池输入的高压电转变成低压 14V 左右电向蓄电池充电，以保证行车时低压用电设备正常工作。由于 DC/DC 转换器相对功率较小，也常见与其他高压电器部件集成布置。

7. 高压控制盒

高压控制盒的功能是完成动力电池电源的输出及分配，实现对支路用电器的保护及切断。有些电动汽车将高压控制盒的功能集成到电机控制器中。在高压控制盒中一般会有高压部件的熔丝，如空调、DC/DC 转换器或 PTC 加热电阻的熔丝。

8. 电动空调系统

空调系统由制冷和暖风两部分组成。制冷系统由高压电动空调压缩机、冷凝器总成、蒸发器等组成，暖风主要的加热元件为高压 PTC 加热电阻。空调系统的工作由整车控制器、电动压缩机控制器（EAS）和 PTC 控制模块共同控制。

课堂练习：在实车上找出高压部件的位置，并说明其作用。

四、使用绝缘电阻测试仪对车辆进行绝缘检查

1. 绝缘电阻测试仪的功能

通常检查绝缘的工具有绝缘电阻测试仪。绝缘电阻测试仪分为数字式和指针式两种（图 1-29）。

图 1-29 数字式和指针式绝缘电阻测试仪

某品牌绝缘电阻测试仪按键及说明如图 1-30 所示。

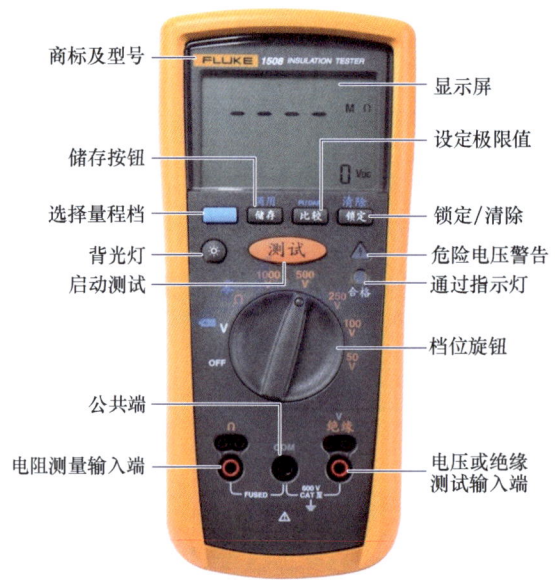

图 1-30 某品牌绝缘电阻测试仪按键及说明

2. 使用绝缘测试仪的注意事项

严格按照测试仪手册的规定使用，否则可能会破坏测试仪提供的保护措施；在将测试仪与被测电路连接之前，始终记住选用正确的端子、开关位置和量程档；用测试仪测量已知电压来验证测试仪操作是否正常；在端子之间或任何一个端子与搭铁点之间施加的电压不能超过测试仪上标明的额定值。AC 42V（交流）峰值或 DC 60V（直流）以上时应格外小心，这些电压有造成触电的危险；当出现电池低电量指示符时，应尽快更换电池；在测试电阻、导通性、二极管或电容以前，必须先切断电源，并将所有的高压电容器放电；切勿在爆炸性的气体或蒸气附近使用测试仪；当使用测试导线时，手指应保持在保护装置的后面。

3. 使用绝缘测试仪测量绝缘高压线束的绝缘性能

使用绝缘测试仪测量绝缘电阻的方法如图 1-31 所示。

1) 将测试探头分别插入测试仪 V 和 COM（公共）输入端子。
2) 将旋转开关旋至所需要的测试电压。
3) 将探头与待测电路连接。测试仪会自动检测电路是否通电。
4) 按住 TEST 测试按钮开始测试。

辅显示位置显示被测电路上所施加的测试电压。主显示位置显示高压符号（Z）并以 MΩ 或 GΩ 为单位显示电阻，显示屏的下端出现测试图标，直到释放测试按钮。当阻值超过最大显示量程时，测试仪显示 > 符号以及当前量程的最大电阻。

5) 继续将探头留在测试点上，然后释放测试按钮。被测电路即开始通过测试仪放电。

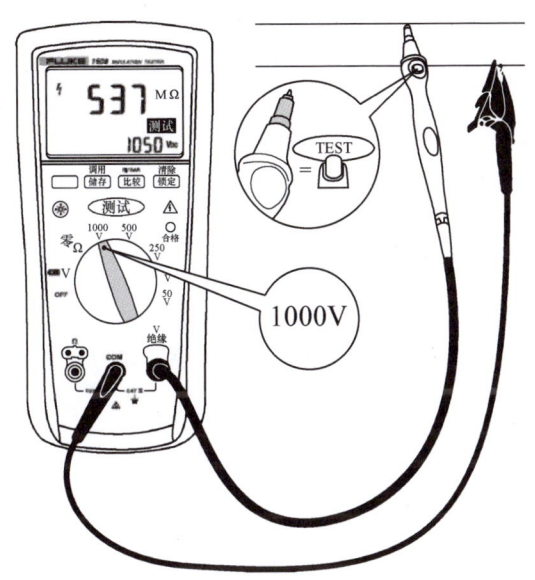

图 1-31 使用绝缘测试仪测量绝缘电阻的方法

根据欧洲经济委员会 ECE-R100 的标准，绝缘电阻必须至少为 500Ω/V。例如：288V × 500Ω = 1.44MΩ，测量工具的测量电压至少要与检测部件的常规工作电压一样高。测试仪的两只表笔分别接线束的端子和绝缘层。

根据图 1-32 所示，对高压线束不同部位进行绝缘检测，测量电压在 500～1000V 直流电压。测量点有屏蔽内部导线，屏蔽与车辆的搭铁端，内部导线连接到车辆搭铁端。

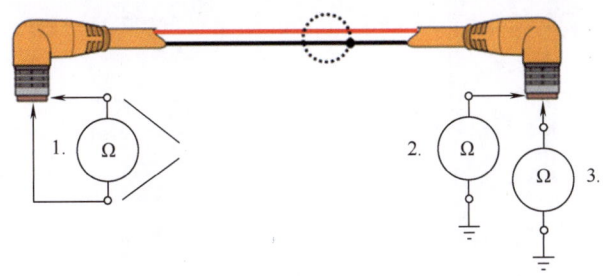

图 1-32 对高压线束不同部位进行绝缘检测

课堂练习：如果电动汽车电池的电压为 326V，那么电池的线束绝缘电阻的标准至少为多少欧姆？

五、使用钳形电流表测试电流

在对电动车辆进行检查时,有时会用到钳形电流表。钳形电流表使用非常方便,无须断开电源和线路即可直接测量运行中电力设备的工作电流,便于及时了解设备的工作电流及设备的运行状况。钳形电流表的外观及功能按键如图1-33所示。

在使用钳形电流表时,根据电流的种类电压等级正确选择钳形电流表,被测线路的电压要低于钳形电流表的额定电压。当测量高压线路的电流时,应选用与其电压等级相符的高压钳形电流表。查看钳形电流表的外观情况,一定要仔细检查表的绝缘性能是否良好,绝缘层无破损,手柄应清洁干燥。若指针没在零位,应进行机械调零。钳形电流表的钳口应紧密结合,若指针晃动,可重新开闭一次钳口。

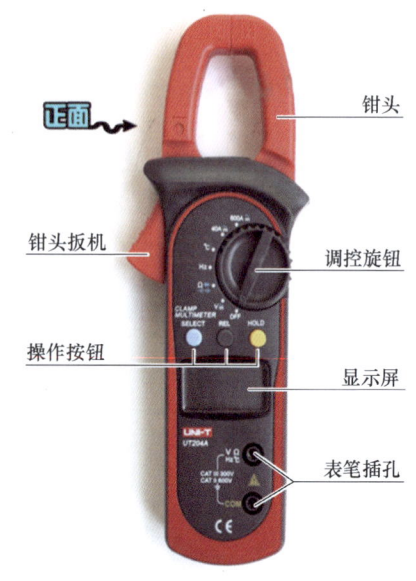

图1-33 钳形电流表的外观及功能按键

使用钳形电流表测试电流的步骤如下:使用时应按紧扳手,使钳口张开,将被测导线放入钳口中央,然后松开扳手并使钳口闭合紧密。钳口的结合面如有杂声,应重新开合一次,仍有杂声,应处理结合面,以使读数准确。另外,不可同时钳住两根导线。读数后,将钳口张开,将被测导线退出,将档位置于电流最高档或OFF档。

钳形电流表要接触被测线路,所以钳形电流表不能测量裸导体的电流。用高压钳形表测量时,应由两人操作,测量时应戴绝缘手套,站在绝缘垫上,不得触及其他设备,以防止短路或搭铁。

测量时应注意身体与带电体保持安全距离。当测量高压电缆各相电流时,电缆头线间距离应在300mm以上,且绝缘良好。观测读数时,要特别注意保持头部与带电部分的安全距离,人体任何部分与带电体的距离不得小于钳形电流表的整个长度。图1-34

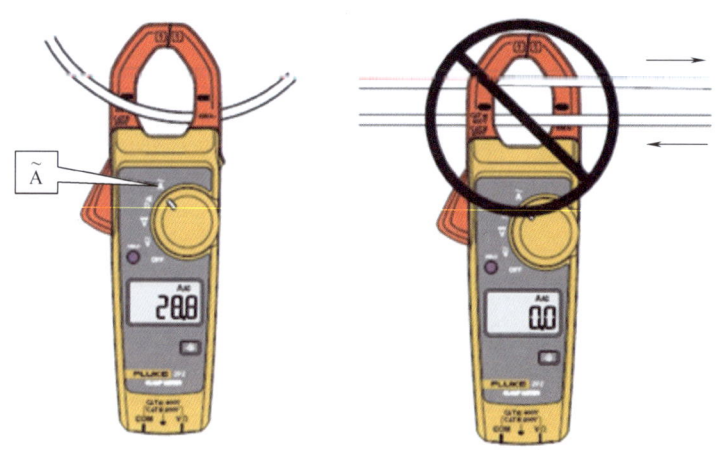

图1-34 钳形电流表测量交流电时正确的和错误的使用方法

所示为钳形电流表测量交流电时正确的和错误的使用方法。

六、通过断电检查判断故障

以大众车型为例,在断电之后检查断电情况。图 1-35 所示为大众车型断电检查工具。

图 1-35　大众车型断电检查工具

1. 在动力电池处检测断电

图 1-36 所示为在动力电池处检测断电的示意图。图中电压表的读数应与电压表断路相同,能够确认高压动力电池断电。

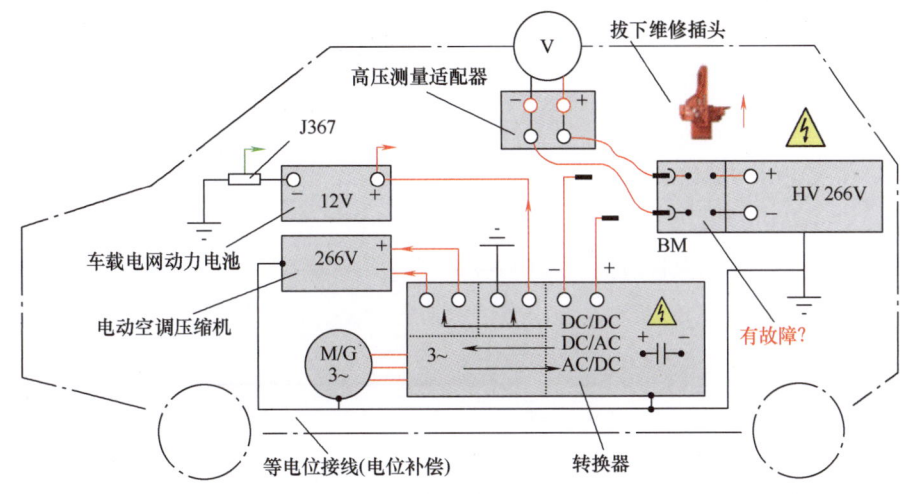

图 1-36　在动力电池处检测断电的示意图
J367—动力电池监控控制单元　M/G3—电动机

2. 动力电池负极和搭铁端之间检测断电

图 1-37 所示为在动力电池负极和搭铁端之间检测断电的示意图。图中电压表的读数应为 0。如果在测量中电压出现更高的值,那么在动力电池正极和搭铁之间存在搭铁故障或者短路。

在动力电池正极和搭铁端之间检测断电与动力电池负极和搭铁端之间检测断电的

情况类似。

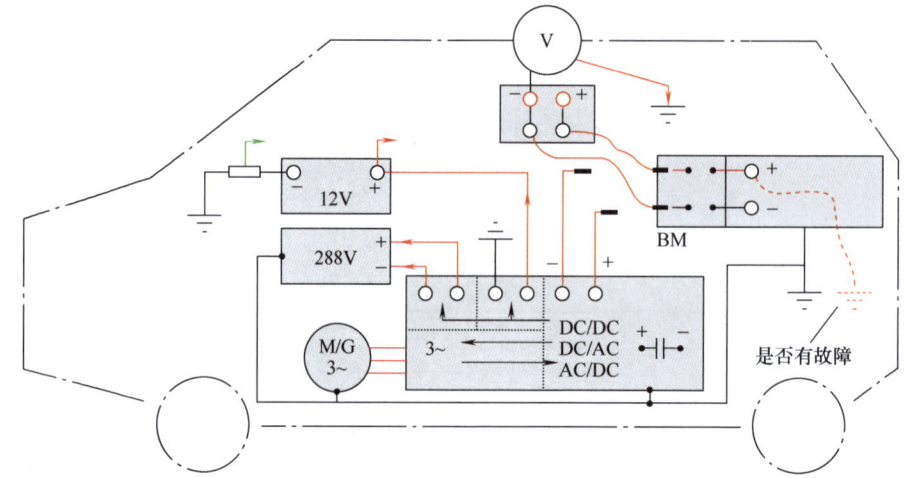

图 1-37 在动力电池负极和搭铁端之间检测断电的示意图

3. 在转换器的蓄电池连接处检测断电

图 1-38 所示为在转换器的蓄电池连接处检测断电的示意图。图中电压表的测量值是否低于 7V。打开点火开关，关闭点火开关，重新测量，点火开关的转换会导致中间电路电容的放电。再次观察测量值是否低于 7V。如果在测量中电压出现更高的值，那么中间电路电容放电没有完成或者转换器有故障。

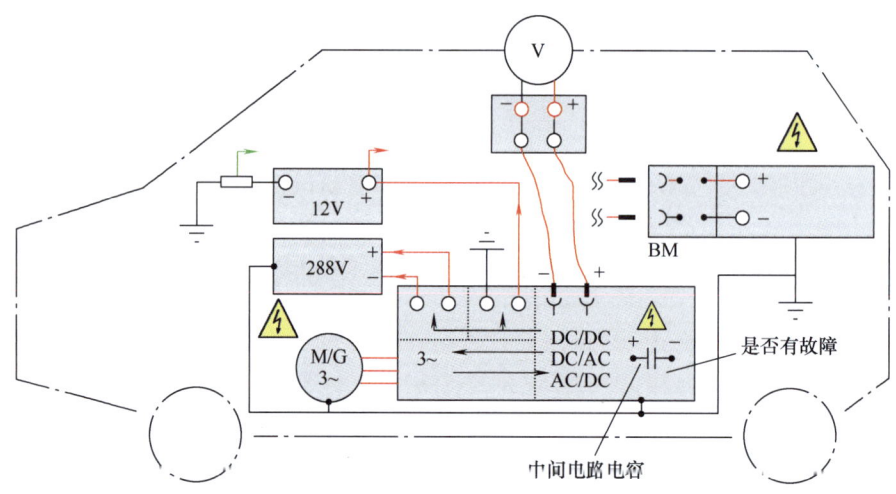

图 1-38 在转换器的蓄电池连接处检测断电的示意图

七、高压互锁的检查

高压互锁回路，简称 HVIL（High Voltage Interlock）。设计高压互锁回路的目的是使整车在高压供电前确保整个高压系统的完整性，使高压在一个封闭的环境下工作，提高安全性；当整车在运行过程中高压系统回路断开或者完整性受到破坏的时候，需要启动安全防护；防止带电插拔高压插接器给高压端子造成的拉弧损坏。图 1-39 所示为某车型高压互锁回路。

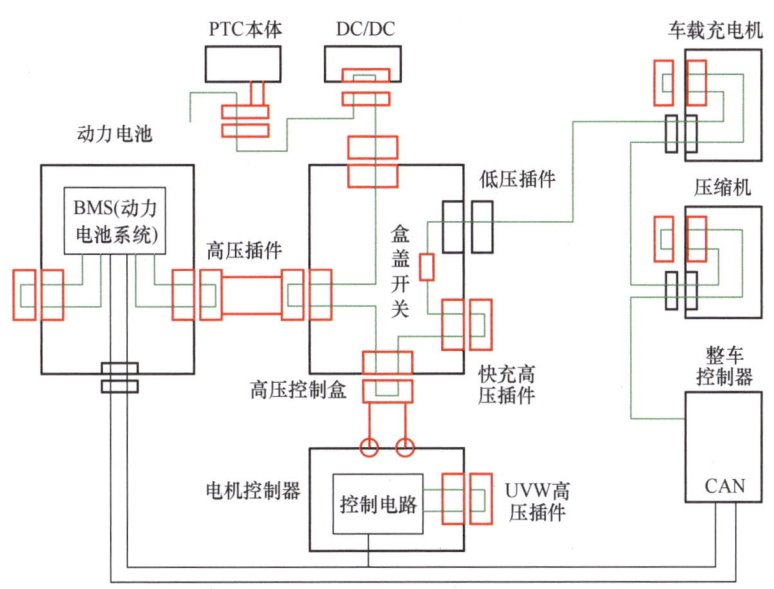

图 1-39　某车型高压互锁回路

引起高压互锁故障的原因通常为某个高压插件未插或未插到位造成的，如 PTC、DC/DC、高压控制盒、车载充电机、空调压缩机高低压插件未插。图 1-40 所示为高压插件互锁端子缺失或退针和高压插接器未插到位。

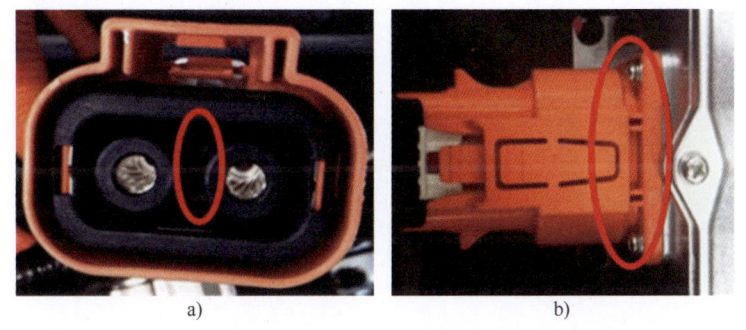

图 1-40　高压插件互锁端子缺失或退针和高压插接器未插到位

a）互锁端子缺失　b）插接器未插到位

学习情景 2

整车控制系统结构原理与检修

- 整车控制系统与各系统控制逻辑介绍
- 踩加速踏板车辆无反应故障检修

整车控制系统结构原理与检修

- 检修整车控制器与其他子系统的连接故障
- 更换整车控制器
  - 整车控制系统的组成
  - 整车控制器的主要功能
  - 整车控制系统故障诊断与处理
- 检修整车供断电控制故障
  - 整车供断电过程
  - 车辆无法正常供电的诊断与排除

学习任务1　更换整车控制器

【学习目标】

1. 熟悉整车控制系统的组成和功用。
2. 了解北汽故障诊断仪的使用方法。
3. 会进行常见典型故障的诊断与排除。

【任务描述】

客户委托：更换整车控制器

小李新入职一家电动汽车4S店，经过2周的培训后，店里来了一辆故障车，师傅老王叫小李用专用故障诊断仪读取故障信息。小李使用故障诊断仪去测试，却发现诊断仪无法与车辆连接，小李该怎么来排除这一故障呢？

【知识准备】

一、整车控制系统的组成

整车控制系统是电动汽车的神经，承担着能量与信息传递的功能，对电动汽车的动力性、经济性、安全性和舒适性等有很大的影响，是电动汽车的重要组成部分。

纯电动汽车的整车控制系统通常包含低压电器系统、高压电器系统和整车网络化系统三部分。

低压电器系统主要由辅助蓄电池和若干低压电器设备组成，低压电器系统采用直流12V或24V电源，一方面为灯光、刮水器等车辆的常规低压电器供电，另一方面为整车控制器、高压电器设备的控制电路和辅助部件供电。燃油汽车与纯电动汽车的低压电器系统的主要区别在于：燃油汽车的辅助蓄电池由与发电机相连的发电机来充电，而纯电动汽车的辅助蓄电池由动力电池通过DC/DC转换器来充电。

高压电器系统主要由动力电池、驱动电机和功率转换器等大功率、高压的电器设备组成，根据车辆行驶的功率需求完成从动力电池到驱动电机的能量变换与传输过程。

整车网络化系统主要包括整车控制器、电机控制器、BMS、车身控制管理系统、信息显示系统和通信系统等。整车控制器是整车控制系统的核心，承担了数据交换与管理、故障诊断、安全监控、驾驶人意图解析等功能。各子系统之间的信息传递通过网络通信系统实现，目前常用的通信协议是 CAN 协议，具有较好的可靠性、实时性和灵活性。

整车控制系统必须具有可靠性、容错性、电磁兼容性和环境适应性等，以保障纯电动汽车整车的安全和可靠运行。

一般纯电动汽车整车控制系统的结构如图 2-1 所示。

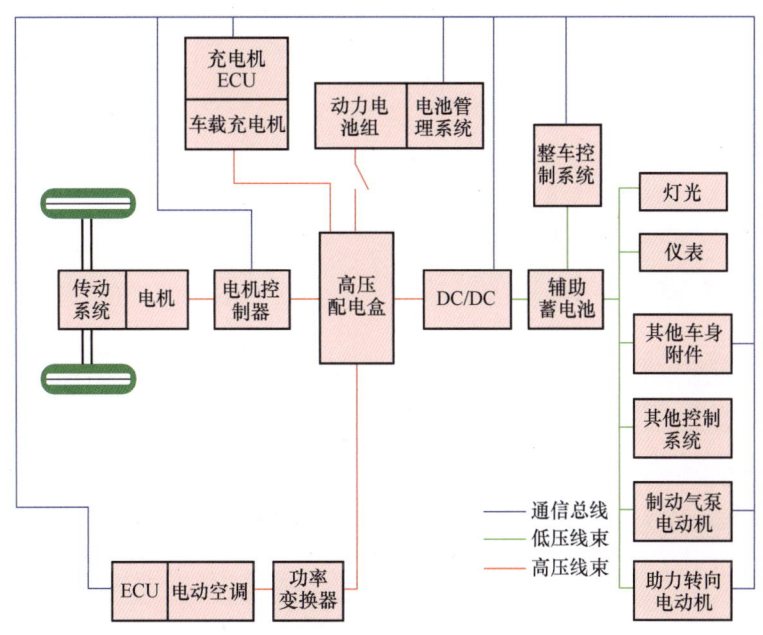

图 2-1　一般纯电动汽车整车控制系统的结构

二、整车控制器的主要功能

纯电动汽车的整车控制器的主要功能包括：整车控制模式判断和驱动控制、整车能量优化管理、整车通信网络管理、制动能量回馈控制、故障诊断和处理、车辆状态监测与显示等，整车控制器功能框图如图 2-2 所示。整车控制器通过 CAN 总线和 IO 端口来获得如加速踏板开度、电池 SOC、车速等信息，并根据这些信息输出不同的控制动作。

1. 整车控制模式判断和驱动控制

整车控制器通过各种状态信息（起动钥匙、充电信号、加速/制动踏板位置、当前车速和整车是否有故障信息等）来判断当前需要的整车工作模式（充电模式和行驶模式），然后根据当前的参数和状态及前一段时间的参数及状态，算出当前车辆的转矩能力，按当前车辆需要的转矩，计算出合理的最终实际输出的转矩。例如，当驾驶人踩下加速踏板时，整车控制器向电机控制单元发送电机输出转矩信号，电机控制系统控制电机按照驾驶人的意图输出转矩。

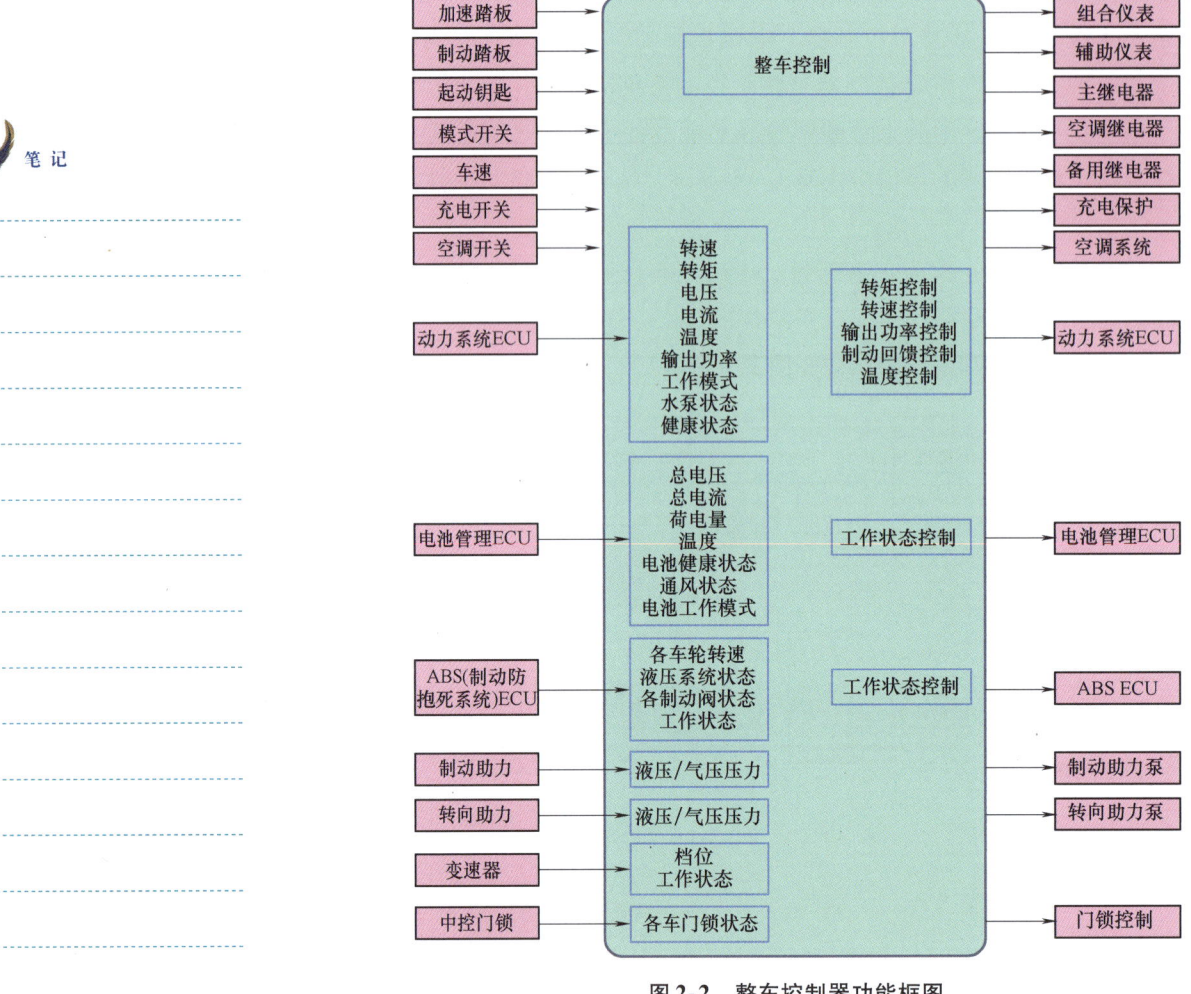

图 2-2　整车控制器功能框图

2. 整车能量优化管理

纯电动汽车有很多用电设备，包括电机和空调设备等。整车控制器可以对能量进行合理优化来提高纯电动汽车的续航里程。例如当动力电池组电量较低时，整车控制器发送控制指令关闭部分起辅助作用的电器设备，将电能优先保证车辆的安全行驶。

3. 整车通信网络管理

在整车的网络管理中，整车控制器是信息控制的中心，负责信息的组织与传输、网络状态的监控、网络节点的管理、信息优先权的动态分配以及网络故障的诊断与处理等功能。通过 CAN（EVBUS）总线协调 BMS、电机控制器、空调系统等模块相互通信，如图 2-3 所示。

4. 制动能量回馈控制

电动汽车的电机可以工作在再生制动状态，对制动能量进行回收是利用电动汽车和传统能源汽车的重要区别。整车控制器根据行驶速度、驾驶人制动意图和动力电池

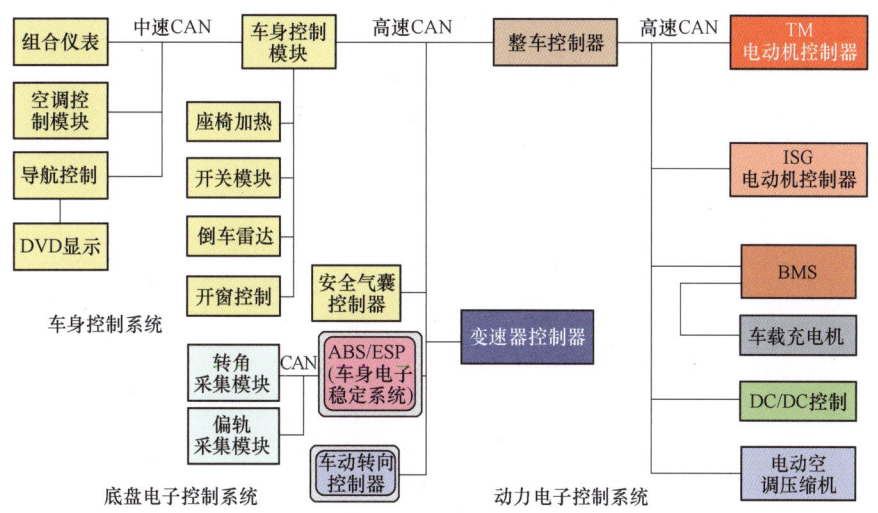

图 2-3　整车网络管理系统

组状态（如电池荷电状态 SOC 值）进行综合判断后，对制动能量回馈进行控制。如果达到回收制动能量的条件，整车控制器向电机控制器发送控制指令，使电机工作在发电状态，将部分制动能量储存在动力电池组中，提高车辆能量利用效率。

制动能量回馈的原则：①能量回收制动不应该干预 ABS 的工作；②当 ABS 进行制动力调解时，制动能量回收不应该工作；③当 ABS 报警时，制动能量回收不应该工作；④当电驱动系统具有故障时，制动能量回收不应该工作。

5. 故障诊断和处理

连续监视整车电控系统，进行故障诊断，并及时进行相应安全保护处理。根据传感器的输入及其他通过 CAN 总线通信得到的电机、电池、充电机等的信息，对各种故障进行判断、等级分类、报警显示，储存故障码供维修时查看。故障指示灯指示出故障类型和部分故障码。对于不太严重的故障，能做到"跛行回家"。

6. 车辆状态监测和显示

整车控制器能够对车辆的状态进行实时检测，并且将各个子系统的信息发送给车载信息显示系统，其过程是通过传感器和 CAN 总线，检测车辆状态，将状态信息和故障诊断信息通过数字仪表显示出来，显示内容包括：车速、里程、电机的转速、温度、电池的电量、电压、电流和故障信息等。

三、整车控制系统故障诊断与处理

1. 故障分级

整车控制系统根据电机、电池、EPS（电动助力转向系统）、DC/DC 等零部件故障，整车 CAN 网络故障及整车控制器硬件故障进行综合判断，确定整车的故障等级，并进行相应的控制处理。一般将电动汽车的故障分为四级，见表 2-1。

表 2-1　故障分级及处理

等级	名称	故障后处理	故障列表
一级	致命故障	紧急断开高压	电机控制器直流母线过电压故障、BMS一级故障
二级	严重故障	二级电动机故障零转矩，二级电池故障20A放电电流限功率	电机控制器相电流过电流、IGBT（绝缘栅双极型晶体管）、旋变等故障，电机节点丢失故障，档位信号故障
三级	一般故障	跛行	加速踏板信号故障
		降功率	电机控制器电机超速保护
		限功率<7kW	跛行故障、SOC<1%、BMS单体欠电压、内部通信、硬件等三级故障
		限速<15km/h	低压欠电压故障、制动故障
四级	轻微故障	只仪表显示，四级故障属于维修提示，但是整车控制器不对整车进行限制	电机控制器电动机系统温度传感器、直流欠电压故障，整车控制器硬件、DC/DC转换器异常等故障
		四级能量回收故障，仅停止能量回收，行驶不受影响	

2. 报警指示灯符号解释

当整车控制器在对自身及各子系统进行监测过程中发现故障问题时将会点亮仪表中相应指示灯，主要故障指示灯的名称、故障原因及工作条件见表2-2。

表 2-2　主要故障指示灯的名称、故障原因及工作条件

序号	指示灯	名称	异常闪烁	常亮	工作条件
1		12V蓄电池充电故障警告灯		DC/DC未工作/12V蓄电池电压异常/DC/DC故障	总线信号，来自整车控制器，ON
2		系统故障灯	仪表丢失整车控制器报文	车辆发生动力系统故障	总线信号，来自整车控制器，ON
3		充电线连接指示灯		充电枪连接至充电口	硬线信号，来自整车控制器，ON/OFF
4		制动故障警告灯	仪表丢失ABS报文	制动系统故障/制动液位低/EBD（电子制动力分配）故障	硬线信号，来自整车控制器和ABS（BCM），ON
5		电动机故障报警		电动机系统故障	总线信号，来自整车控制器，ON
6		高压断开报警		高压动力系统未启动	总线信号，来自整车控制器，ON
7		动力电池故障		动力电池发生故障	总线信号，来自整车控制器，ON
8		ABS故障	仪表失去ABS信号	ABS故障	总线信号，来自ABS（BCM），ON
9		驱动电机过热报警		驱动电机系统过热	总线信号，来自整车控制器，ON

3. 电动汽车 OBD 接口定义

OBD 是英文 On-Board Diagnostic 的缩写，中文翻译为"车载诊断系统"。当系统出现故障时，故障警告灯亮，同时 OBD 系统会将故障信息存入存储器，通过标准的诊断仪器和诊断接口可以以故障码的形式读取相关信息。根据故障码的提示，维修人员能迅速准确地确定故障的性质和部位。OBD 诊断接口及各端子电气连接分别如图 2-4、图 2-5 所示。

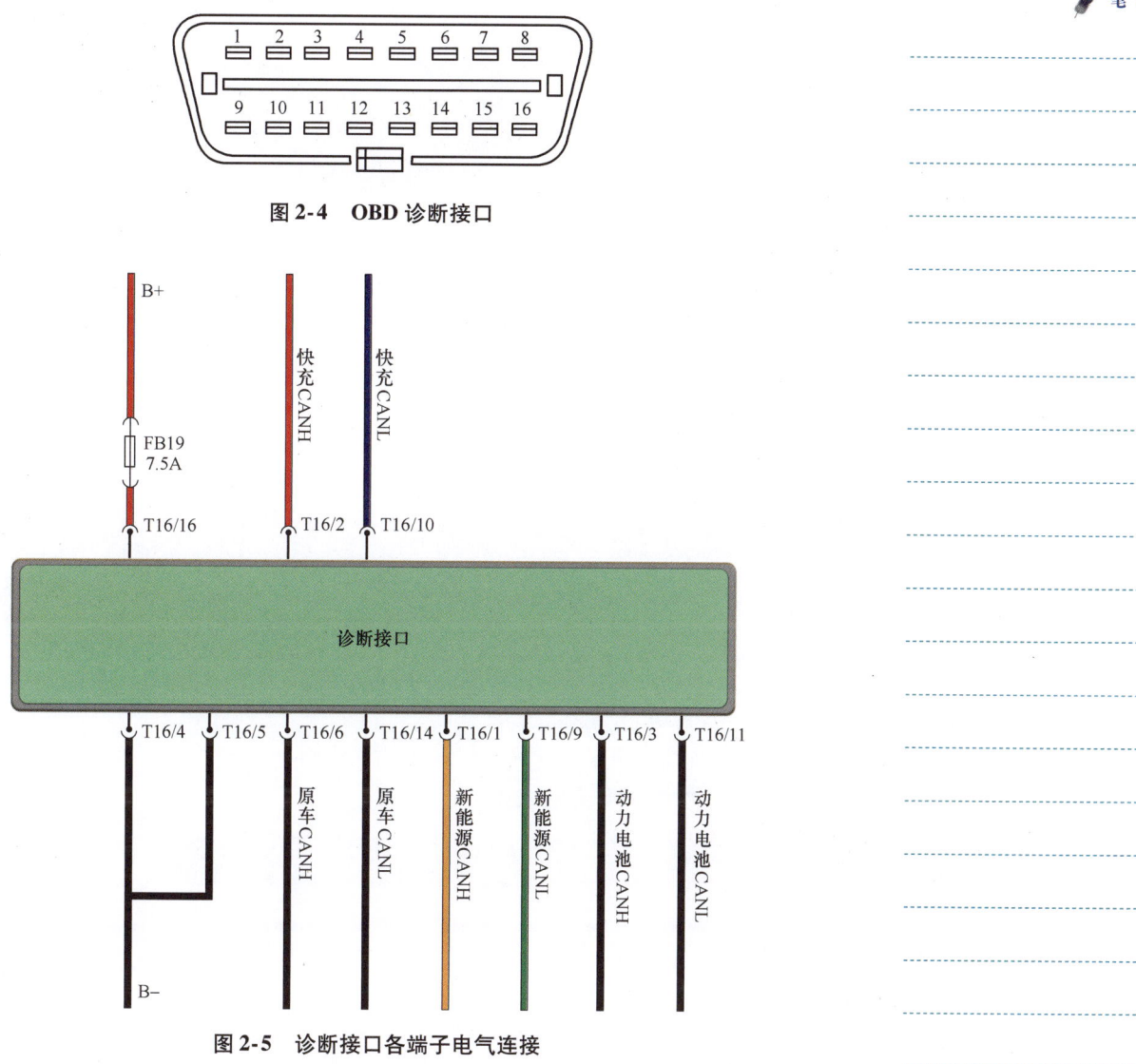

图 2-4　OBD 诊断接口

图 2-5　诊断接口各端子电气连接

4. 北汽新能源电动车专用故障诊断仪的使用方法

北汽新能源电动车专用故障诊断仪能与多种车型匹配，能对多个子系统进行诊断，具有多种诊断能力，能对主要功能部件进行测试，且能对系统进行标定和烧录程序。专用故障诊断仪的使用方法是：

1）连接专用故障诊断仪后进入诊断界面，如图 2-6 所示。

2）选择北汽新能源，如图 2-7 所示。

图 2-6 诊断界面

图 2-7 品牌选择

3)选择诊断程序版本号,如图 2-8 所示。

4)选择被诊断车辆品牌和车型,如图 2-9 所示。

5)进行系统选择或快速测试,如图 2-10、图 2-11 所示。

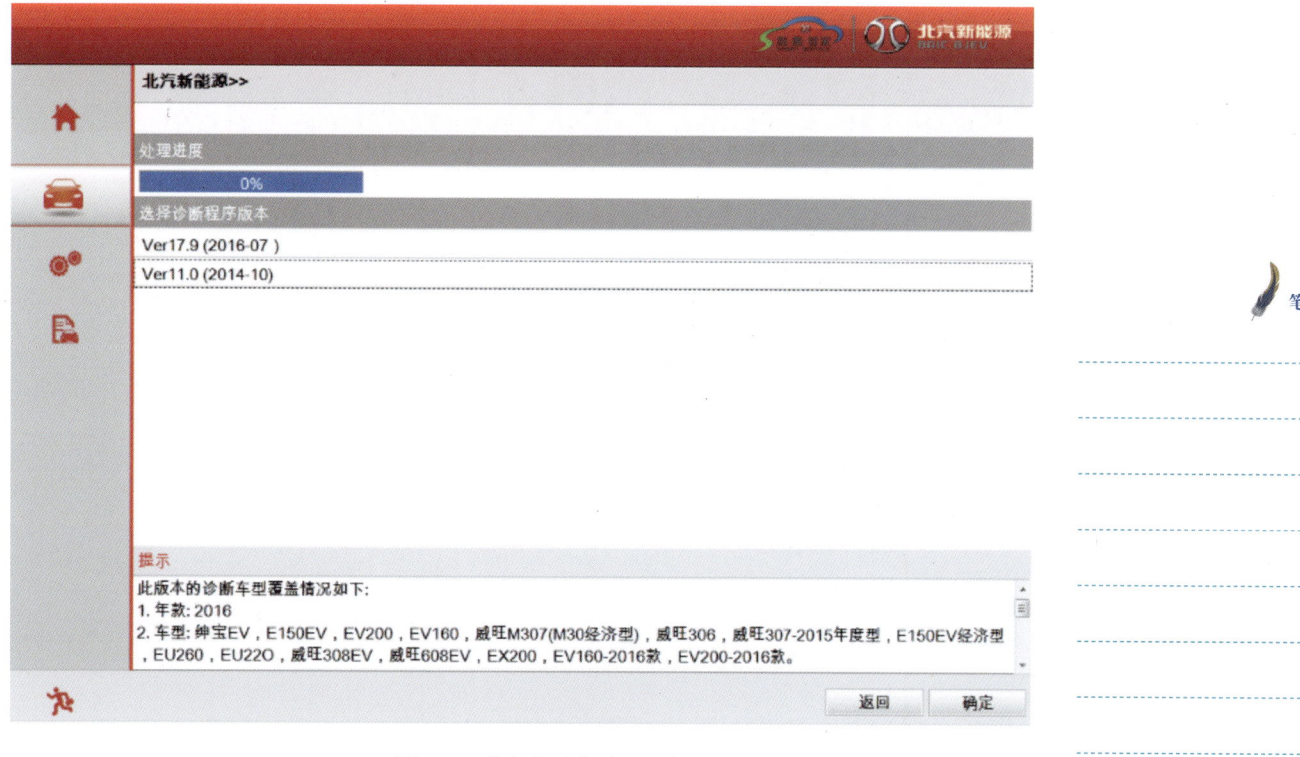

图 2-8　诊断程序版本号

图 2-9　选择被诊断车辆品牌和车型

6）根据测试结果可浏览故障码，如图 2-12 所示。

7）读取数据流，如图 2-13 所示。

8）读取数据冻结帧，如图 2-14 所示。

图 2-10　系统选择

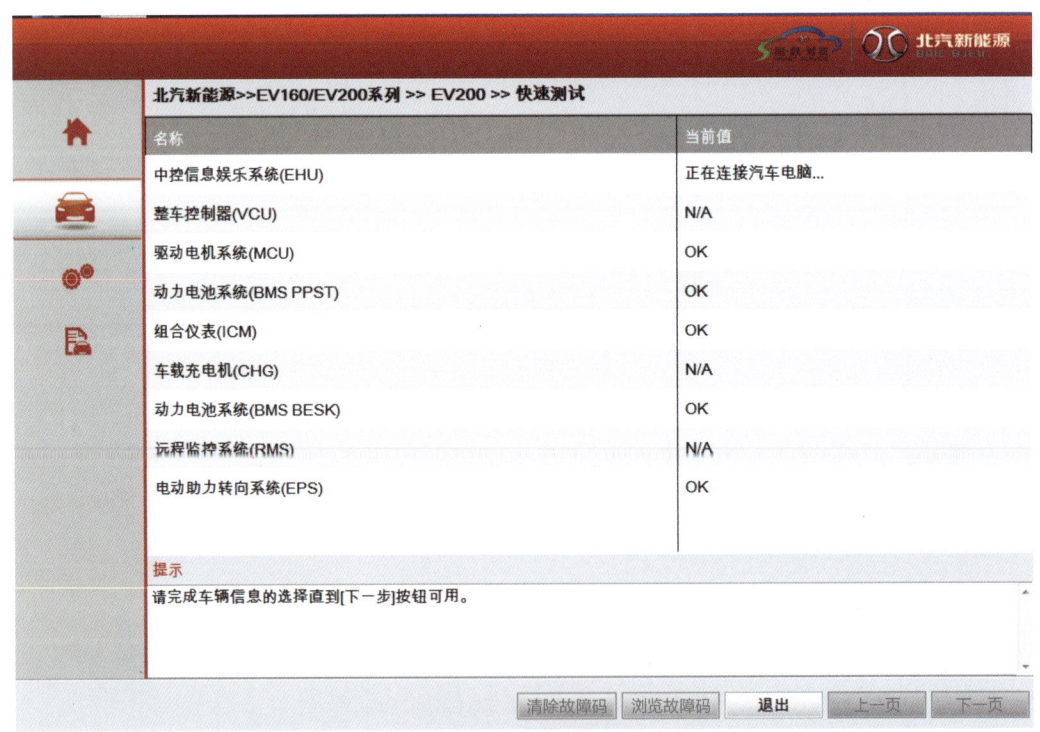

图 2-11　快速测试

9）使用结束后如有故障码则清除故障码，如图 2-15 所示。

课堂练习：用故障诊断仪读取驱动电机数据，并说明数据冻结帧时的车速、动力电池电压、档位状态和加速踏板位置等数据是什么？

笔记

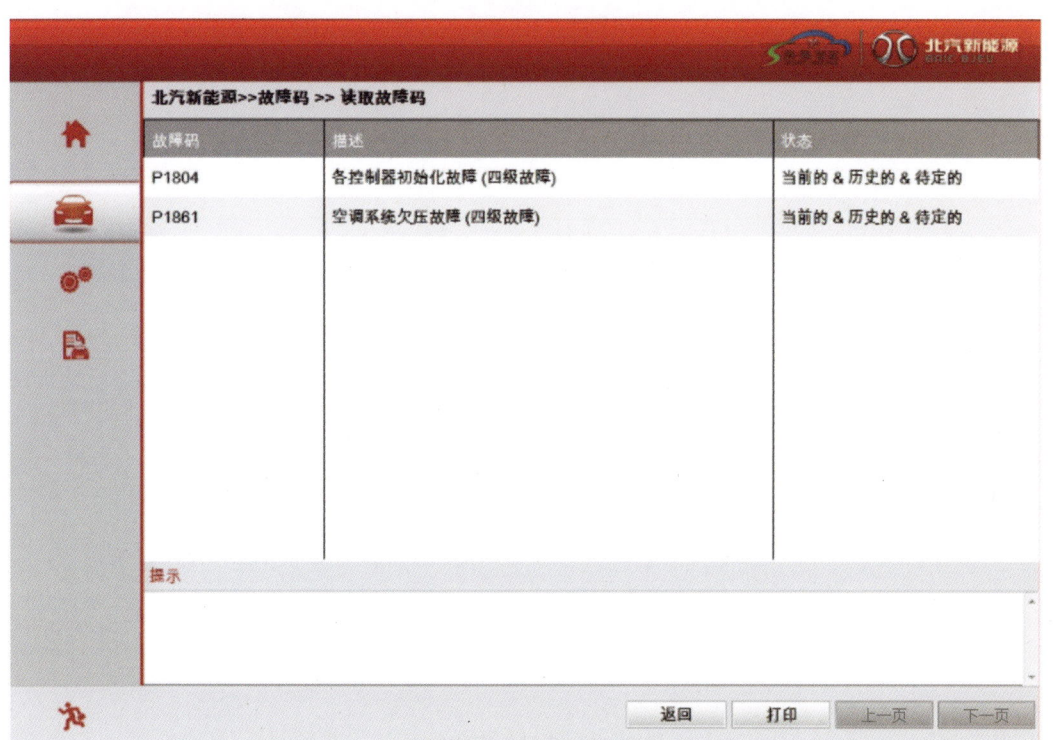

图 2-12　故障码浏览

图 2-13　读取数据流○

———
○　图中#表示1号。

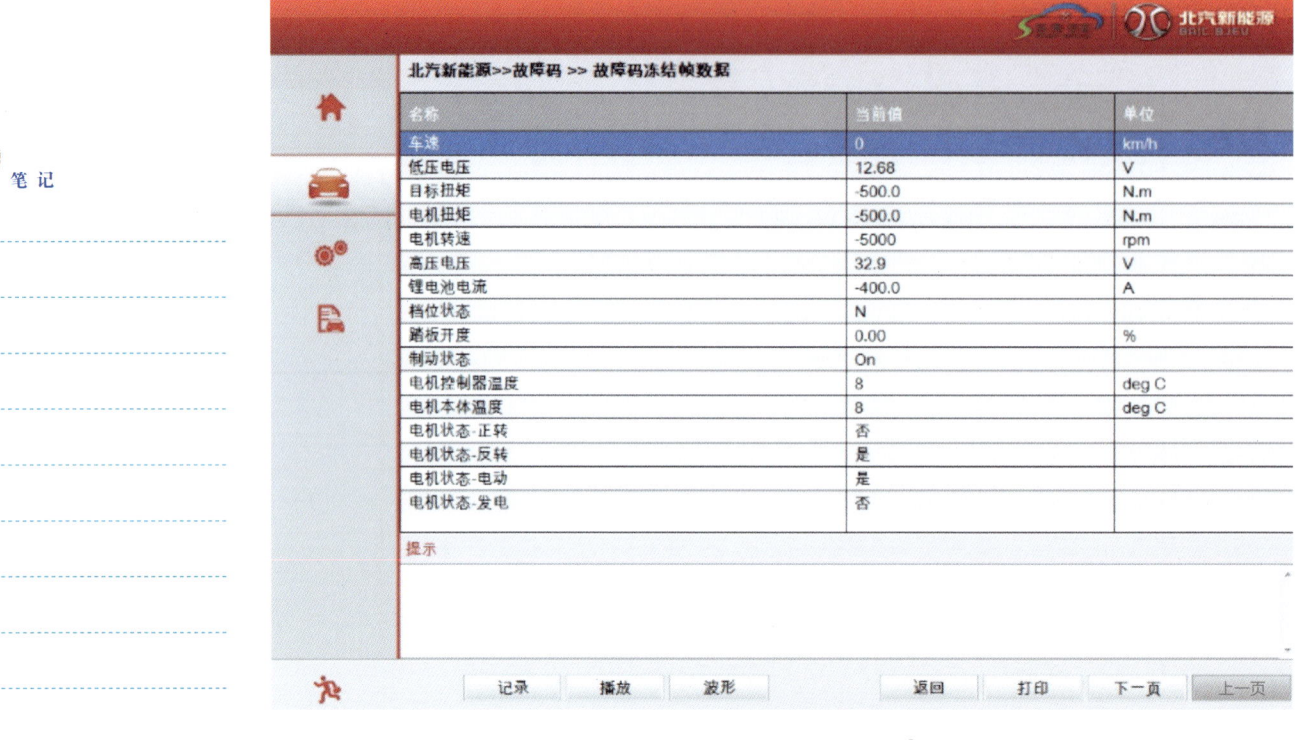

图 2-14 读取数据冻结帧㊀

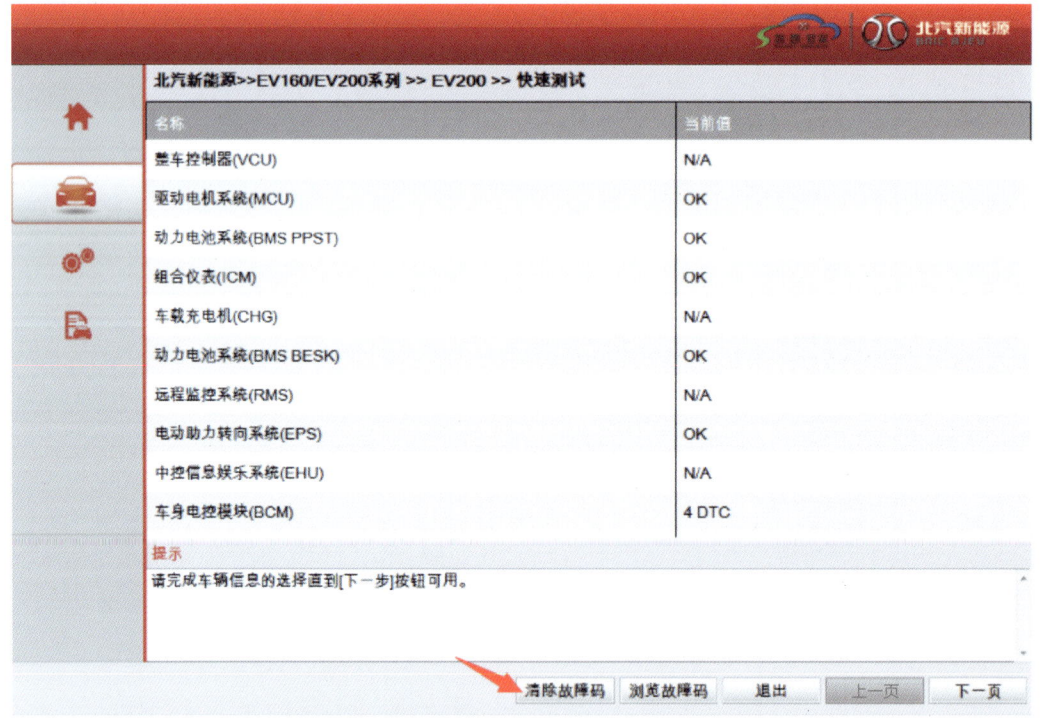

图 2-15 清除故障码

㊀ 扭矩表示为转矩，N.m 表示单位 N·m，rpm 表示 r/min。

> 故障冻结帧的作用：
> 当车辆确认有故障的瞬间，由整车控制器存储车辆在"这个瞬间"的整车状态信息，比如车辆发生故障时车辆的车速是多少？高压多少？档位状态？驾驶人踩的节气门开度？制动状态……这些信息，有助于分析故障时的状态和故障原因，为车辆的检修提供重要依据。

5. 故障诊断仪无法与车辆通信的故障诊断与排除

诊断仪无法与车辆通信的原因主要从整车控制器是否工作、OBD 诊断接口是否正常、OBD 诊断接口与整车控制器的 CAN 总线线束是否正常。

1）检查整车控制器的供电是否正常。根据整车控制器的供电线路（图 2-16），使用万用表检查其供电是否正常，包括 ON 档电、常电；如不正常则需要检查低压电气盒中整车控制器的熔丝 FB16 和 FB17 是否正常。

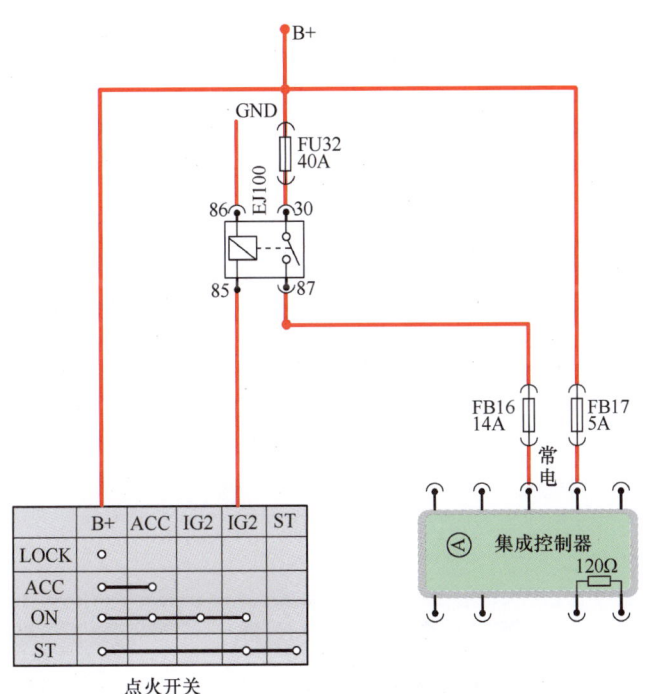

图 2-16　整车控制器的供电线路

2）检查 OBD 诊断接口。根据诊断接口各端子电气连接图 2-5 使用万用表，查 OBD 端子 Pin16 与端子 Pin4 是否有 12V 供电电压，如没有则查相应熔丝和线束。

3）查 CAN 总线。OBD 端子 Pin1 与端子 Pin9 是否有 60Ω 左右的阻值，如无则查相应 CAN 总线线束。

4）如果以上都正常，请更换全新的整车控制器。

6. 整车控制器的更换

整车控制器的更换步骤如下：

1）将点火开关置于 OFF 档。

2）断开蓄电池低压负极电缆。

3）按照图 2-17 所示箭头及提示拔下整车控制器连接线束插头 A 和 B。

图 2-17　插接器 A 和 B 拔出示意图

4）拧下固定整车控制器的四个螺钉（位置如图 2-18 所示中箭头所指），即可拆下整车控制器。

小贴士

插接器就是通常所说的插头和插座，用于传感器、执行器、控制单元与线束，线束与线束或导线与导线间的相互连接，使多个电气元件构成一个完整的电气系统。为了防止插接器在汽车行驶中脱开，所有的插接器均采用了闭锁装置。

当插接器结合时，应把插接器的导向槽重叠在一起，使插头和插孔对准，然后平行插入并锁紧即可十分牢固地连接在一起。

图 2-18　固定整车控制器的四个螺钉位置图

学习任务 2　检修整车控制器与其他子系统的连接故障

【学习目标】

1. 能准确描述整车控制器与各系统控制逻辑关系。
2. 会进行部件和线束的拆装检测。
3. 会使用常用工具进行故障检测。
4. 会进行常见典型故障的分析、诊断与排除。

【任务描述】

客户委托：排除车辆加速无反应故障

车主小王的北汽 EV200 已使用 8 个月，车辆在行驶中仪表报整车故障，车辆加速无反应，所以联系北汽新能源售后报修。

要能解决车主小王的问题，需要掌握故障诊断仪、万用表的使用方法，会看整车控制器与加速踏板位置传感器之间的电路图，会就车检查加速踏板位置传感器的信号、供电电压和搭铁是否正常，会拆装、更换传感器和整车控制器等，会分析通过故障诊断仪所读出的数据流等。

【知识准备】

一、整车控制系统与各系统控制逻辑介绍

整车控制器对各主要控制对象（充电机、动力电池组内的正负极继电器和预充继电器、空调压缩机、电机等）进行分级控制，整车控制器控制分级如图 2-19 所示。

各子系统都具有各自独立的控制能力和控制条件，从而实现对子系统实施独自管理的目的。

1. 整车控制器与档位传感器的连接

整车控制器通过档位传感器获取档位信息，二者之间的连接关系如图 2-20 所示。

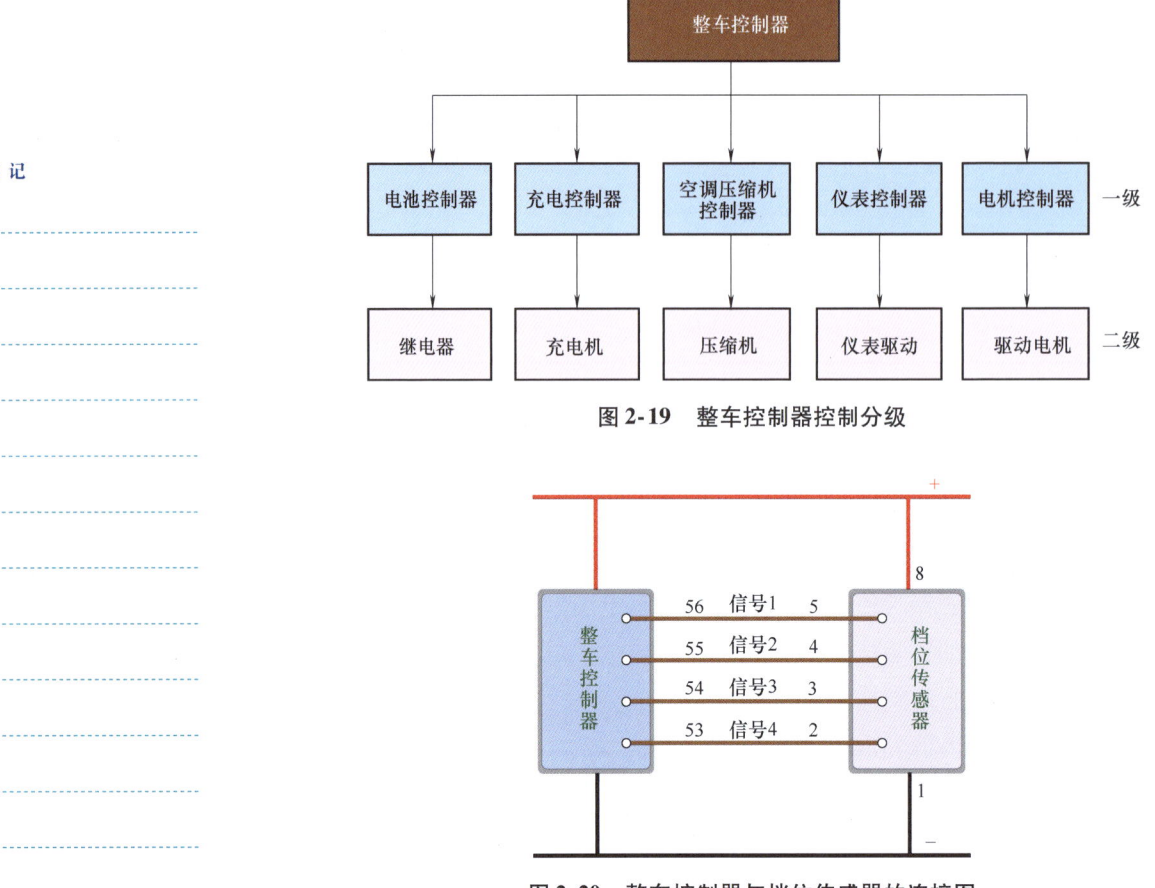

图 2-19　整车控制器控制分级

图 2-20　整车控制器与档位传感器的连接图

整车控制器收到四个从档位传感器送来的信号，进行运算比较分析后确定此时驾驶人的选档意图是前进、倒车还是空档，信号参考电压见表 2-3。

表 2-3　档位传感器信号电压参考值　　　　　　　　　　（单位：V）

档位	信号 1	信号 2	信号 3	信号 4
R	0.3	4.5	4.5	0.3
N	0.3	4.5	0.3	4.5
D	4.5	0.3	4.5	0.3

2. 整车控制器与加速踏板位置传感器的连接

整车控制器根据加速踏板位置传感器来获得加减速信息，从而改变电机转矩，控制电机转速，进而改变车速。加速踏板位置传感器提供两组信号，让整车控制器进行对比，图 2-21 所示为整车控制器与加速踏板位置传感器的连接电路。

检测加速踏板传感器 1 信号：加速踏板从 0~100% 变化，用万用表直流电压档测量插件 4 号端子与搭铁（或 3 号端子）之间应有 0.74~4.8V 的电压；否则检查传感器电源和搭铁线，

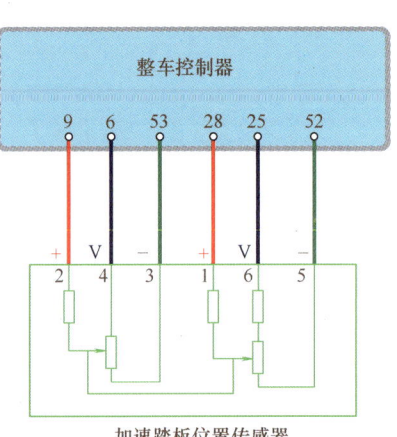

图 2-21　整车控制器与加速踏板位置传感器的连接电路

如果传感器输入电源和搭铁线正常，则为传感器内部故障。

检测加速踏板传感器 2 信号：加速踏板开度从 0～100% 变化，用万用表直流电压档测量插件 6 号端子与搭铁（或 5 号端子）之间应有 0.37～2.4V 的电压；否则检查传感器电源和搭铁线，如果传感器电源和搭铁线正常，则为传感器内部故障。

3. 整车控制器与车载充电机的连接

车载充电机在充电过程中与整车控制器进行通信，当车身充电口接入充电枪后，充电连接确认信号 CC 与 PE 之间导通，此时车载充电机对整车控制器发出信号，整车控制器再向仪表发出信号，仪表充电指示灯点亮，同时车载充电机发出充电唤醒信号给整车控制器，车辆不能行驶，原理框图如图 2-22 所示。

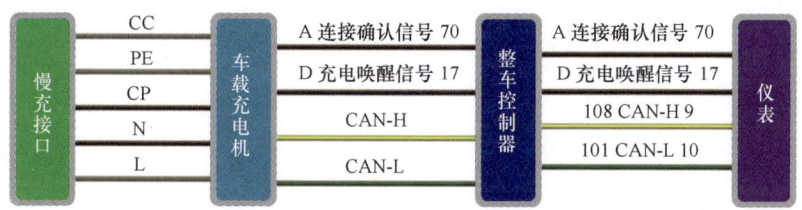

图 2-22　整车控制器与车载充电机的连接原理框图

4. 整车控制器与 DC/DC 的连接

DC/DC 接到整车控制器发出的使能信号，在充电或起动车辆时将高压直流电变压后给低压蓄电池充电，同时整车控制器对 DC/DC 进行监控，当 DC/DC 有故障时及时通过仪表报警，其连接关系如图 2-23 所示。

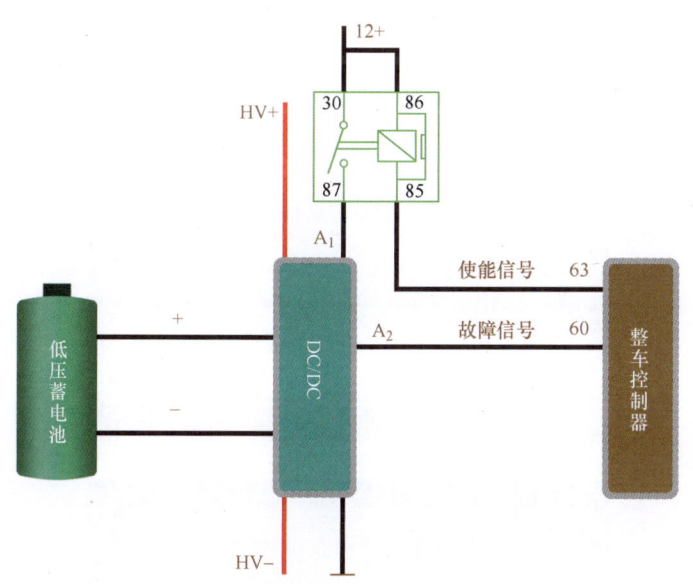

图 2-23　整车控制器与 DC/DC 的连接关系

5. 整车控制器与电机控制器的连接

整车控制器向电机控制器发出转矩需求和故障通信，电机控制器反馈的包括电机转速、电机温度、控制器温度信号等信息给整车控制器都是通过 CAN 总线来实现的，如图 2-24 所示。能量回馈的启动与停止也是由整车控制器来控制的。

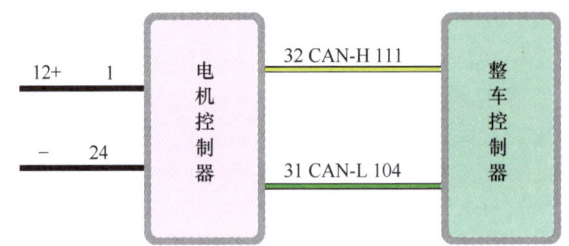

图 2-24　整车控制器与电动机控制器的连接

6. 整车控制器与动力电池管理系统 BMS 的连接

整车控制器给动力电池管理系统 BMS 发出电能需求和故障通信，BMS 反馈包括动力电池电量、动力电池温度、电压、电流信号等信息给整车控制器都是通过 CAN 总线来实现的，如图 2-25 所示。动力电池包内的总负继电器由整车控制器控制，而总正继电器由 BMS 控制，如北汽 EV200 的三元锂电池。

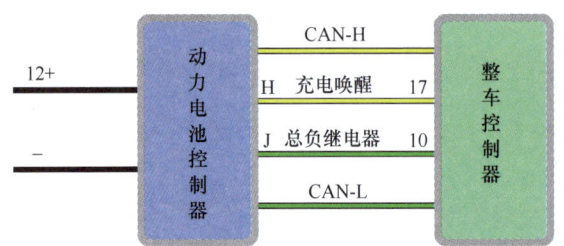

图 2-25　整车控制器与动力 BMS 的连接

7. 整车控制器与高压控制盒的连接

高压控制盒是完成动力电池电源的输出及分配，实现对支路用电器的保护及切断的部件，其内有快充继电器和空调、PTC 熔断器，如图 2-26a、b 所示。

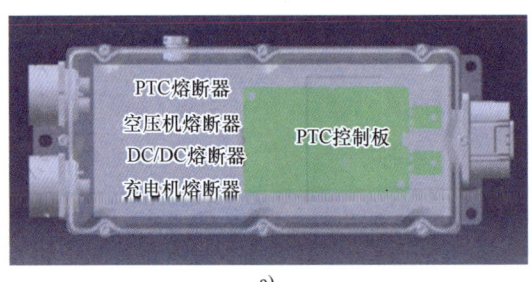

a)

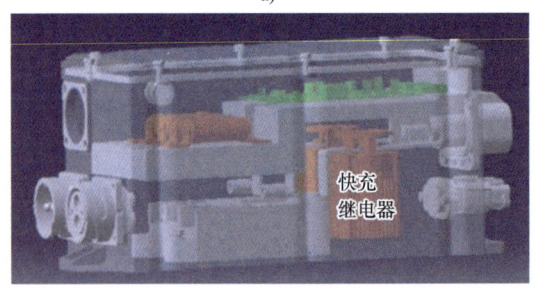

b)

图 2-26　高压控制盒内部结构

车辆在进行快充时高压控制盒内两个快充继电器闭合；在按下空调开关 A/C 时，空调继电器将闭合，基本控制原理如图 2-27 所示。

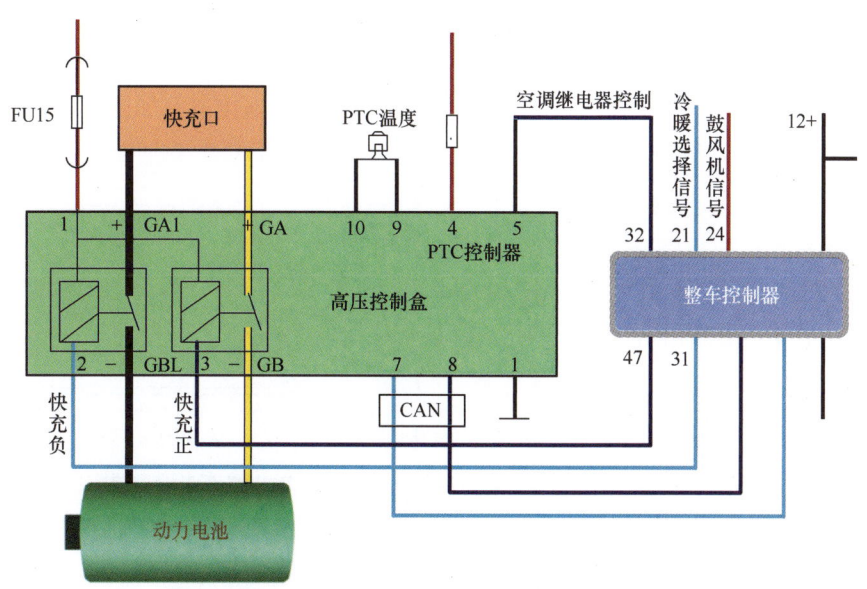

图 2-27　整车控制器与高压控制盒的基本控制原理

8. 整车控制器与空调压缩机控制器的连接

纯电动汽车采用电动空调压缩机，与传统汽车空调压缩机控制方式不同。整车控制器接到空调开关 A/C 请求信号并确认空调系统压力信号、蒸发器温度信号、冷暖选择信号、鼓风机信号，是否满足起动压缩机的要求。

当满足以上条件时，整车控制器发出起动压缩机的指令，通过 CAN 总线传递给空调压缩机控制器；空调压缩机控制器根据整车控制器的指令来控制空调压缩机的驱动电路，从而控制压缩机的工作和转速，基本原理如图 2-28 所示。

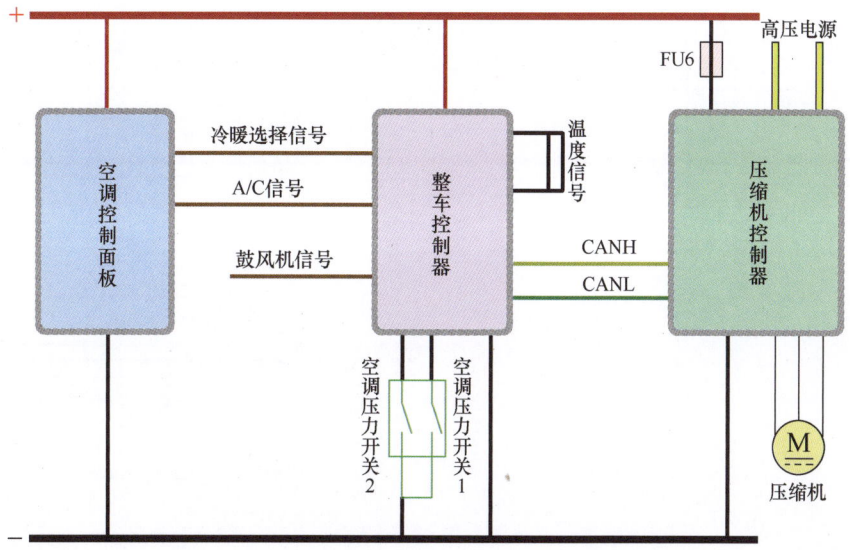

图 2-28　整车控制器与空调压缩机控制器的基本原理

二、踩加速踏板车辆无反应故障检修

某电动车加速无反应,同时仪表报整车故障,故障检修过程:使用电动专用诊断仪来读取故障信息。整车控制器与加速踏板位置传感器的连接电路如图2-21所示。

1)首先使用诊断仪读取数据流指令,选取加速踏板信号1和加速踏板信号2,单击确定,读取二者数据流。

2)检查加速踏板线束端子Pin1和Pin2的电压,正确电压应该是5V;检查线束端子Pin3和Pin5的电压,正确电压应该是0,端口外形如图2-29所示。

3)当先不踩加速踏板时,检验加速踏板线束端子Pin4和Pin6的搭铁电压,正确的电压是都接近0。

图2-29 加速踏板位置传感器端口外形

4)当踩加速踏板在一定开度时,检验加速踏板线束端子Pin4和Pin6的电压,正确的端子Pin4的电压是端子Pin6电压的两倍。

5)检查与加速踏板连接的线束有无短路、断路和退针现象,如线束有问题请更换线束。检查方法如下:

① 加速踏板位置信号1搭铁,测量方法:用万用表通断档测量相应端子之间的线束是否断路,如图2-30所示。

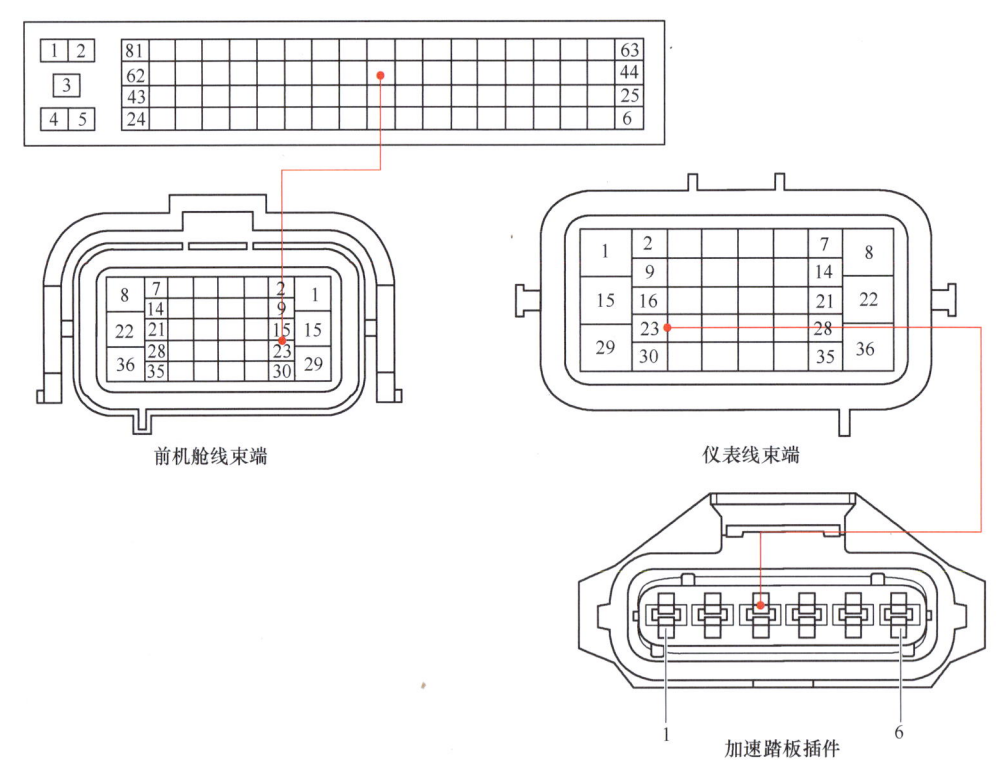

图2-30 加速踏板位置信号1搭铁线束测量

② 加速踏板位置信号 1 输出，逐一测量是否导通，如果不导通，确定问题后更换线束。测量方法：用万用表通断档测量相应端子之间的线束是否断路，如图 2-31 所示。

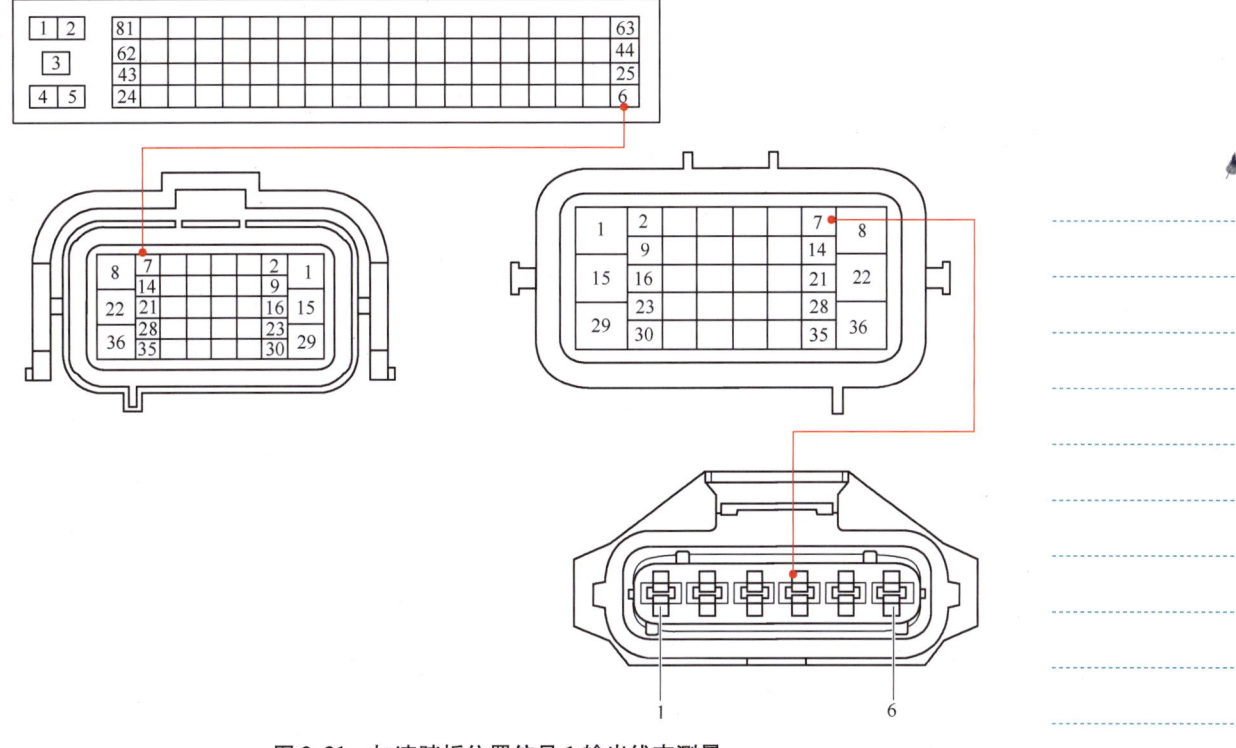

图 2-31　加速踏板位置信号 1 输出线束测量

③ 加速踏板位置信号 1 电源，逐一测量是否导通，如果不导通，确定问题后更换线束。测量方法：用万用表通断档测量相应端子之间的线束是否断路，如图 2-32 所示。

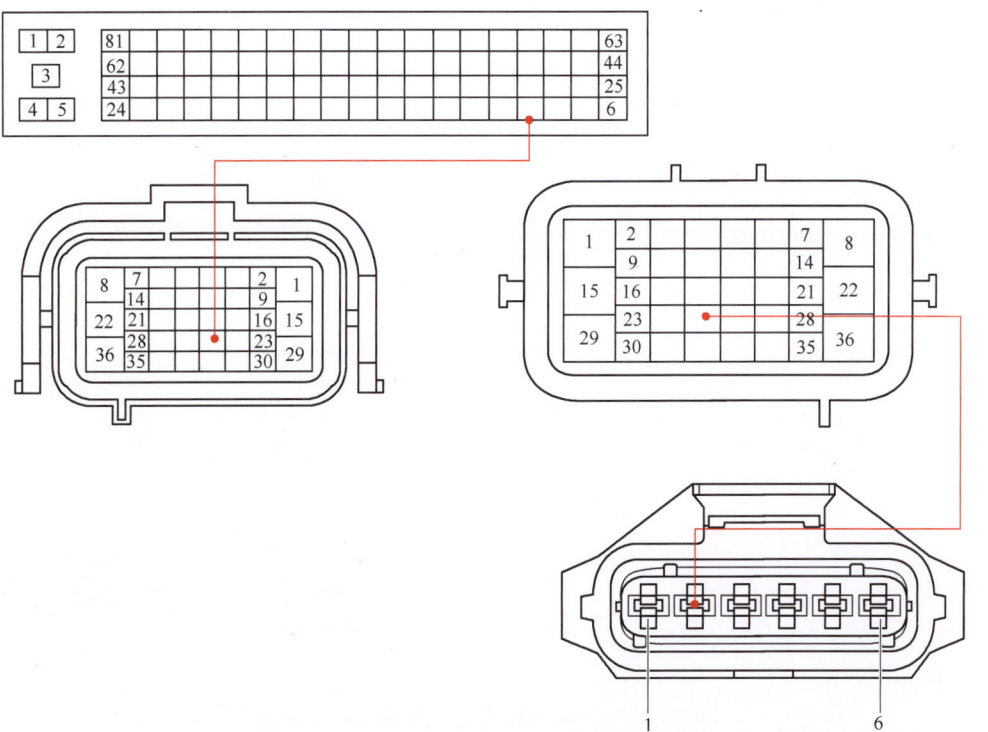

图 2-32　加速踏板位置信号 1 电源线束测量

④ 加速踏板位置信号 2 搭铁，测量方法：用万用表通断档测量相应端子之间的线束是否断路，如图 2-33 所示。

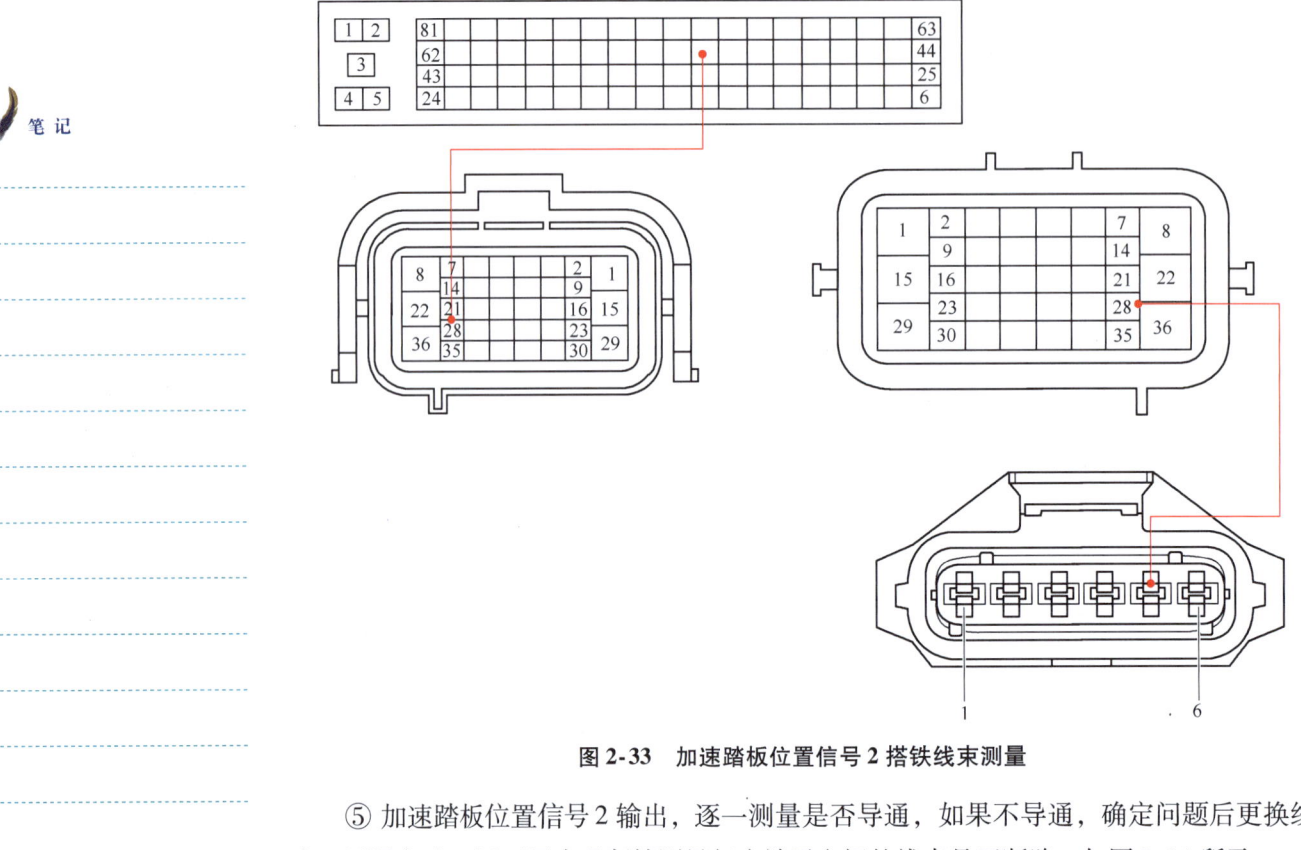

图 2-33　加速踏板位置信号 2 搭铁线束测量

⑤ 加速踏板位置信号 2 输出，逐一测量是否导通，如果不导通，确定问题后更换线束。测量方法：用万用表通断档测量相应端子之间的线束是否断路，如图 2-34 所示。

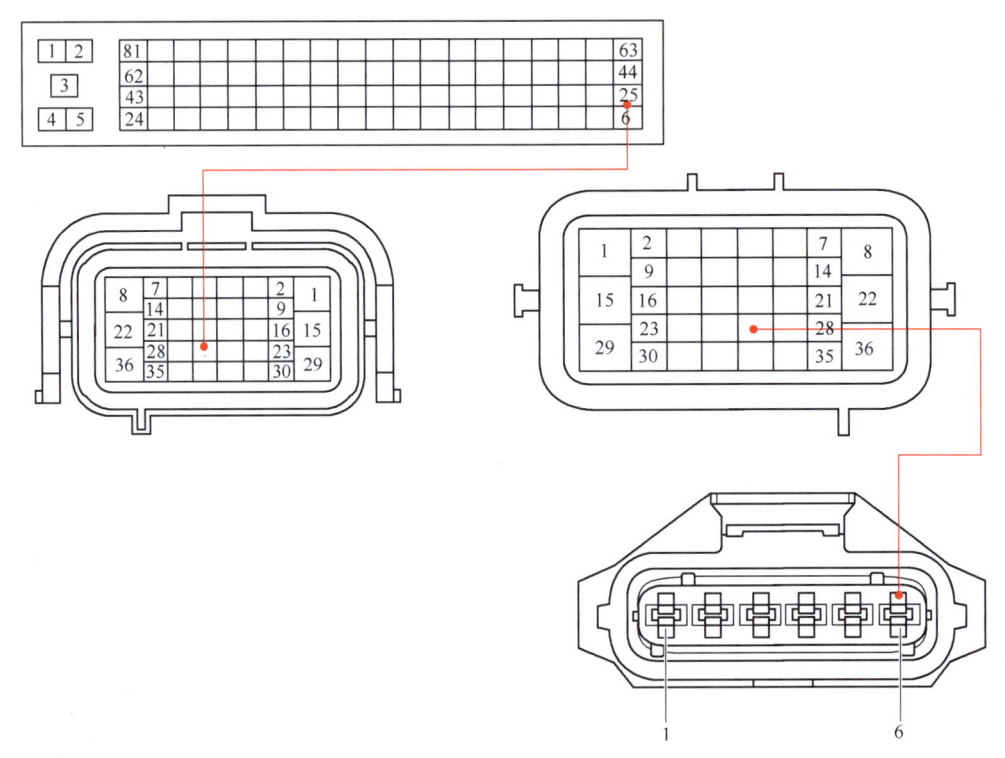

图 2-34　加速踏板位置信号 2 输出线束测量

⑥ 加速踏板位置信号2电源，逐一测量是否导通，如果不导通，确定问题后更换线束。测量方法：用万用表通断档测量相应端子之间的线束是否断路，如图2-35所示。

课堂练习：分析导致相同故障的其他原因，并说说检修思路。

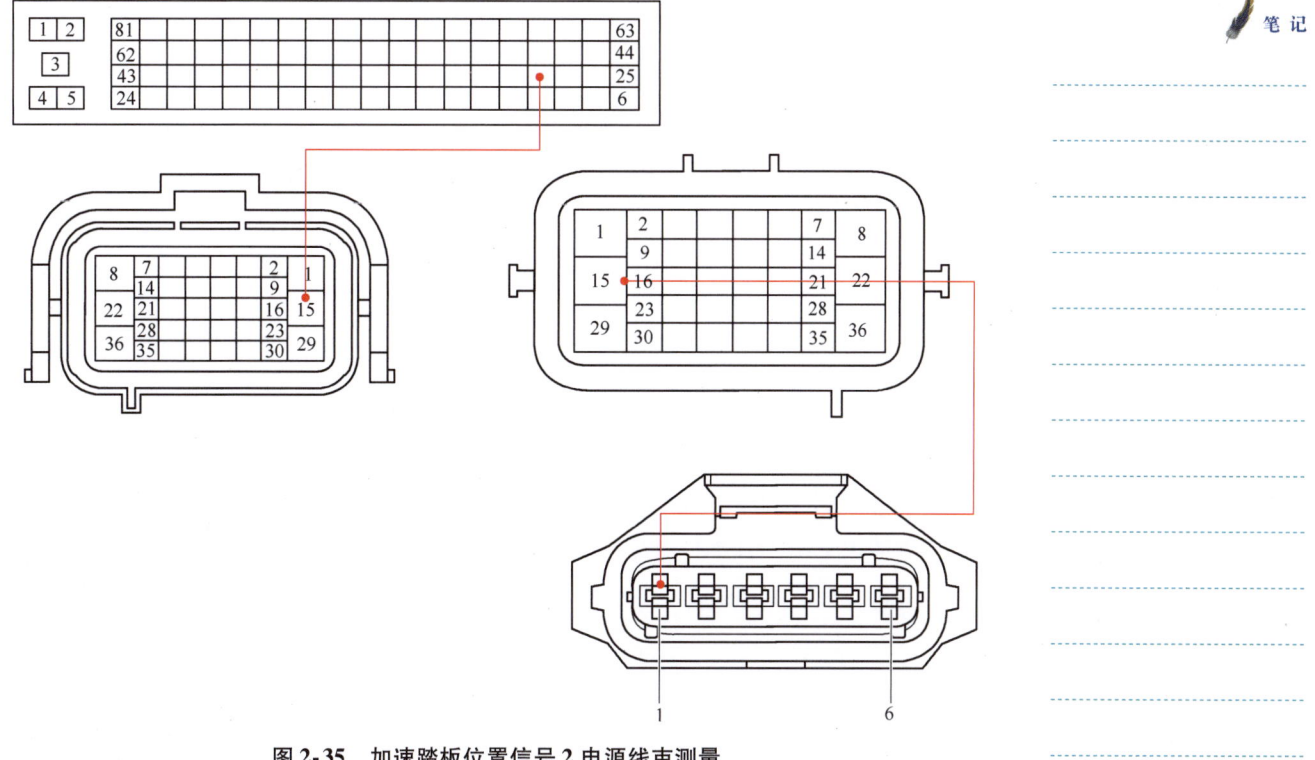

图2-35 加速踏板位置信号2电源线束测量

6) 以上线束确定没问题后，请更换加速踏板位置传感器。

学习任务3　检修整车供断电控制故障

【学习目标】

1. 准确描述整车供断电控制过程。
2. 会进行部件和线束的拆装检测。
3. 会使用常用工具进行故障检测。
4. 会进行常见典型故障的分析、诊断与排除。

【任务描述】

客户委托：检修"车辆无法正常供电"故障

车主小郑的纯电动汽车已使用6个月，车辆在起动时仪表显示动力电池断开故障，整车故障灯点亮，同时仪表报通信故障，隔一会儿再起动时仍报同样的故障，所以联系售后报修。

要能解决车主小郑的问题需要掌握从点火开关起动到整车正常起动的全过程，所以要知道整车是如何控制低压系统和高压系统工作的，需要知道整车供断电控制逻辑等。

【知识准备】

一、整车供断电过程

整车供断电包括低压供电与断电、唤醒与取消唤醒、高压供电与断电，其控制功能涉及整车所有控制单元，包括整车控制器、电机控制器INV/MCU、动力电池内的电池管理系统BMS、空调系统、DC/DC转换器、组合仪表（ICM）系统、远程终端控制器RMS、充电机CHG等。整车供断电过程是由整车控制器协调各个控制器，使各控制器按顺序合理地接通或断开低压控制电信号，使动力电池继电器接通或断开，从而车辆能够正确地完成"起动"和"关闭"动作，同时进行信息交互和故障检测。整个过程必须保证逻辑正确、顺序正确、故障检测合理有效。

1. 低压供电及唤醒原理

电动汽车要能正常起动，动力电池就需要对外供电。为了保证供电安全，整车控制系统必须在确保整车主要高低压部件正常的情况下才会使动力电池的正负极继电器闭合，从而对外供电。整车控制器被唤醒之后将对各子系统进行一系列唤醒，检测正常之后才会使动力电池的正负极继电器闭合而对外供电。电动汽车唤醒整车控制器的方式通常有四种，即点火开关唤醒、快充唤醒、慢充唤醒和远程 APP 唤醒。

(1) 整车低压供电原理　车辆低压控制器的供电途径有三种，如图 2-36 所示。

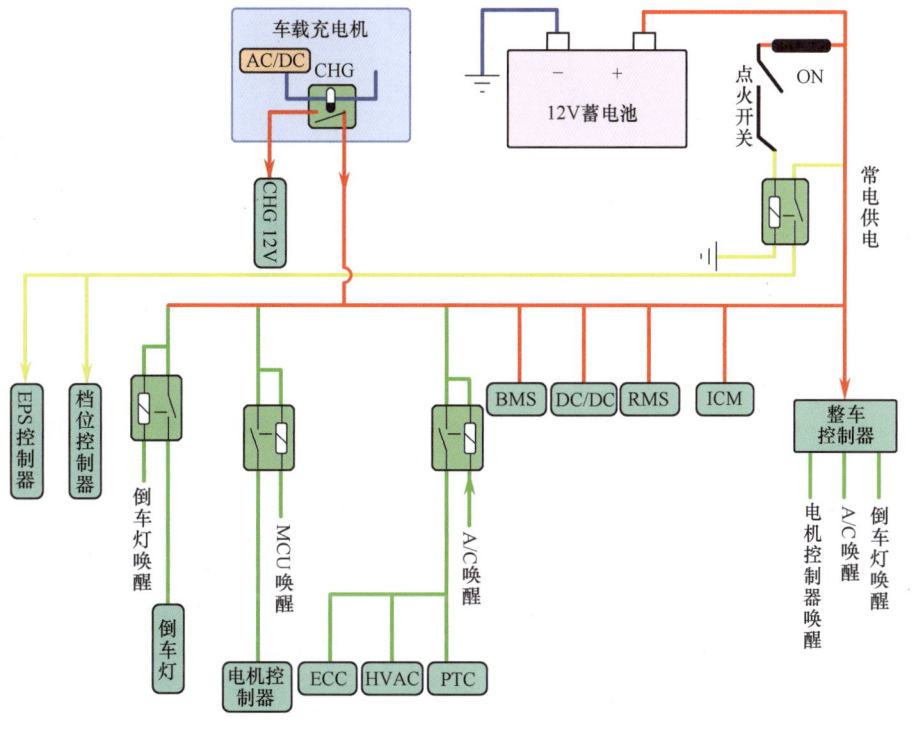

图 2-36　低压供电原理

1) 由蓄电池直接供电，主要有整车控制器 VCU、组合仪表 ICM、数据采集终端 RMS、DC/DC 和电池管理系统 BMS（由红色线连接）。

2) 由 ON 档（IG1）继电器供电，当点火开关转到 ON 档后，ON 档继电器线圈被接通，从而将 12V 蓄电池电压送到档位控制器和电动助力 EPS 控制器，给其供电（由黄色线所连接）。

3) 由整车控制器控制低压继电器供电，当整车控制器由蓄电池直接供电电压后，内部部分电路工作，从而控制空调 A/C 继电器、电机控制器继电器和倒车灯继电器接通供电的控制器。

(2) 非充电模式下各控制器唤醒原理　非充电模式下控制器唤醒主要有 ON 档继电器唤醒和整车控制器唤醒，如图 2-37 所示。

1) 由 ON 档（IG1）继电器唤醒的控制器有整车控制器、ICM 和 RMS。

2) 由整车控制器唤醒，当整车控制器被唤醒后将送出唤醒信号电压给 BMS 和 DC/DC。

(3) 慢充模式下各控制器唤醒原理　慢充模式下控制器唤醒主要有慢充唤醒 CHG 和整车控制器唤醒，如图 2-38 所示。

课堂练习：在实车上测量 VCU、DC\DC 变换器、BMS 的供电电压并记录，判断测量结果是否正确；测量 A\C、电机控制器和 DC\DC 变换器的唤醒信号并记录，判断信号电压是否正确。

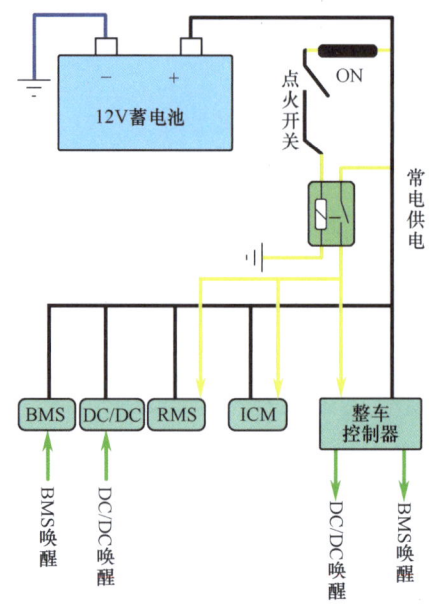

图 2-37 非充电模式下各控制器唤醒原理

1)慢充(CHG12V)唤醒信号是当充电桩与车载充电机建立充电关系后,车载充电机控制内部继电器接通后送出,分别送给整车控制器和数据采集终端 RMS(由蓝色线所连接)。

2)由整车控制器唤醒,当整车控制器被唤醒后将送出唤醒信号电压给 BMS、ICM 和 DC/DC。

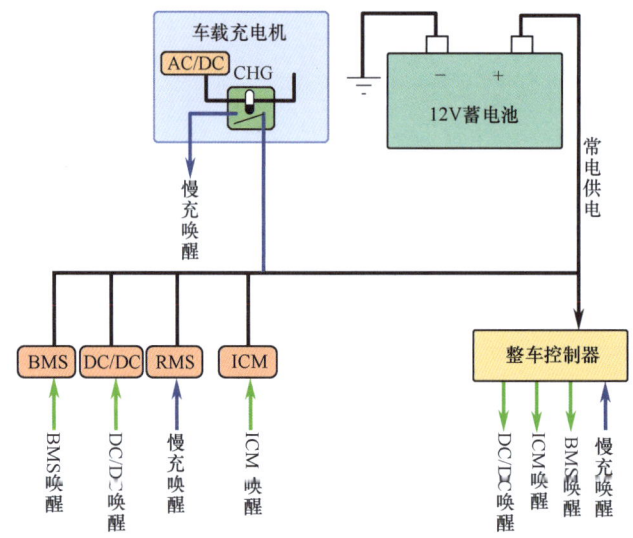

图 2-38 慢充模式下各控制器唤醒原理

(4)快充模式下各控制器唤醒原理 快充模式下控制器唤醒主要有快充唤醒(直流充电桩直接输出)和整车控制器唤醒,如图 2-39 所示。

1)快充唤醒信号是当快充桩与车辆建立充电关系后,快充桩送出快充唤醒信号给整车控制器 VCU 和数据采集终端 RMS(由青色线所连接)。

2)由整车控制器唤醒,当整车控制器被唤醒后将送出唤醒信号电压给 BMS、ICM 和 DC/DC(由绿色线所连接)。

(5)远程模式下各控制器唤醒原理 远程模式下控制器唤醒主要有远程 APP 唤

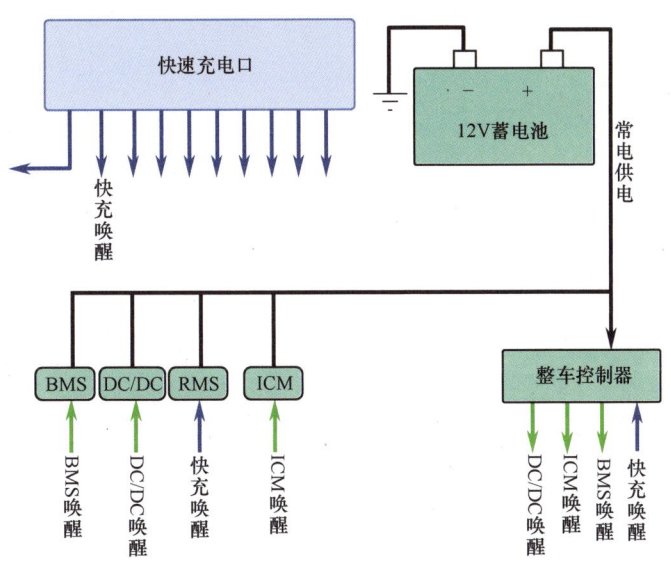

图 2-39 快充模式下各控制器唤醒原理

醒、远程唤醒和整车控制器唤醒，如图 2-40 所示。

1) 远程 APP 唤醒信号送给 RMS（由红色线所连接）。

2) RMS 被唤醒后将送出唤醒信号唤醒整车控制器（由紫色线所连接）。

3) 整车控制器送出信号唤醒 ICM、DC/DC、BMS（由绿色线所连接）。

注：在远程慢充模式下，充电机通过 BMS 向总线发送报文的形式唤醒。

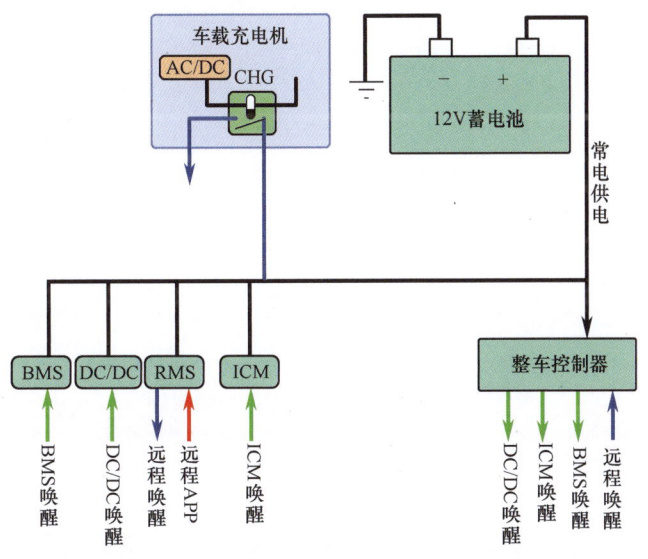

图 2-40 远程模式下各控制器唤醒原理

2. 高压供电原理

电动汽车的高压部件主要有动力电池、高压控制盒、电机及电机控制器、车载充电机、空调压缩机、PTC、DC/DC 等，这些高压部件中动力电池是供电部件，其他是用电部件，由动力电池为其提供工作电压。

动力电池内部的控制系统（图 2-41）中包含多个高压检测点（V_1、V_2、V_3）、预充电电路、负极继电器、正极继电器、电流传感器、手动维修开关、MSD 熔断器和绝缘检测电路等。高压检测点检测的作用、预充电电路的作用及动力电池内的三个高压接触器的控制顺序如下：

（1）高压检测点的作用

1）高压检测点 1（V_1）位于高压总正、总负继电器内侧，测量动力电池包总电压，用于判定 MSD 是否断路。

2）高压检测点 2（V_2）位于负压继电器外侧，另一点位于预充电电阻和预充电继电器之间，用于判定预充电继电器是否粘连、负极继电器是否断路、预充电电阻是否断路、预充电继电器是否断路。

3）高压检测点 3（V_3）位于动力电池直流母线输出两端，用于判定正极继电器是否粘连。

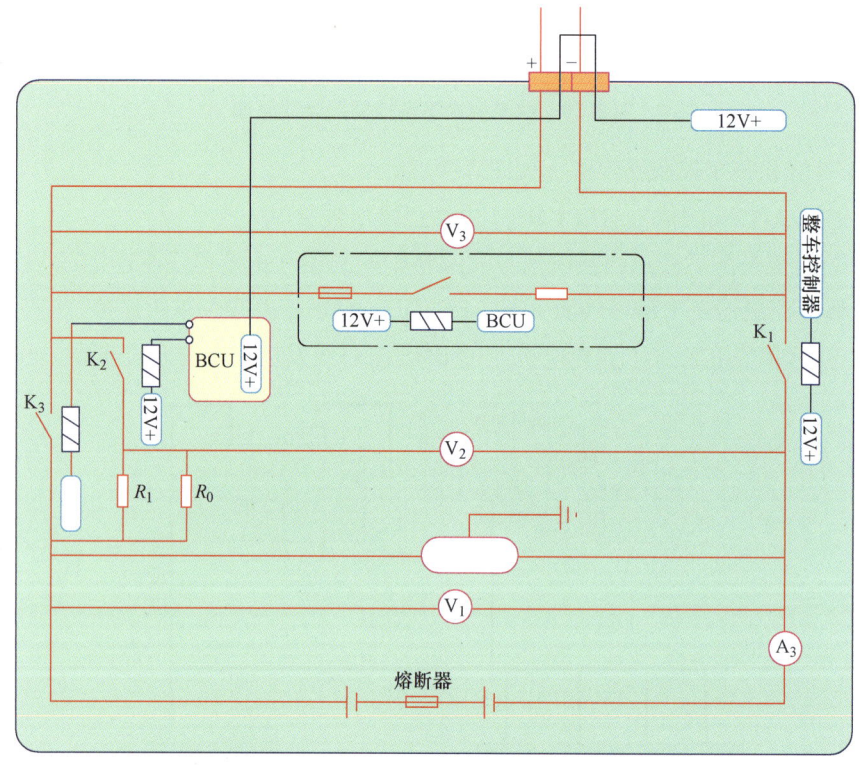

图 2-41　动力电池内部的控制系统

（2）预充电电路的作用　预充电电路的作用是为了防止在高压接触器闭合瞬间形成的强电流和高压对动力电机驱动系统高压器件形成冲击，导致接通高压电路瞬间造成器件损毁。预充电电路通过整车控制器 VCU 在供电过程中控制相应高压接触器通断时序，达到高压系统安全供电的目的。

（3）高压接触器的控制顺序　首先是整车控制器控制负极接触器接通后，再由 BMS 控制预充电接触器闭合，当预充电结束后，再由 BMS 控制正极接触器闭合，同时预充电接触器断开，这样完成动力电池高压供电。

3. 整车供断电流程

整车控制器有四种唤醒方式，在唤醒之后的控制过程近似，下面仅以点火开关唤醒整车控制器的方式来介绍整车供断电流程，如图 2-42 所示。

当点火开关旋转至 Start 档，松开后回到 ON 档，且档位处于 N 档，整车开始高压供电检测。整车控制器在进行初始化时，整车控制器会进行整车模式判断，如果此时充电口上连接了充电枪，则整车模式被判定为充电模式，此时将不会进入行车模式，继续后面的供电逻辑，整车控制器初始化不能完成。当整车模式被判定为运行模式后，整车控制器进行初始并完成自检；之后整车控制器闭合电机控制器 INV/MCU、低压继电器及空调控制面板、PTC 低压继电器，并唤醒 BMS，新能源低压供电开始；新能源低压供电开始后，进行新能源低压自检，在这过程中 BMS 和电机控制器完成初始化和自检，完成后自检计数器由"0"置为"1"并发给整车控制器；自检完成后，整车控制器闭合动力电池包内的负极继电器，否则进行高压掉电检测；负极继电器闭合后 BMS 完成动力电池高压自检，通过后自检计数器置"2"并发给整车控制器，否则整车控制器断开电池负极继电器，各高压控制器检测高压，零功率输出；BMS 完成预充电并闭合动力电池内的正极继电器，完成电池高压分步检测，检测成功后自检计数器置"3"并发给整车控制器，否则 BMS 断开电池正极继电器，自检计数器置"2"并发给整车控制器；预充电完成后，INV、ECC（空调控制器）、HVAC（空调面板系统）及 PTC（暖风的加热器）进行高压检测，检测通过后置高压检测完成标志位并发给整车控制器，该状态下开始判断高压故障，否则断开动力电池正极继电器，高压检测通过后整车供电完成，处于待行车状态，绿色 Ready 指示灯点亮。

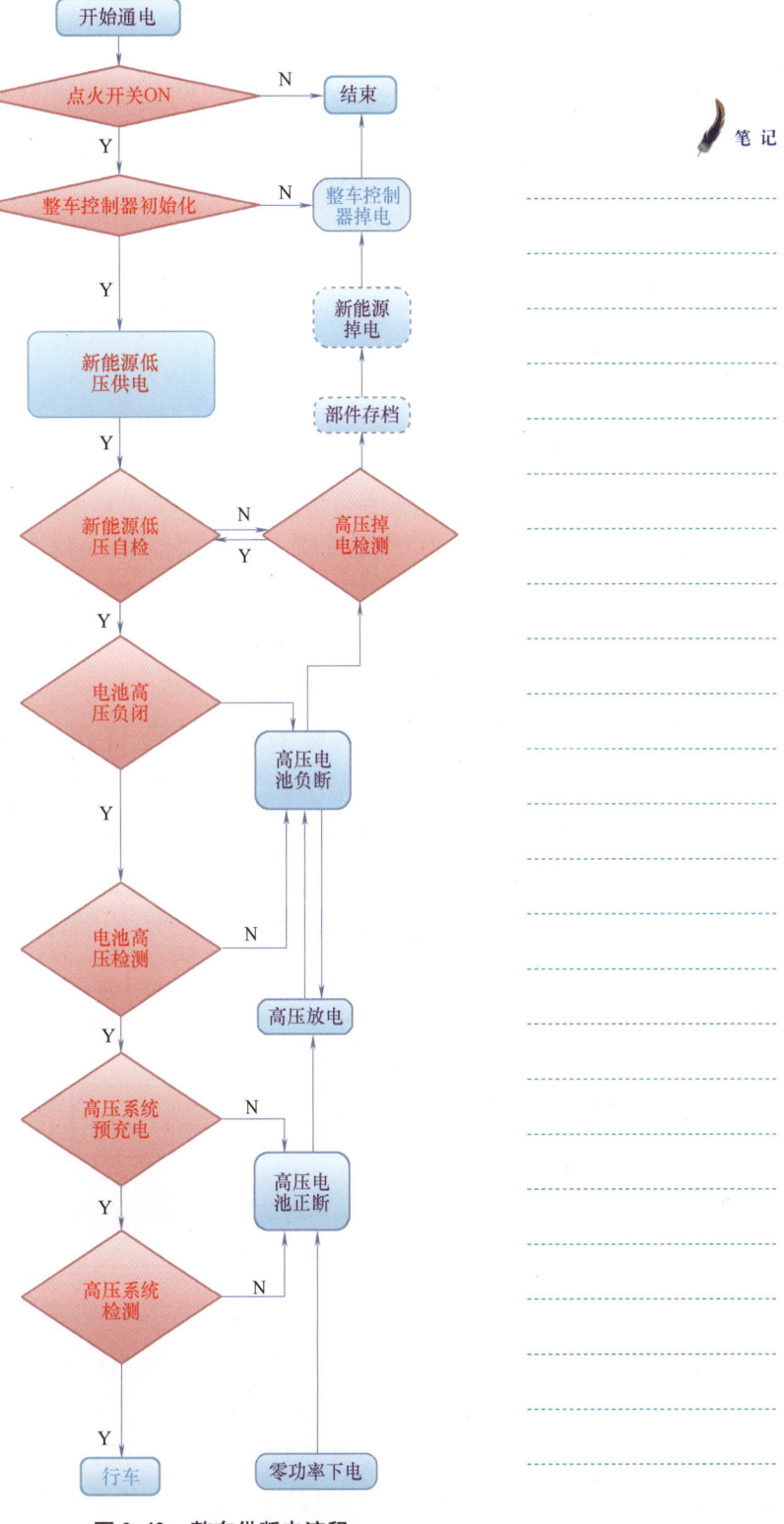

图 2-42 整车供断电流程

当系统检测到高压总电流小于 5A 且持续 600ms 以上时，整车控制系统进行断电流程，BMS 断开电池正极继电器，自检计数器置"2"并发给整车控制器，各高压电器检测高压，不判断故障，零功率输出；正极继电器断开后，BMS 进行正极继电器粘连检测，各高压电器零功率输出，进行高压回路放电，当电机控制器检测到高压回路电压低于36V后置放电完成标志位并发给整车控制器；整车控制器断开电池负极继电器，各高压控制器检测高压，零功率输出；BMS进行高压掉电检测，完成后BMS自检计数器置"1"并发给整车控制器；当部件存档时，BMS及各高压电器写EEPROM（电可擦除只读存储器），BMS自检计数器置"0"并发给整车控制器，电机控制器写EEPROM完成标志位；当存档完成后，整车控制器依次给BMS、电机控制器、HVAC、PTC进行新能源系统掉电，散热系统延时掉电；整车控制器写EEPROM，整车控制器掉电，从而整车断电完成。

二、车辆无法正常供电的诊断与排除

车辆无法正常起动这一故障的检查方法如下：

1）首先判断整车控制器是否在正常工作，方法是首先查整车控制器供电和唤醒、整车控制器搭铁、整车控制器的供电线束及插件是否正常。

① 通过读图2-16知道整车控制器的供电和唤醒电压分别通过熔丝FB16、FB17送入，首先打开低压熔丝盒检查整车控制器电源熔丝（FB16、FB17）7.5A熔丝是否熔断，位置如图2-43所示。

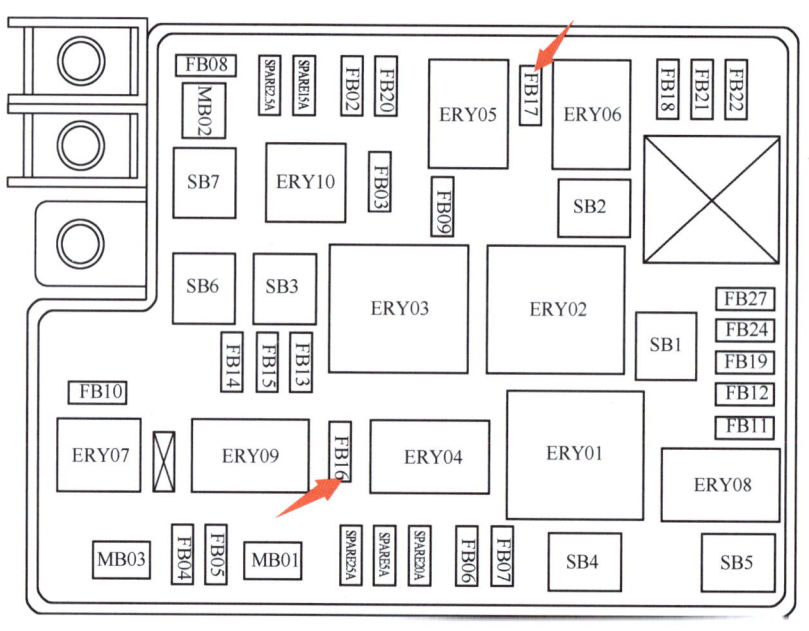

图2-43　熔丝FB16、FB17位置图

② 如熔丝FB16未熔断，请用万用表测量整车控制器供电电源线是否有12V电源。

测量方法：首先打开电源整车处于供电状态，再将万用表旋钮旋至电压档，表笔分别与整车控制器线束的1脚和2脚充分连接，如图2-44所示，检测是否有12V电源，如果没有12V电源则确定线束断路，如果12V电源正常则检查下一步。

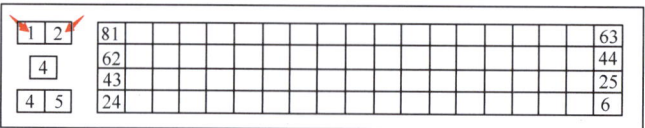

图2-44　整车控制器供电检测

③ 如熔丝 FB17 未熔断，用万用表测量整车控制器唤醒电源线是否有 12V 电源。

测量方法：首先打开电源使整车处于供电状态，再将万用表旋钮旋至电压档，表笔分别与整车控制器线束的 37 脚和 2 脚充分连接，如图 2-45 所示，检测是否有 12V 电源，如果 12V 电源正常则检查下一步，如果没有 12V 电源则需根据电路图进一步检查。

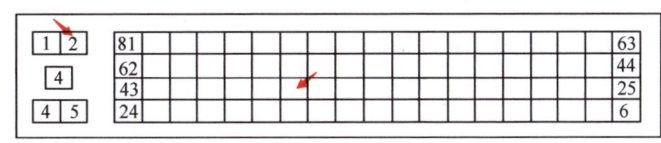

图 2-45　整车控制器唤醒信号检测

2）检查整车控制器有电源后，再查 CAN 总线是否正常。

① 检查 CAN 总线阻值是否正常：断开低压蓄电池负极后，测量的 CAN 总线正常阻值应为 60Ω。

测量方法：拔下电机控制器 35 针插件，找到新能源 CAN 总线针脚 31/32，用万用表表笔分别与 31/32 充分连接，查看万用表显示阻值，如图 2-46 所示。

如果阻值不正确，请将所有有新能源 CAN 的用电器件逐一断开，有新能源 CAN 的用电器件有空调压缩机、车载充电机、RMS、电机控制器、高压控制盒、动力电池，当断开某个用电器件后阻值为正常阻值时，则判定为此用电器件功能失效（注：单一断开整车控制器或动力电池后阻值为 120Ω）。

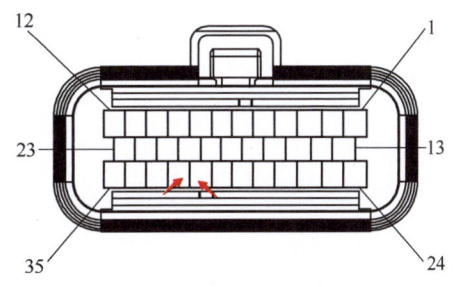

图 2-46　CAN 总线阻值检测

② 检查 CAN 总线是否短路或断路：当所有用电器件都完好的情况下则用万用表测量 CAN 总线两根线是否短路或断路。

测量方法：将万用表旋钮旋至通断档，将表笔与 CAN 总线的两根线充分连接测量是否导通，如电机控制器与动力电池之间，如图 2-47 所示。

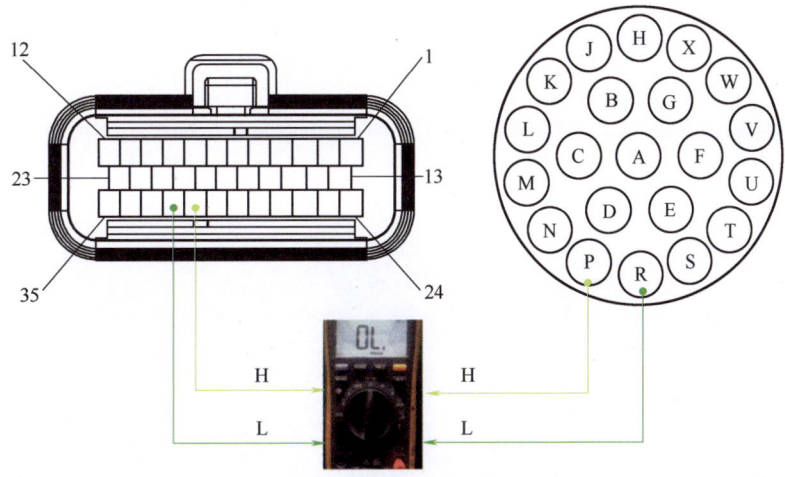

图 2-47　CAN 总线线束检测

如果导通则判定为线束短路，则需更换线束。如果不导通再测量单根线是否断路，如果断路则需要更换线束。

学习情景3

动力电池系统结构原理与检修

- 拆装动力电池
  - 动力电池的作用
  - 动力电池的类型和特点
  - 锂离子电池的工作原理及过充过放情况
  - 拆装动力电池
- 动力电池系统结构原理与检修
  - 更换动力电池内部组件
    - 动力电池系统组成部件和功能
      - 磷酸铁锂动力电池
      - 三元锂动力电池
    - 更换动力电池内部组件
  - 拓展：特斯拉动力电池介绍
  - 检修动力电池故障
    - 动力电池系统工作原理
    - BMS结构及原理
    - 动力电池系统故障显示
    - 动力电池系统常见故障及说明
    - 典型故障案例

学习任务 1　拆装动力电池

【学习目标】

1. 了解动力电池的作用、类型与特点。
2. 掌握锂离子电池的工作原理。
3. 掌握磷酸铁锂电池和三元锂电池的结构组成。
4. 掌握拆装动力电池的操作方法和注意事项。
5. 拓展学习特斯拉动力电池的结构和性能。

笔记

【任务描述】

客户委托：拆装动力电池

4S 店技术主管在经过各项检测之后，判断张先生的 EV200 汽车是动力电池故障，确定需要对动力电池进行解体，此时需要你作为维修人员协助技术主管按照规范程序，从车上拆卸动力电池，技术主管完成维修后，需要你对动力电池进行安装，并确认其工作状态正常。

【知识准备】

纯电动汽车不再需要一滴油，它没有了发动机和燃油箱，简单来说用电机取代了发动机，动力电池取代了燃油。如图 3-1 所示，电动汽车的主要动力源为电能，通过电动机等动力装置转化为机械能，从而驱动车轮行驶，而电能来自纯电动汽车的动力电池系统。作为电动汽车的能量来源，自电动汽车诞生以来，动力电池系统技术一直

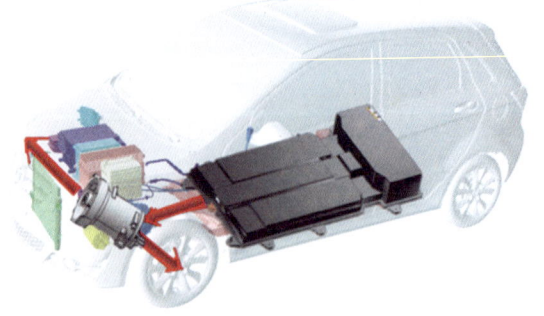

图 3-1　电动汽车动力源

是影响电动汽车的实用化进程的关键因素之一。提高功率密度、能量密度、使用寿命以及降低成本一直是电动汽车动力电池系统技术研发的核心。

一、动力电池的作用

动力电池系统作为电动汽车的能量源,它除了为整车提供持续稳定的能量,还承担以下任务:

1)计算整车的剩余电量和充电提醒。

> 整车的剩余电量,通常简称为 SOC(State of Charge),即电池当前的容量与额定容量的百分比。当车辆行驶过程中,随着动力电池电量的消耗,SOC 表上指针指示的数值会逐渐减小。当 SOC 减小到 30% 以下时,SOC 表上的电量不足指示灯会点亮,它提示用户尽快对车辆进行充电。

2)对电池进行温度、电压、湿度的检测。
3)漏电检测和异常情况报警。
4)充放电控制和预充电控制。
5)电池一致性的检测。
6)系统自检等作用。

二、动力电池的类型和特点

电池从它被发明起便在生活中有着非常广泛的应用。

电池早在 200 多年前就已问世,1800 年发明了世界上第一个电池,1859 年可充电的铅酸电池问世,1970 年一次锂离子电池迈向了实用化,以及可充电锂聚合物广泛的应用和目前的燃料电池、太阳电池的闪亮登场,也使得电动汽车的动力电池有更多的选择,如图 3-2 所示。

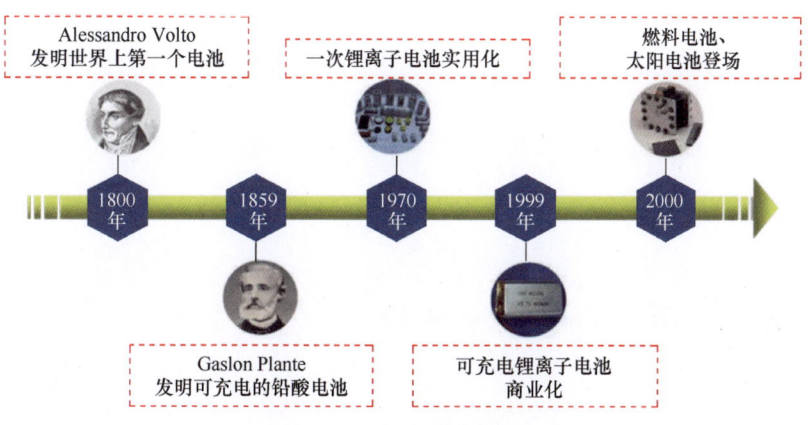

图 3-2 电池发展历程

1. 蓄电池的分类

蓄电池是一种化学电池,其基本组成为正极板、负极板、隔板和电解质。蓄电池的分类见表3-1。

表 3-1 蓄电池的分类

化学电池	一次电池	碳锌电池
		碱性电池
		水银电池
		锂离子电池
	二次电池	镍镉充电电池
		镍氢充电电池
		锂充电电池
		铅酸电池
物理电池	太阳电池	

专业术语

一次电池:只能进行一次放电的电池,不能进行充电而再利用。

二次电池:可重复进行充电、放电使用的电池,也叫作蓄电池或充电电池。如铅酸电池、镍氢电池和锂离子电池。

2. 动力电池的类型和特点

目前常用的动力电池有以下几种类型,如图3-3所示。

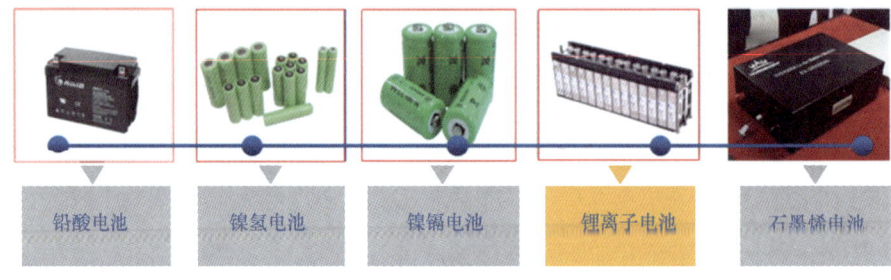

图 3-3 动力电池的类型

小贴士

那么每种动力电池它们的性能又如何呢?要想知道每种动力电池的优缺点,先要了解动力电池四个非常重要的参数:比能量和比功率、能量效率和循环寿命。

> **专业术语**
>
> 1）比能量是指动力电池单位质量所能输出的电能，单位为 W·h/kg。
>
>
>
> 比能量高的动力电池就像龟兔赛跑里的乌龟，耐力好，可以长时间工作，续航里程长。
>
> 2）比功率是描述动力电池在瞬间能放出能量的能力，单位为 W/kg。
>
>
>
> 比功率高的动力电池就像百米赛跑里的博尔特，速度快，可以提供很高的瞬间电流，以保证汽车的加速性能。
>
> 3）能量效率。指如果电流恒定，在相等的充电和放电时间内，蓄电池放出电量和充入电量的百分比。
>
> 4）循环寿命。动力电池容量降低（衰减）到某一规定值之前，动力电池能经受多少次充电与放电（充电一次放电一次称为一个周期或一次循环）。

针对比能量、比功率、能量效率和循环寿命四个动力电池的主要参数，表 3-2 列出了每种动力电池的性能。

表 3-2 动力电池性能比较

电池类型	比能量/(W·h/kg)	比功率/(W/kg)	能量效率（%）	循环寿命/次
铅酸电池	35~50	150~400	80	500~1000
镍镉电池	30~50	100~150	75	1000~2000
镍氢电池	60~80	200~400	70	1000~1500
锂离子电池	100~200	200~350	>90	1500~3000

铅酸电池成本低，尽管有一定的价格优势，但是由于它太过笨重，充电时间又长，比能量、比功率较低，只被广泛用于车速小于 50km/h 的各种场地车、高尔夫球车、垃圾车、叉车以及电动自行车上。

镍镉电池是最早应用于手机等设备的电池种类，它具有良好的大电流放电特性、耐过充放电能力强、维护简单、使用寿命长，但由于镍镉电池中含有重金属镉，目前少被使用。

镍氢电池的主要优点是技术比较成熟，安全性较好，相对寿命较长，但是由于镍金属占其成本的 60%，导致镍氢电池价格居高不下。能量密度低，主要应用于混动车型。

动力电池经历了铅酸电池、镍镉电池、镍氢电池等多种类型的发展和探索之后，锂离子动力电池由于能量密度高、大功率充放电能力强等优点，已逐渐成为电动汽车动力电池的首选。

锂离子电池是液态有机电解质，按照正极材料的不同，目前常用的有以下几种：

正极材料：三元材料锂离子电池（镍、钴、锰）、钴酸锂、锰酸锂、磷酸铁锂。

外形材料：圆柱形和方形。

特斯拉旗下首款车型 Roadster 使用的是 18650 型钴酸锂电池，北汽 EV200 使用的是三元电池，EV150 和 EV160 使用的是磷酸铁锂电池，如图 3-4 所示。

图 3-4　特斯拉和北汽新能源电动汽车

三、锂离子电池的工作原理及过充过放情况

1. 锂离子电池的工作原理

锂离子电池是一种充电电池，它主要依靠锂离子在正极和负极之间移动，来实现电能与化学能之间的直接转换。锂离子电池一般由正极、负极、隔板、电解质及外壳等构成，图 3-5 所示为锂离子电池单体结构。

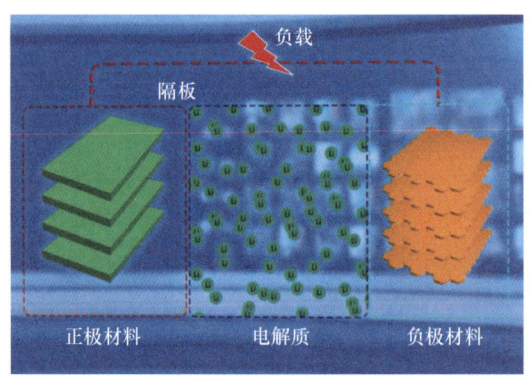

图 3-5　锂离子电池单体结构

锂离子电池的正极由含有锂离子的金属氧化物组成，负极一般是由石墨构成的晶格。图 3-6 所示为锂离子电池充电过程，当对锂离子电池进行充电时，锂离子电池的正极上有锂离子生成，生成的锂离子经过电解液运动到负极。而作为负极的碳呈层状结构，它有很多微孔，到达负极的锂离子就嵌入到碳层的微孔中，嵌入的锂离子越多，充电容量越高。

**专业术语**

容量（C）：表示电芯可储存电量的多少，单位为 A·h、mA·h。

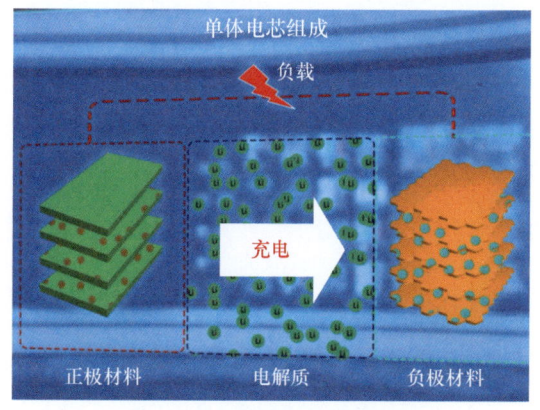

图 3-6 锂离子电池充电过程

图 3-7 所示为锂离子电池放电过程，当使用锂离子电池进行放电时，嵌在负极碳层中的锂离子脱出，又运动回到正极。回到正极的锂离子越多，放电容量越高。通常所说的电池容量指的就是放电容量。

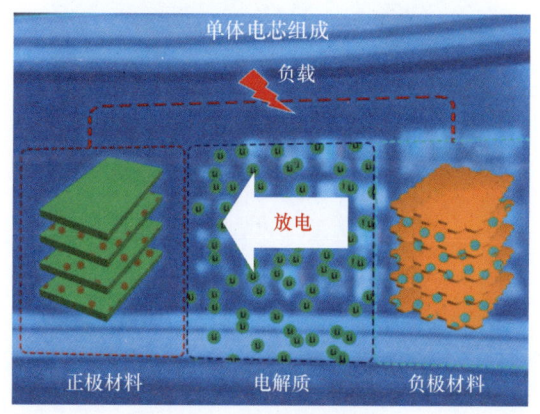

图 3-7 电池放电过程

在锂离子电池的充放电过程中，锂离子处于从正极—负极—正极的运动状态。如果把锂离子电池形象地比喻为一把摇椅，摇椅的两端为电池的两极，而锂离子就像优秀的运动健将，在摇椅的两端来回奔跑。所以，专家们又给了锂离子电池一个可爱的名字叫作摇椅式电池。

说一说：锂离子电池的工作过程，在使用过程中的注意事项。

**小贴士**

正极：锂离子金属氧化物；　　负极：一般是石墨构成的晶格；
充电：正极 Li→ 负极；　　　放电：负极 Li→ 正极；

2. 锂离子电池不能过充过放的原因

放电时锂离子不能完全移向正极，必须保留一部分锂离子在负极，以保证下次充电时的锂离子畅通嵌入通道，否则，锂离子电池寿命就相当短。为了保证碳层中放电后留有部分锂离子，也就是锂离子电池不能过放，这就要严格限制放电终止最低电压；同时，根据锂离子工作原理最高充电电压应限制，不能过充，否则会因正极材料中的锂离子拿走太多时，造成晶型坍塌，而使锂离子电池表现出寿命终结状态。由此可见，锂离子充放电控制精度要求相当高，既不能过充，也不能过放，否则都将影响电池寿命，这是由锂离子电池工作机理所决定的。

四、拆装动力电池

以纯电动汽车为例，说明动力电池的拆装过程。

1. 拆卸动力电池操作步骤及注意事项

1）准备拆卸动力电池前应关闭点火开关，拔下钥匙，如图3-8所示。

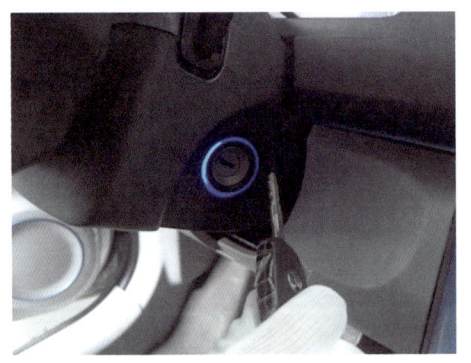

图3-8 关闭点火开关拔下钥匙

注意事项

当仪表盘上"Ready"指示灯亮时，说明整车高压供电正常，此时切勿拆卸动力电池，否则会有触电危险。所以在拆卸动力电池之前，要确保拔下钥匙，自行收好，并在车上放置工作牌。

2）拆下低压蓄电池负极，断开整车低压控制电源，如图3-9所示。

图3-9 拆下低压蓄电池负极

> **注意事项**
>
> 断开整车高压电,防止动力电池高压电输出。
>
> 由于纯电动汽车采用了高压互锁装置,即断开低压时,通过低压信号控制能够同时将高压回路切断。所以为安全起见,在拆卸动力电池时,务必要卸下蓄电池负极。

3) 当车辆举升到需要的高度时,举升机要锁止安全锁,如图 3-10 所示。

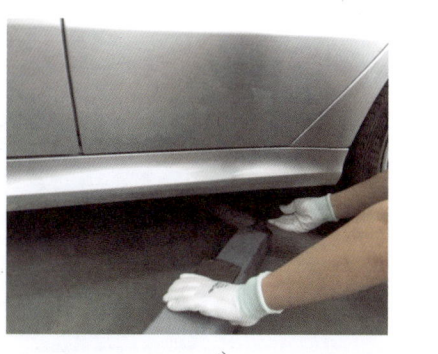
a)

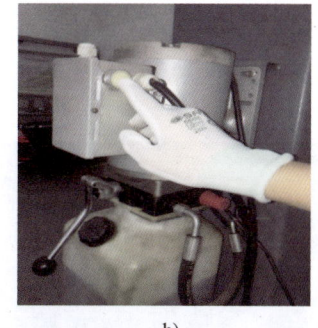
b)

c)

d)

图 3-10 举升车辆

a) 支承举升机支柱　b) 举升车辆　c) 上升车辆　d) 锁止车辆

4) 拆下动力电池总正、总负和低压线束插接件,如图 3-11 所示。

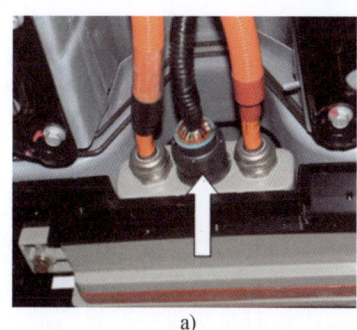
a)

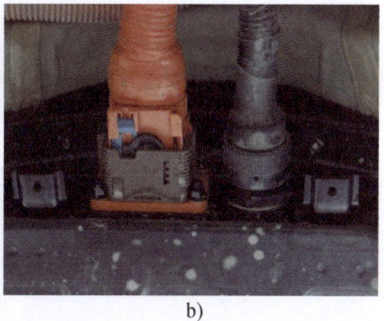
b)

图 3-11 电池插接件

a) EV150 动力电池插接件　b) EV200 动力电池插接件

> **注意事项**
>
> 操作时佩戴绝缘手套;当拆下线束插接件后,使用放电工装进行放电。

5）使用动力电池举升车，举升车上升接触到动力电池包底部再进行拆卸工作，如图 3-12 所示。

> **注意事项**
>
> 将液压升降台推至动力电池正下方，升起液压升降台，致使台面中心与动力电池底部重心位置完全接触，并使之不产生相互作用力。拆卸后要轻取轻放，不得扔掷、挤压，造成动力电池系统损坏或对人身造成意外伤害。

6）拆下动力电池的 10 只安装螺栓，如图 3-13 所示。

图 3-12　动力电池举升车拆卸动力电池包

图 3-13　拆卸动力电池螺栓

> **注意事项**
>
> 当拆卸螺栓时请注意对角，并至少分三次使用扭力扳手拆卸螺栓。

2. 安装动力电池操作步骤及注意事项

1）安装前需对动力电池进行以下检查：

① 检查电源线、插头、延长线、保护器是否破裂或损坏。
② 检查是否有过热、冒烟、冒火花的迹象。
③ 检查是否有动力电池系统损坏（如破裂）、动力电池漏电。
④ 检查动力电池系统、电源线是否出现进水现象。
⑤ 检查高低压插接件是否与说明书不一致或不能正常对接。
⑥ 检查是否有异常情况等。

如发现上述情况，请停止安装该动力电池，并立即通知售后检修人员。

> **注意事项**
>
> 螺栓标准力矩为 95~105N·m。当安装完毕后，观察动力电池箱体螺栓是否还有松动，动力电池箱体是否有破损严重变形，密封法兰是否完整，确保动力电池可以正常工作。

2）安装步骤与拆卸动力电池步骤相反。

3）当安装动力电池后，需检查动力电池能否正常运行。

① 将点火开关打开至 Start 档，查看仪表盘有无异常报警。

② 使用解码仪进入整车查看有无故障码，如图 3-14 所示。若无，表示运行正常。若有故障显示，需根据实际情况进行检查。

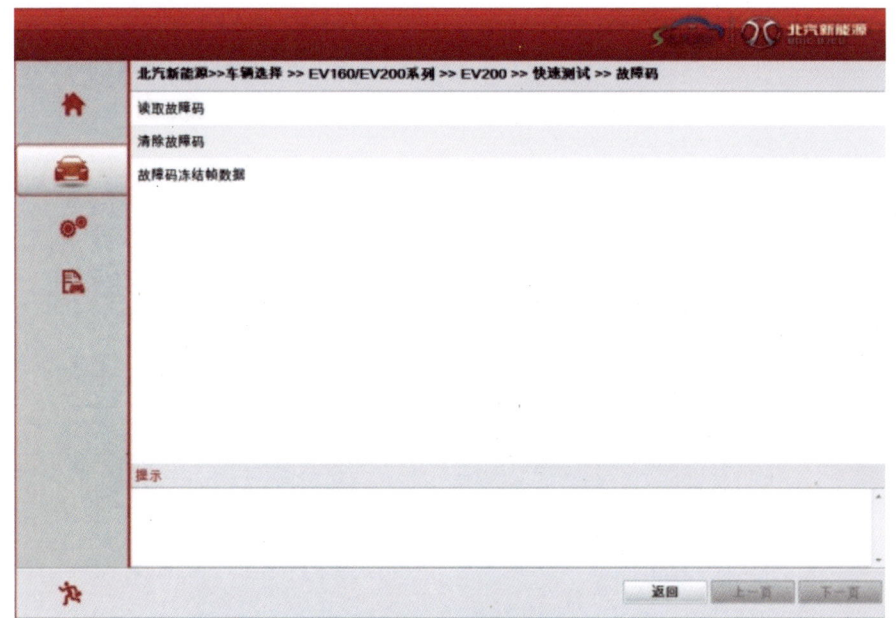

图 3-14　故障码界面

知识拓展

快换动力电池箱体，你了解吗？

快换电池箱体采用钣金箱体，箱体密封达到 IP67，如图 3-15 所示。箱体内部安装绝热材料。箱体安装快换插接件。

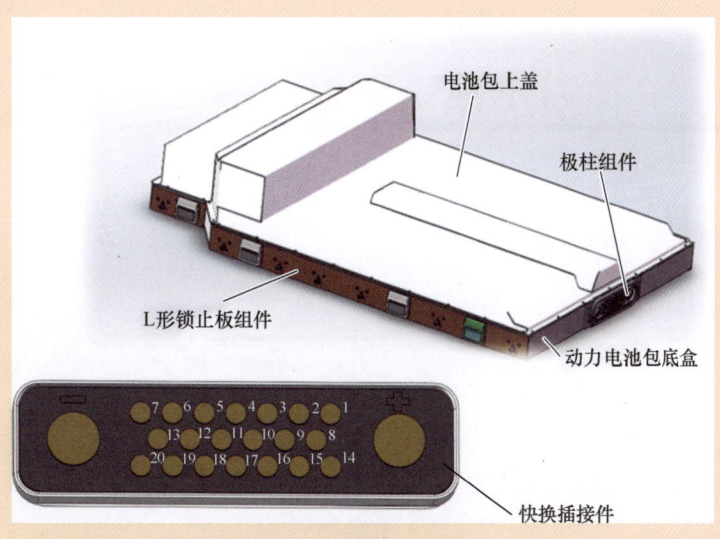

图 3-15　快换动力电池箱体

学习任务 2　更换动力电池内部组件

【学习目标】

1. 掌握动力电池系统内部的组成部件及部件功能。
2. 掌握更换动力电池内部组件的操作方法和注意事项。

【任务描述】

客户委托：更换动力电池内部组件

4S店技术主管在经过各项检测之后，判断张先生的EV200汽车是动力电池故障，确定需要对动力电池进行解体，此时需要你作为维修人员协助技术主管按照规范程序，对已拆卸的动力电池进行解体。若技术主管进行诊断确定零部件需要更换，维修人员需拆卸并领取对应型号的配件，完成装配，并对动力电池进行调试、检查，确认其工作状态正常，完成更换后填写维修工单交付检验。在工作过程中，需遵循现场工作管理规范。

【知识准备】

一、动力电池系统组成部件和功能

动力电池系统主要由动力电池箱、动力电池模组、BMS和辅助元器件四部分组成，如图3-16所示。

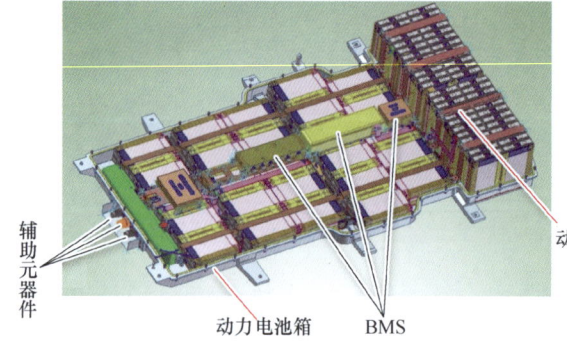

图 3-16　动力电池系统

下面以普莱德、SK 两款动力电池为例来说明磷酸铁锂电池和三元锂电池的区别。

查看 SK 的三元锂电池和普莱德 PPST 的磷酸铁锂电池在不同参数之间的比较，见表 3-3。

表 3-3　SK 的三元锂电池和普莱德 PPST 的磷酸铁锂电池的参数比较

项　　目	SK 三元锂电池	普莱德 PPST 磷酸铁锂电池
额定电压	332V	320V
电芯容量	91.5A·h	80A·h
额定能量	30.4kW·h	25.6kW·h
连接方式	3P91S	1P100S
总质量	291kg	295kg
总体积	240L	240L
工作电压范围	250～382V	250～365V
比能量	104W·h/kg	86W·h/kg
体积比能量	127W·h/L	107W·h/L

> 动力电池系统的四个重要参数的含义如下：
>
> 1. 动力电池系统的额定电压
>
> 　　　动力电池系统的额定电压 = 单体电芯额定电压 × 单体电芯串联数
>
> 2. 动力电池系统的容量（C）
>
> 动力电池容量是电池性能的重要指标之一，它表示动力电池储存电量的大小，即动力电池放电电荷的总量为动力电池容量，单位为 A·h，影响到整车的续航里程。
>
> 　　　动力电池系统的容量 = 单体电芯容量 × 单体电芯并联数量
>
> 3. 动力电池的总能量（E）
>
> 动力电池的总能量为动力电池放电所做的电功。
>
> 动力电池系统总能量 = 动力电池系统的额定电压 × 动力电池系统的容量，单位是 W·h。
>
> 4. 能量密度：单位质量/体积的电芯储存的能量，单位为 W·h/kg、W·h/L。

1. 磷酸铁锂动力电池

下面以纯电动汽车的普莱德动力电池为例来介绍磷酸铁锂电池的组成部件及功能：

（1）动力电池箱　图 3-17 所示为动力电池箱体，动力电池箱体安装在车身底盘下方，有承载及保护动力电池组及电气元件的作用，其材料为铸铝和玻璃钢。其防护等级为 IP67，螺栓拧紧力矩为 80～100N·m。在动力电池箱的外部还包含有产品铭牌、动力电池包序号、出货检验标签、物料追溯编码以及高压警告标识。由于汽车的运行环境多变，因此对动力电池箱的散热、防水、绝缘和安全等设计要求很高。

（2）动力电池模组　动力电池模组是由数百只甚至数千只单体电芯通过串联或并联组合而成的，从而形成能输出高压、大电流的供电源。

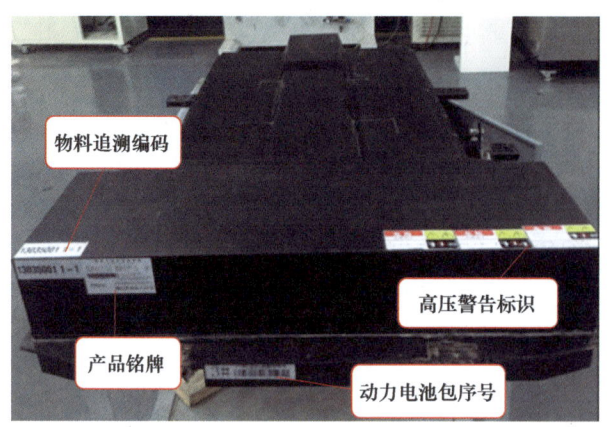

图 3-17 动力电池箱体

> **专业术语**
>
> **电池单体**：构成动力电池模块的最小单元，也称为单体电芯。磷酸铁锂单体电芯额定电压一般为 3.2V。
>
> **动力电池模块**：一组并联的电池单体的组合。
>
> **动力电池模组**：由数百只甚至数千只单体电芯通过串联或并联组合而成的，从而形成能输出高压、大电流的供电源。
>
> 表示方式：
> 例：1P100S
> 100 块电池单体串联，
> 共分为 9 个模组。

例如：特斯拉 Roadster 纯电动汽车的电池组由 6831 节 18650 型锂离子电池组成，其中每 69 节并联为一组，再将 9 组串联为一层，最后串联堆叠 11 层构成。北汽 EV150 所用的普莱德电池是由 100 个单体电池串联形成的，电池内部布置如图 3-18 所示。

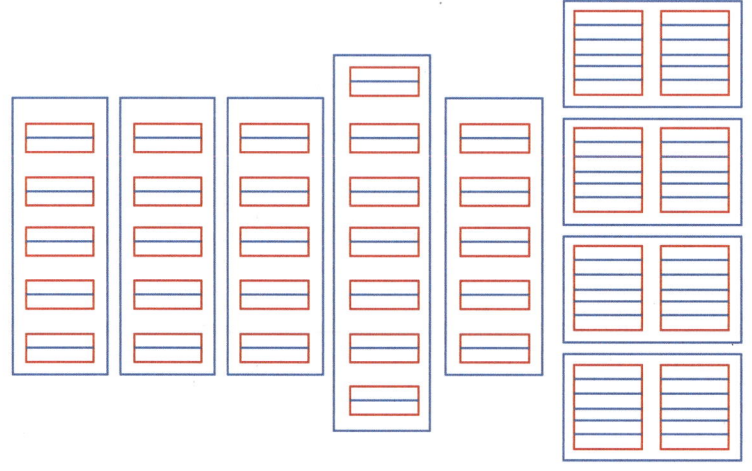

图 3-18 电池内部布置

（3）辅助元器件。辅助元器件主要由主继电器、预充继电器与预充电阻、加热继电器与加热保险、电流传感器、保险、高低压线缆、高低压插接件等组成。

1）主继电器。主继电器主要包含主正继电器和主负继电器，主正继电器如图 3-19 所示，在普莱德电池中，主正继电器由 BMS 控制，主负继电器由整车控制器控制。它的作用是控制回路的通断。

图 3-19　主正继电器

2）预充继电器与预充电阻。预充继电器与预充电阻如图 3-20 所示，它们由 BMS 控制其闭合或断开。在充、放电初期需要闭合预充继电器进行预充电，例如充电初期需要给各单体电芯进行预充电，确定单体电芯无短路；放电初期需要低压、小电流给各控制器电容充电，当电容两端电压接近电池总电压时，预充完成后断开预充继电器，闭合总正继电器。

图 3-20　预充继电器与预充电阻

知识拓展

为什么要进行预充电？

图 3-21 所示为预充电回路，因电路中电机控制器和空调压缩机控制器等含有电容，若没有预充电回路时，主正、主负继电器直接与电容 C 闭合，电池组为高压 300V 左右，电容 C 两端电压接近 0，相当于瞬间短路，负载电阻仅仅是导线及继电器触点电阻，主正、主负继电器很容易就损坏。

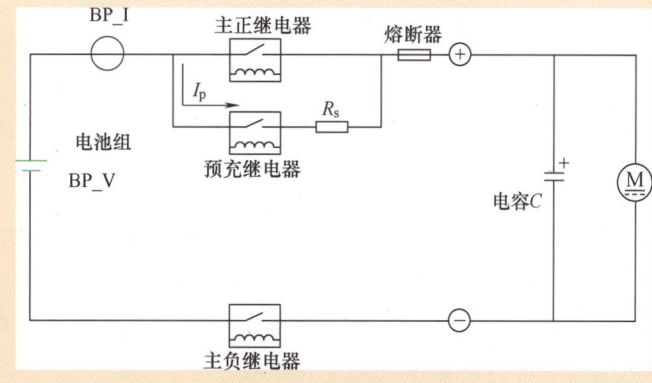

图 3-21　预充电回路

加入预充继电器及预充电阻 R_s（R_s 取 100Ω），供电时，BMS 首先控制主负继电器、预充继电器闭合，主正继电器断开，接通瞬间，经 R_s 流入电容 C 的电流在预充继电器、主负继电器的容量范围内，回路安全；待电容 C 充电达到目标要求后，此时电容两端已存在较高电压（接近蓄电池电压），继电器两端压差也就较低，此时结合就没有大电流冲击，BMS 控制预充继电器断开，结合主正继电器，高压接入。

有些电机控制器厂家在控制器内部设有缓冲单元，即缓冲电阻，这和上述的预充继电器回路是一个原理，即供电瞬间先接入一缓冲（预充）电阻，待负载电容充电到目标需求时，断开缓冲（预充）电阻，接通主正回路。

3）加热继电器和加热保险。图 3-22 所示为加热继电器和加热保险。由于磷酸铁锂电池高温性能好，而电池的温度会影响电池充电效果，所以磷酸铁锂电池增设了加热功能。在充电过程中当电芯温度低于设定值，BMS 控制加热继电器闭合通过保险接通加热膜电路。

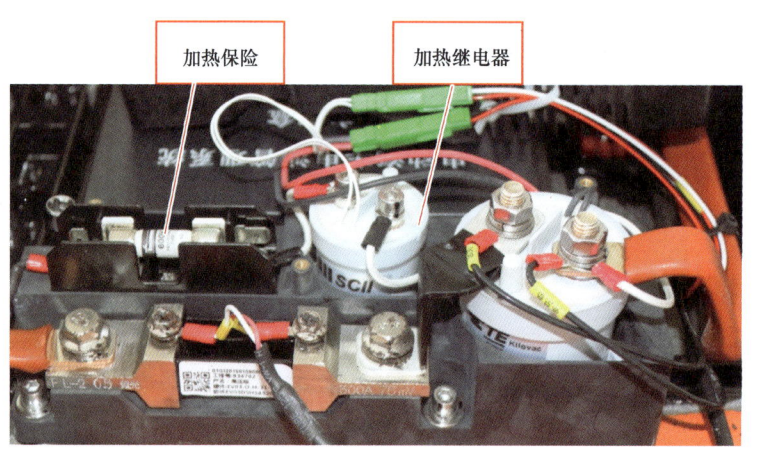

图 3-22　加热继电器和加热保险

注意事项

加热过程只在充电时相应温度条件下工作，其他时间不工作；加热保险与加热膜串联在一起。

电芯的温度范围在 0～55℃，才可以充电，当有温度点高于 55℃ 或低于 0 时，BMS 将自动切断充电回路，此时将无法充电。

充电前检测箱体内部温度，若有低于 0 的温度点，启动加热模式：闭合加热片，进行加热内循环，待所有电芯温度点高于 5℃，停止加热，启动充电程序，在加热过程中出现加热片温度差高于 20℃，则间歇停止加热，待加热片温度差低于 15℃，则重启加热片。

知识拓展

磷酸铁锂电池的温度特性是什么？

由于磷酸铁锂的额定电压为 3.2～3.3V，具有很高的安全性能及良好的循环寿命，其高温性能较好，低温充放电性能较差。在低温时充电对磷酸铁锂电池寿命有极大的影响，在低温时放电其放电容量及放电功率也有所下降,冬季低温时整车会出现续航里程低及动力性下降的现象。由于磷酸铁锂电池的特性,所以增加了加热继电器、加热电阻和加热片。表3-4所示为磷酸铁锂不同电芯温度下的充电性能。

表3-4 磷酸铁锂不同电芯温度下的充电性能

电芯温度/℃	标准充电	快速充电	猛烈充电
<0	不允许充电	不允许充电	不允许充电
0~5	充电电流0.1C	不允许充电	不允许充电
5~10	充电电流0.1C	充电电流0.2C	不允许充电
10~25	充电电流0.2C	充电电流0.3C	不允许充电
25~45	充电电流0.5C	充电电流0.75C	允许电压低于3.65V时1.0C充电
45~50	0.1C充电		
>50	不允许充电		

4)电流传感器。电流传感器如图3-23所示,用来监测充、放电电流的大小,电流传感器类型为无感分流器,在电阻的两端形成毫伏级的电压信号,用来监测总电流(型号300A75mV)。

图3-23 电流传感器

知识拓展

分流器的原理,你知道多少?

分流器是用来测量直流电流的大小,如图3-24所示,它实际就是一个阻值很小的电阻,它是利用当直流电流通过电阻时在电阻两端产生电压的原理制成,分流器广泛用于扩大仪表测量电流范围。无感分流器是指分流器的电感非常小,在特定频率范围内可以忽略。无感分流器主要利用构造上的特点,将电流产生的磁场互相抵消,减小分流器的电感值。

图3-24 分流器

5）保险。图3-25所示为串联在电池组中间的保险，目的是防止能量回收过电压过电流或放电过电流，它的规格为250A电压500V。

图3-25　串联在电池组中间的保险

6）高低压插接件。图3-26所示为动力电池的高低压插接件的端子定义，动力电池系统通过使用可靠的高压插接件"总正""总负"与高压控制盒相连，低压插接件连接CAN总线与整车控制器或车载充电机之间进行通信。

H1P　　　　H1P　　　　T17

器件名称	插接件名称	端子号	功能定义	线束走向	对应插接件
动力电池	H1P	A	电动机控制器输入"-"	高压控制盒	HT2/A
	H1P	B	电动机控制器输入"+"		HT2/B
	T17	A	12V 正极供电 BAT	低压熔丝盒	
		B	12V 负极搭铁 GND	搭铁点 100	
		C	—		
		D	12V 正极供电 BAT	低压熔丝盒	
		E	12V 负极搭铁 GND	低压熔丝盒	
		F	快充口连接确认	快充接口	CC2
		G	12V 正极供电 IG	低压熔丝盒	
		H	12V 正极供电	快充接口	A+
		J	—		
		K	CAN H	CAN 1	电动机控制器
		L	CAN 屏蔽线		
		M	CAN H	CAN 2	快充口
		N	CAN L	CAN 2	
		P	CAN 屏蔽线		
		T	CAN L	CAN 1	电动机控制器
		R	CAN H	CAN 3	
		S	CAN L	CAN 3	

图3-26　动力电池的高低压插接件的端子定义

7）高低压线束。如图3-27所示，橙色波纹管为高压动力线束，黑色波纹管为低压线束。

图3-27 高低压线束

（4）BMS　BMS是电池保护和管理的核心部件，它的作用就相当于人的大脑，不仅要保证电池安全可靠地使用，而且要充分发挥电池的能力和延长使用寿命，BMS的作用如图3-28所示。

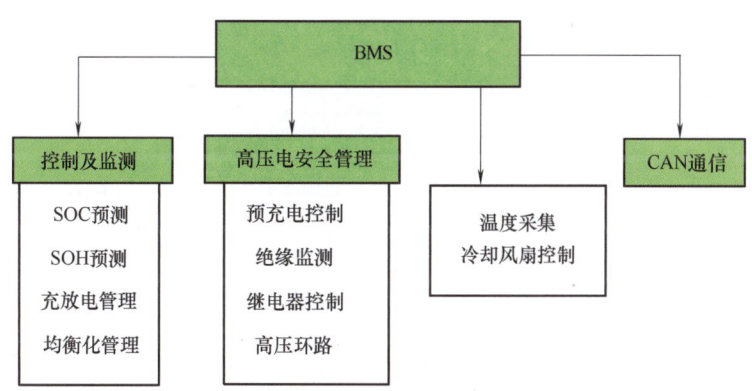

图3-28 BMS的作用

电池管理系统BMS的作用如下：

1）通过电压、电流传感器采集动力电池组的串联模块电压、总电压和总电流，控制动力电池组的充放电，监控动力电池的状态，防止电池出现过充电和过放电，延长动力电池的使用寿命。

2）作为动力电池和整车控制器以及驾驶人沟通的桥梁，并向整车控制器上报动力电池系统的基本参数、剩余电量及故障信息。

3）具有高压回路绝缘检测功能，检测电池组与箱体、车体等之间的绝缘状况。

4）通过对温度检测实现对动力电池过高温和过低温保护，具有控制动力电池的加热功能。

普莱德动力电池的BMS组成按性质可分为硬件和软件，按功能可分为数据采集单元和控制单元。

BMS 的硬件：高压盒、从控盒、主控盒，还包括采集电压线、电流、温度等数据的电子器件。

BMS 的软件：监测动力电池的电压、电流、SOC 值、绝缘电阻值、温度值，通过与整车控制器、充电机的通信，来控制动力电池系统的充放电。

在普莱德电池中，BMS 由高压盒、从控盒和主控盒组成。

1）高压盒。如图 3-29 所示，高压盒用于"监控"动力电池的总电压、总电流和绝缘性能。

图 3-29　高压盒

① 监控动力电池的总电压，包括主继电器内外四个监测点，图 3-30 所示为动力电池内部监测点和动力电池外部监测点。

② 检测充放电电流。

③ 监控高压系统绝缘性能。

④ 监控高压连接情况。

⑤ 将以上项目监控到的数据反馈给主控盒。

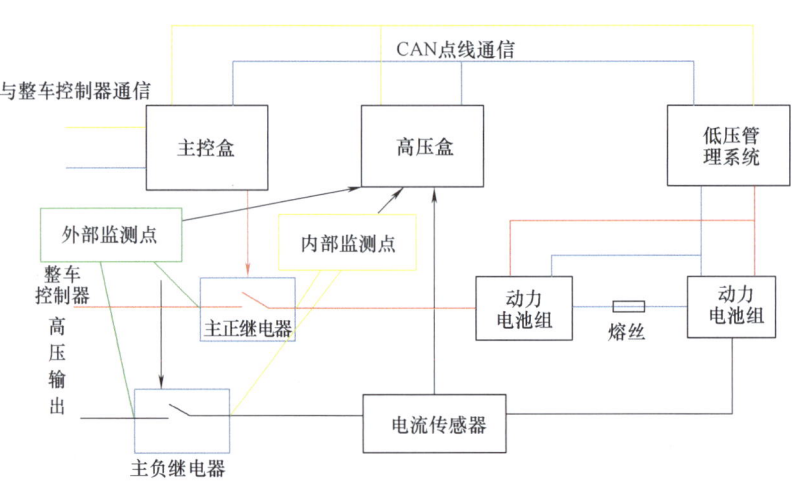

图 3-30　动力电池内部监测点和动力电池外部监测点

2）从控盒。从控盒又称为电压和温度采集单元，如图 3-31 所示。

它用来"监控"动力电池的单体电压和动力电池组的温度，如图 3-32 所示，主要功能如下：

① 监控每个单体电压反馈给主控盒。

② 监控每个动力电池组的温度反馈给主控盒。

③ 电量（SOC）值监测。

④ 将以上项目监控到的数据反馈给主控盒。

3）主控盒。主控盒如图 3-33 所示，它是一个连接外部通信和内部通信的平台，主要功能如图 3-34 所示。

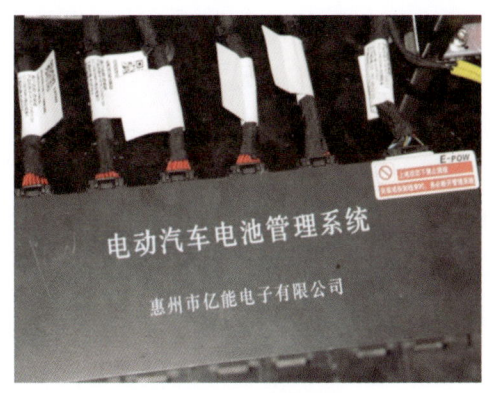

图 3-31 从控盒

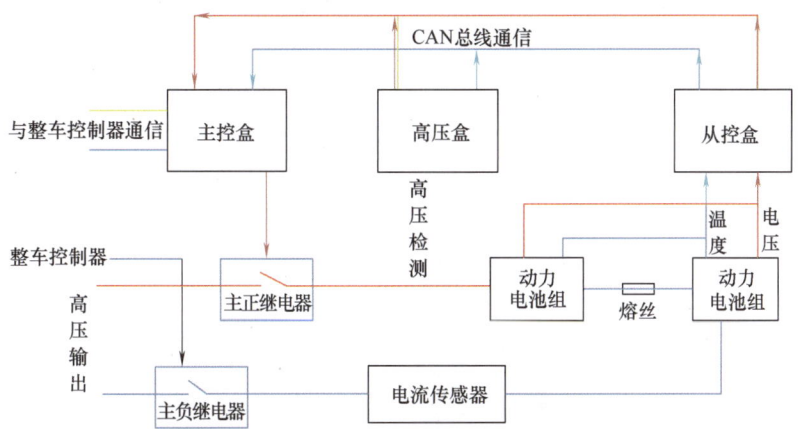

图 3-32 "监控"动力电池的单体电压和动力电池组的温度

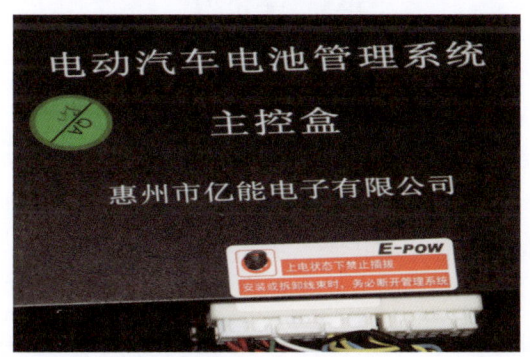

图 3-33 主控盒

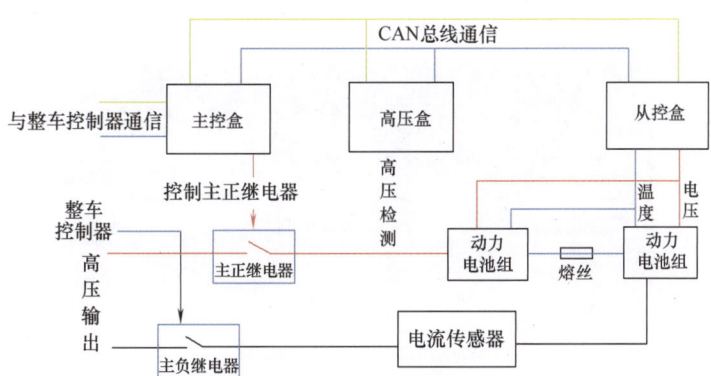

图 3-34 主控盒功能

① 接收从控盒反馈的实时温度和单体电压（并计算最大值和最小值）。
② 接收高压盒反馈的总电压和电流情况。
③ 控制与整车控制器的通信。
④ 控制主正继电器。
⑤ 控制动力电池加热。
⑥ 控制充放电电流。

2. 三元锂动力电池

下面以纯电动汽车的 SK 动力电池为例介绍三元锂电池的组成部件及相关功能：

（1）动力电池箱 SK 的动力电池箱体与普莱德电池箱体在防护等级、安装方式和拧紧力矩上一致，但在制作材料上有区别，SK 动力电池箱体的上盖板为玻璃钢，玻璃钢是优良的绝缘材料，而下盖板为了增加硬度和耐磨性，其材料为钢，如图 3-35 所示。

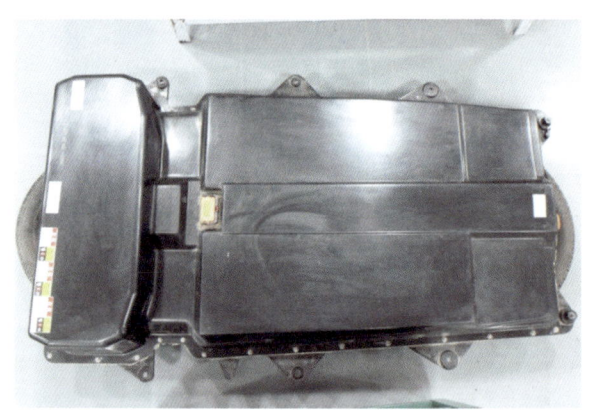

图 3-35 动力电池箱

（2）动力电池模组 北汽 EV200 所用的 SK 动力电池其连接方式为 3P91S，具体为：3 个电芯并联成 1 个独立单体电池，再由 91 个独立电池模块串联。

三元锂电池的单体电芯额定电压为 3.7V 左右。

（3）辅助元器件

1）继电器集成器（PRA）。SK 动力电池的继电器集成器如图 3-36 所示，它是将主正继电器、主负继电器、预充继电器和预充电阻进行了集成，其各个功能与之前所述相同。

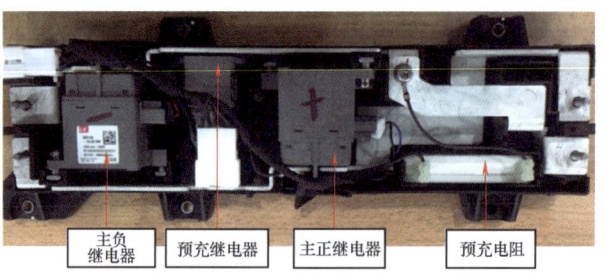

图 3-36 继电器集成器

由于三元锂电池的低温性能更好，密度更大，所以减少了加热片、加热继电器与加热保险。

2）电流传感器。SK 动力电池的电流传感器与普莱德电池的作用相同，采用了霍尔式电流传感器，如图 3-37 所示。

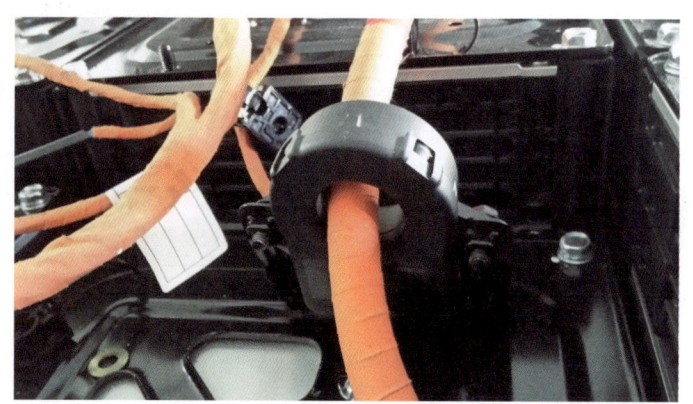

图 3-37　电流传感器

知识拓展

霍尔电流传感器的工作原理是什么？

霍尔器件是一种采用半导体材料制成的磁电转换器件。如果在输入端通入控制电流 I_C，当有一磁场穿过该器件感磁面时，则在输出端出现霍尔电势 V_H。

霍尔电势 V_H 的大小与控制电流 I_C 和磁通密度 B 的乘积成正比，霍尔电流传感器是按照安培定律原理做成的，即在载流导体周围产生一正比于该电流的磁场，而霍尔器件用来测量这一磁场。因此，使电流的非接触测量成为可能。

通过测量霍尔电势的大小，间接测量载流导体电流的大小。因此，电流传感器经过了电—磁—电的绝缘隔离转换。

3）维修开关和熔断器。电动汽车所用电压一般都是不小于 300V 的高压电，为了避免由于操作不当造成的电击危险以及过载、短路引起的电器部件的损坏，需要在汽车电路大电流主干线上安装手动维修开关。维修开关是保证电动汽车高压电器安全的关键部件，维修开关位于动力电池组箱体的中间位置，如图 3-38 所示。手动维修开关在电动汽车电路中起到保护电源的作用，在出现紧急情况、进行高压系统维修保养或进行动力电池维护安装时，应及时断开手动维修开关，将动力电池包的电流断开，有效避免因为维修人员操作不当而引发的电击情况，保护维修人员安全。它的防护等级为 IP55。

维修开关内部装有 250A 熔断器，如图 3-39

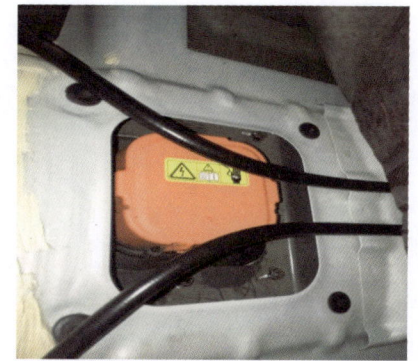

图 3-38　维修开关

所示，在高压系统出现短路危险时，内置熔断器熔断、保护高压系统安全，并且内置两套高压互锁信号，如图 3-40 所示。

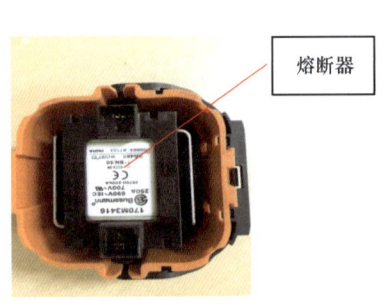

图 3-39 熔断器

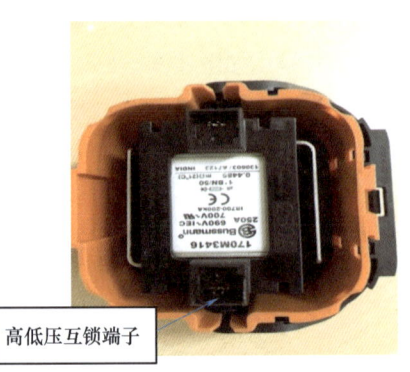

图 3-40 高压互锁信号

> **专业术语**
>
> **高低压互锁**：指低压断电时，通过低压信号的控制能够同时将高压回路切断。如高压插接件、低压插接件、维修开关和车载充电机等器件用低压 12V 串联，当回路中某一低压器件断开时，高压同时断开。

EV200 电动汽车在插拔维修开关时无须借助工具，在后排座椅脚下找到维修开关。

> **小贴士**
>
> 紧急维修开关操作要求：
>
> 因涉及高压安全，故紧急维修开关的规范操作是非常重要的，不规范的操作不仅可能造成车辆故障，还有可能引起高压拉弧等危险。紧急维修开关操作规程如下：
>
> ① 紧急维修开关是在特殊情况下才使用，如车辆维修、漏电报警等情况。在非特殊情况下不允许对紧急维修开关进行操作。
>
> ② 紧急维修开关的操作应由专业人员进行，操作人员应该进行过相关培训。
>
> ③ 操作时，操作人员必须穿戴必要的劳保用品，如绝缘手套、绝缘胶鞋等，其电压等级必须大于电池组的最高电压，用前需检查是否完好无损，确保安全。
>
> ④ 拔下紧急维修开关手柄后，必须妥善保管，直至检修完毕，避免错误操作。
>
> ⑤ 当拆开紧急维修开关后，必须等待至少 10min 后方能进行维修操作，以确保高压线路的余电已释放，如果条件允许建议等待时间为 30min。
>
> 维修开关操作步骤如下：
>
> ① 拔下点火钥匙，必须将钥匙移开智能充电钥匙系统探测范围。
>
> ② 断开低压蓄电池负极端子。
>
> ③ 确认绝缘手套不漏气，并佩戴。
>
> ④ 断开紧急维修开关。
>
> ⑤ 将维修开关保存于自己口袋里。
>
> ⑥ 等待 10min 或更长时间，以便高压部件总成内部电容放电。
>
> ⑦ 进行维修操作。

4）高低压插接件。SK 动力电池的高压插接件和低压插接件，其端子定义如图 3-41 所示。

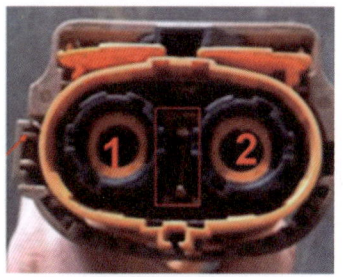
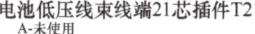

图 3-41 高低压插接件

a）高压插接件　b）低压插接件

5）高低压线束。SK 动力电池的高低压线束，如图 3-42 所示。

图 3-42 高低压线束

(4) BMS　BMS 如图 3-43 所示。

图 3-43 BMS

> 小贴士
>
> 与普莱德电池相比，SK动力电池的BMS采用了高压盒、从控盒和主控盒集成的方式。

它的主要功能如下：

1) 与外部通信（整车控制器、充电机、快充桩）。
2) 控制负极继电器。
3) 检测内、外部总电压。
4) 检测充、放电电流。
5) 监测单体电压和电芯温度。
6) 保护动力电池寿命和安全。
7) 控制预充继电器。

电压采集板压装在模组上用来采集单体电压，如图3-44所示。

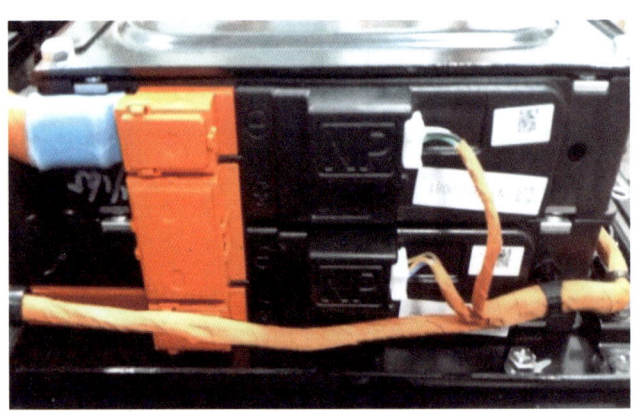

图3-44　电压采集板

温度采集板压装在模组上用来采集单体电芯温度，如图3-45所示。

图3-45　温度采集板

> 普莱德动力电池的正极继电器由 BMS 中的高压盒控制，负极继电器由整车控制器控制；SK 动力电池的正极继电器由整车控制器控制，负极继电器由 BMS 控制。

二、更换动力电池内部组件

1. 更换动力电池最小单体操作步骤及注意事项

（1）拆卸动力电池模块

1）根据动力电池诊断仪器显示的故障电芯采样点，对应电芯位置示意图确定故障电芯位置及需要拆卸的动力电池模块。

2）用斜口钳子将动力电池模块连接大线端部固定护套的扎带剪断，如图 3-46 所示，并置于指定位置内。

说一说：动力电池拆装更换的注意事项，如何进行有效防护？

笔记

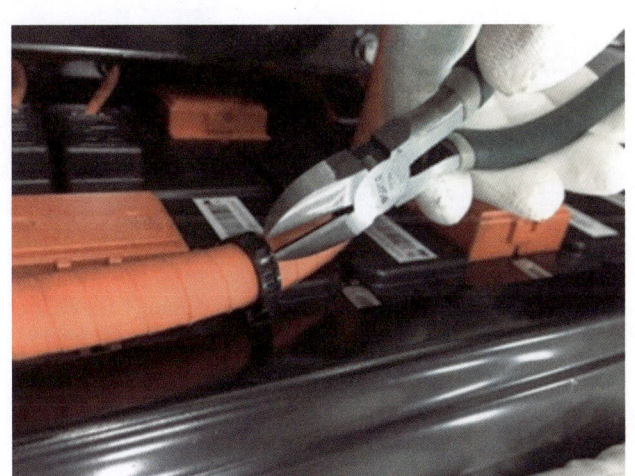

图 3-46 剪断护套扎带

利用六角扳手将连接大线处螺栓旋出，并将拆下的螺栓、平垫、弹垫、端部护套等零件置于指定位置，以备安装时使用，如图 3-47 所示。

最后将拆卸后的大线端部用绝缘胶带进行防护，如图 3-48 所示。

3）拆卸故障电芯所在模块上的采集单元及连接线束并将拆卸后的采集单元、螺栓、紧固辅料等零件置于指定位置，如图 3-49 所示。最后用绝缘胶带将线束固定到原理操作区域的位

图 3-47 拆卸螺栓

置，以免操作时对线束造成意外伤害。

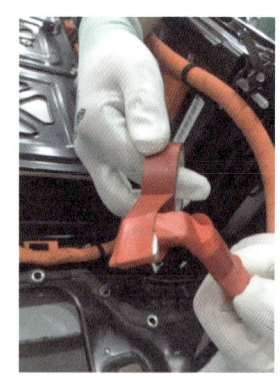
图 3-48　用绝缘胶带进行防护

图 3-49　拆卸采集单元及连接线束

4）图 3-50 所示为拆卸动力电池模块压板，图 3-51 所示为利用拆装工具将固定螺栓旋出，并置于指定容器。将动力电池模块移出箱体，置于指定操作位置。

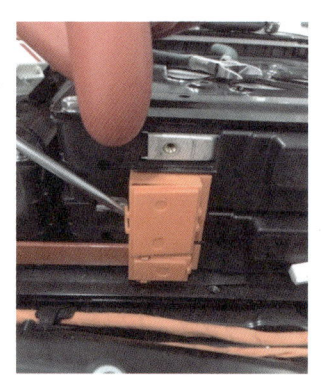
图 3-50　拆卸动力电池模块压板

图 3-51　利用拆装工具将固定螺栓旋出

（2）拆卸最小动力电池单体

1）将故障动力电池上盖拆下，然后利用十字螺钉旋具将采样线固定螺栓拆下，并将其置于指定位置，如图 3-52 所示。

2）利用工具将故障电芯连接排紧固件旋出，拆下连接排，将连接排、平垫、弹垫置于指定位置，如图 3-53 所示。

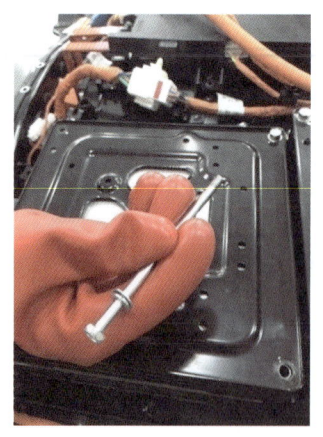
图 3-52　拆卸故障动力电池上盖

图 3-53　拆卸连接排紧固件

3)依次将故障电芯的下护套、上护套拆下,如图3-54所示,拔出连接片,如图3-55所示,如果连接片折断在护套安装孔内,需用斜口钳子对上下护套安装口进行清洁。

图3-54 拆卸上下护套

图3-55 拔出连接片

4)标记故障电芯条码、故障现象、更换时间等信息后,将其置于返修容器内,以备返厂维修。

(3)更换最小电池单体

1)安装电芯上下护套,注意如有损伤,需更换新护套进行安装,安装后电芯应与护套贴合紧密,不发生相对移动。

2)将更换电芯安装到动力电池模块内,摆放位置要正确。连接片、侧护套等零件如有损坏,需更换新零件进行安装。

3)利用连接排连接电芯极柱,极柱表面如有焊点利用砂纸将焊点打磨平整,确保连接排下表面与极柱上表面贴合紧密。应用扭力扳手将法兰螺母或铝螺栓固定到电芯极柱上,法兰螺母拧紧力矩设为5.6N·m,铝螺栓力矩设定为3N·m。当确定螺栓紧固后,对紧固件加螺纹紧固剂。

4)将采样线OT头利用螺栓紧固到连接排安装孔上,紧固后弹垫压平无翘起现象。对螺栓加防松胶。向指定位置注入导热硅胶,注意不要将安装孔注满,注入2/3为宜。之后将温度采样线插入安装孔内。温度采样线下端应与护套平行。最后用热熔胶将线体固定到电芯护套上,注意加热熔胶前确保护套上表面清洁无尘,加热熔胶面积应大于热硅脂面积。

(4)动力电池模块入箱及线束连接

1)安装动力电池盖,将动力电池模块安装到箱体内,注意:如向前清理箱体,确定箱体内保温层无损坏。

2)安装动力电池模块压板,利用内六角扳手将压板压紧,确保紧固后螺栓弹垫平整无翘起。

3)安装动力电池采集单元,确保采集单元的安装位置,端口朝向安装要正确,原有绑线扣的位置要重新加装绑线扣。

4)将暂时固定线束的绝缘胶布拆下,将插线按照标记插入相应的断口中。安装线束要注意插件插入顺序。当线束连接完成后,用扎带将线束固定到绑线口上。注意端口处线束要留有一定余量。

5）拆下大线端部绝缘防护，将大线铜鼻子固定到模块输出排上，用内六角扳手紧固螺栓，紧固后平垫平整无翘起，检测转矩值为 5.6N·m 以上。最后安装护套用扎带固定，护套必须完全覆盖连接点。

（5）操作后整理现场

1）将扎带多余部分剪断，置于指定容器内。

2）清点工具及辅料，避免遗落在动力电池箱体内。

3）清理操作后箱体内残留的灰尘及辅料碎屑。

2. 更换动力电池 BMS 操作步骤及注意事项

（1）拆卸故障 BMS 连接线束

1）将故障 BMS 周围固定线束的扎带剪断，确保插件处线束松弛不受限制，将剪断的扎带放置于指定的容器内避免遗落在动力电池箱体内。

2）将故障 BMS 端口处插件拔出，如图 3-56 所示，注意：拆卸插件时需一只手轻按住 BMS 外部铝壳，另一只手按住插件缓缓将其拔出，禁止以提拉线束的方式拔出插件。

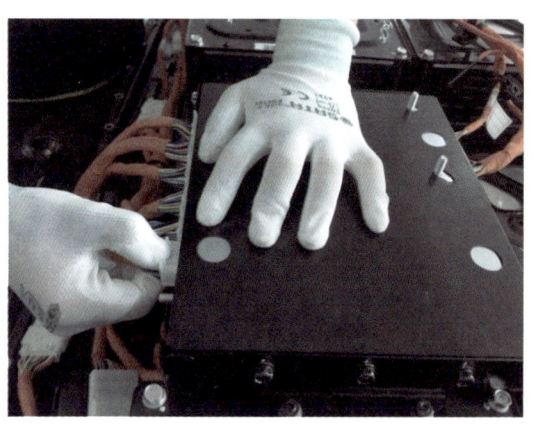

图 3-56　拔出 BMS 插件

3）将拆卸后线束用绝缘胶带暂时固定在远离故障 BMS 的地方，如图 3-57 所示，避免操作过程中对线束造成意外伤害。

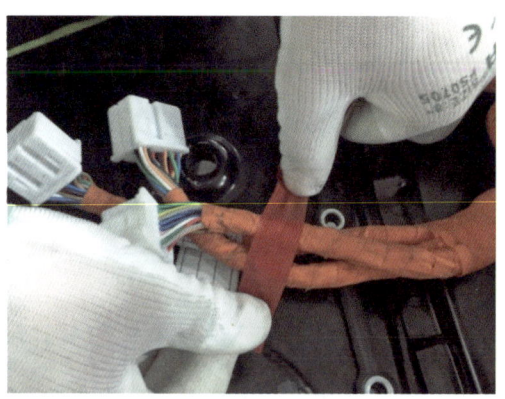

图 3-57　用绝缘胶带固定线束

(2) 更换 BMS

1) 利用套筒将 BMS 固定点螺母旋出,如图 3-58 所示,并将拆卸后的螺母、平垫、弹垫和绑线扣等零件置于指定容器内。

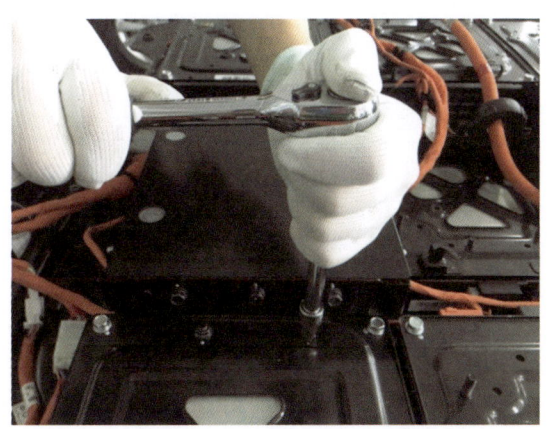

图 3-58 旋出 BMS 固定点螺母

2) 将故障 BMS 拆下并置于 BMS 返修的容器内,如图 3-59 所示。

图 3-59 拆下的 BMS

3) 将新 BMS 摆放于安装板上,确保与安装板贴合紧密无间隙,插件口朝向正确无误。

4) 手动将螺母旋入安装板铆螺柱上,需加装平垫、弹垫,原有安装绑线扣处重新安装绑线扣,旋入后螺母下表面应与安装板平行。在螺母旋至铆螺柱底部时,利用套筒对螺母进行紧固,紧固完成后应确保螺栓弹垫平整无翘起,螺母下表面与平垫及 BMS 固定孔上表面应贴合紧密无缝隙。

(3) 连接 BMS 线束

1) 拆下暂时固定的胶带,置于指定的容器内,避免遗落在动力电池箱内。

2) 按照线束标号将插件插入相应的 BMS 端口内。注意:当插件插接时,应按住插件两侧将插件插入端口插件处。

3)利用扎带将线束固定到原有绑线扣处，线束固定要牢固。插件处线束要留有一定余量不宜受力过大。固定后将扎带多余部分清除，并置于指定位置避免遗落在动力电池箱体内。

（4）操作后整理现场

1)清理操作后箱体内残留的灰尘及辅助碎屑。

2)清点工具及辅料，避免遗落在动力电池箱体内。

3)标记故障 BMS 相关信息，以备返厂检修。

3. 更换动力电池加热继电器、预充继电器操作步骤及注意事项

拆卸继电器集成器如图 3-60 所示。

（1）拆卸　先将有故障的继电器上的线圈的触点连接插拔下，如图 3-61 所示，然后用套筒扳手将固定在电气安装板上的继电器拆下，最后将损坏的继电器标明故障原因单独放置。

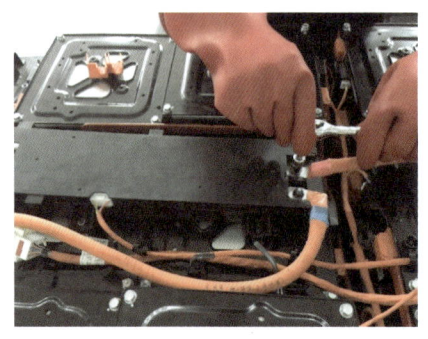
图 3-60　拆卸继电器集成器

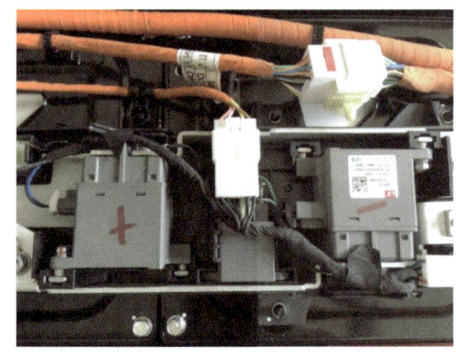
图 3-61　拆卸预充继电器

（2）安装　将电气性能完好和外观完好的继电器安放在电气安装板的铆螺钉上，然后将平垫、弹垫安放在继电器上，最后用套筒扳手将螺母紧固在铆螺钉上。

（3）连接　按照该动力电池电气图样要求将 1 点和 2 点的二极管插接在继电器的触点上，然后将二极管插接在继电器的线圈上。

4. 更换动力电池正负极继电器操作步骤及注意事项

（1）拆卸　先将有故障的继电器上的线圈连接插头拔下，用套筒扳手将接触器触点的螺母采样线和大线拆下（大线铜鼻子要做好绝缘防护），然后利用套筒扳手将固定在电气安装板上的继电器拆下，如图 3-62 所示，最后将损坏的继电器标明故障原因单独放置。

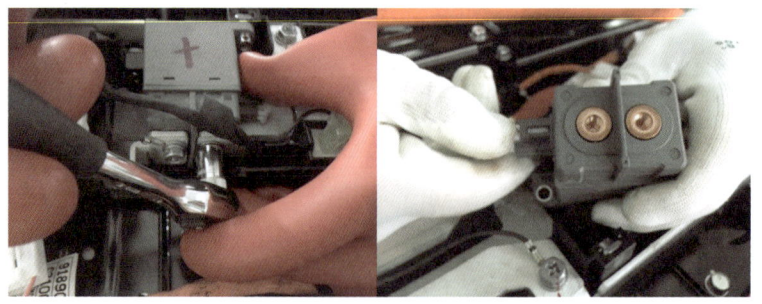
图 3-62　拆卸正极继电器

（2）安装　将电气性能和外观完好的继电器安放在电气安装板的铆螺钉上，然后将平垫、弹垫安放在继电器上，最后利用套筒扳手将螺母紧固在铆螺钉上。

（3）连接　按照该动力电池电气图样要求将电池大线铜鼻子分别放在继电器的螺柱上，然后将采样线、平垫、弹垫分别安放在继电器的螺柱上，并用套筒扳手将螺母紧固在螺柱上，最后将内部线束接插在继电器的线圈上。

5. 更换动力电池预充电阻操作步骤及注意事项

（1）拆卸　先将有故障的预充电阻两端的螺母用的扳手拆下，并将平垫、弹垫和采样线同时拆下，然后利用套筒扳手将固定在电气安装板上的预充电阻拆下，最后将损坏的预充电阻继电器标明故障原因单独放置。

（2）安装　将电气性能和外观完好的预充电阻安放在电气安装板的铆螺钉上，然后将平垫、弹垫安放在铆螺钉上，最后用套筒扳手将螺母紧固在铆螺钉上。

（3）连接　按照该动力电池电气图样要求将动力电池预充电阻连接线连接在预充电阻两端，然后将平垫和弹垫分别安放在预充电阻两端的螺柱上，并用扳手将螺母紧固在螺柱上。

6. 检查和调试动力电池

使用动力电池专用诊断仪对动力电池进行检查和调试。

知识拓展

特斯拉动力电池介绍

特斯拉汽车有限公司是一家2003年诞生于美国加州硅谷的电动车辆制造商。2008年2月，特斯拉正式推出首款产品Roadster纯电动跑车，如图3-63所示。

图3-63　Roadster纯电动跑车

1. 性能参数

特斯拉Roadster动力性能优异，整车各项参数见表3-5。

表 3-5 特斯拉 Roadster 性能参数

整车质量	1235kg	电池系统能量	53kW·h
百公里加速时间	3.9s	最高车速	200km/h
最大输出功率	215kW	最大转矩	400N·m
最大续航里程	390km		

特斯拉 Roadster 出色的动力性能不仅得益于碳纤维材料在车身上的应用，更离不开所搭载的动力电池系统。

其动力电池系统如图 3-64 所示，其参数见表 3-6。

图 3-64 动力电池系统

表 3-6 动力电池系统参数

电芯类型	18650（单体电芯 3.7V，2.17Ah）
电芯数量	6831 节
串并形式	11S 9S 69P
可用能量	53kW·h
容量	150A·h
质量	450kg
比能量	120W·h/kg
持续输出功率	53kW
额定电压	366V（297min，411V_{max}）
充电时间	3~5h

2. 结构组成

(1) 电池组　特斯拉使用的是 18650 型电芯（18 表示直径为 18mm，65 表示长度为 65mm，0 表示为圆柱形电池），由 6831 个单体电芯组成。

由 69 节 18650 电芯构成一个 "Brick"，每个 "Brick" 中的电芯全部并联在一起；9 个 "Brick" 串联构成一个 "Sheet"；11 个 "Sheet" 串联之后，构成整个电池系统，在电池系统中，"Sheet" 是最小的可更换单元，如图 3-65 所示。

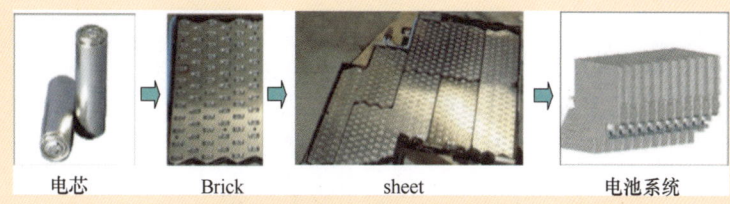

图 3-65 动力电池电芯

（2）电池外壳　如图 3-66 所示，电池壳体采用铝材，结构强度较高，并且后部设有通气孔，以防止箱体内部气压过高。

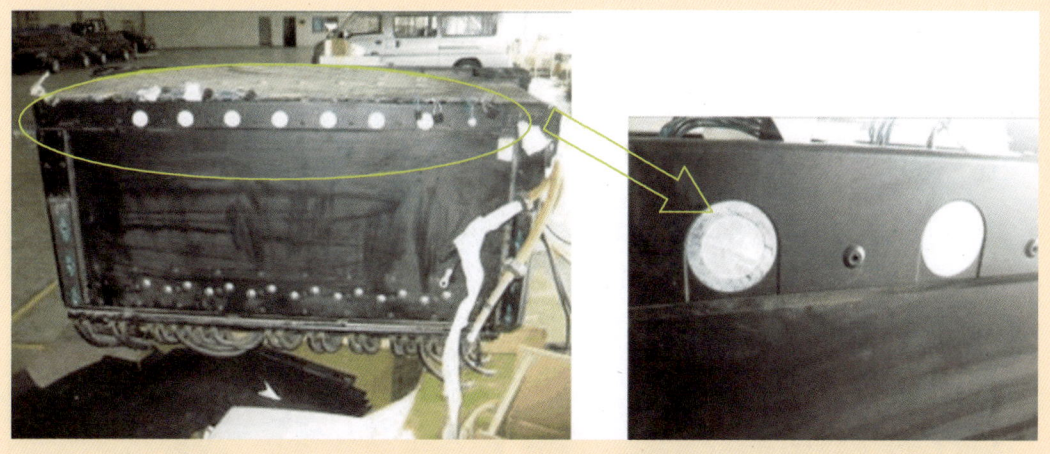

图 3-66 电池箱体后部的通气孔

（3）电芯熔丝　每个电芯的正负极均设有熔丝，如果个别电芯发生短路，此时会切断电芯与系统之间的电路。

（4）电芯正负极限位　Sheet 上模架通过如图 3-67 所示的绝缘垫片和圆形帽结构对电芯正极或负极端面进行限位。

图 3-67 绝缘垫片和圆形帽结构

（5）电压采集点　电压采集点通过铆接方式与极板相连，如图 3-68 所示。

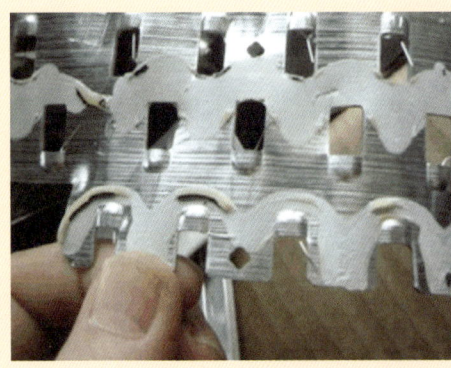
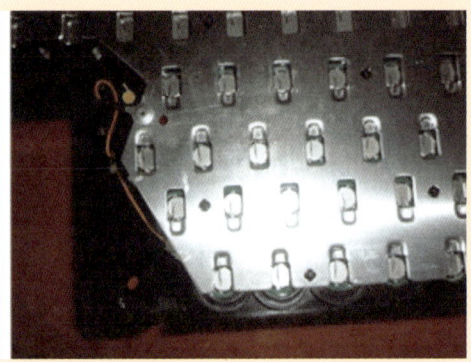

图 3-68　电池极板及采样点连接方式

（6）熔丝装置　部分 Sheet 设有熔丝装置，如图 3-69 所示，一旦 Sheet 电流超过限值，熔丝立刻熔断，保证系统安全。Sheet 之间由金属编织铜排串联，外部有塑料外壳（橙色）提供绝缘保护。

图 3-69　Sheet 连接

（7）电池监控板　每个 Sheet 均设置有电池监控板，如图 3-70 所示，用以监控每个 Brick 的电压、温度和整个 Sheet 的输出电压。

图 3-70　电池监控板

（8）电池系统监控板　电池系统内设置有电池系统监控板，如图3-71所示，其通过相应传感器监控整个电池系统的工作环境，其中包括电流、电压、温度、湿度、烟雾以及惯性加速度（用于监测车辆是否发生碰撞）等，并且，可以与车辆系统监控板通过标准CAN总线实现通信。

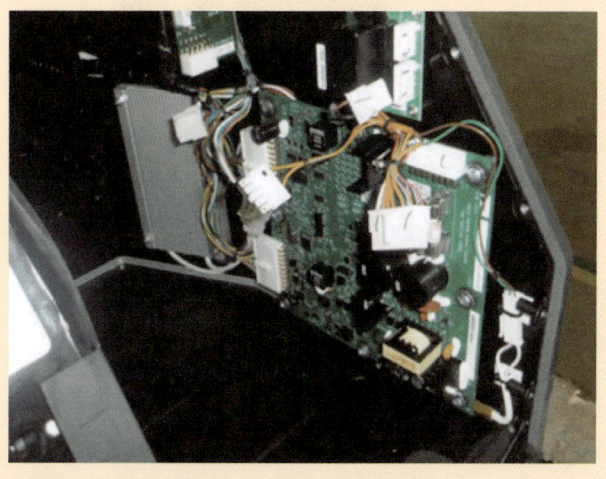

图3-71　电池系统监控板

（9）电池系统内部冷却装置　电池系统内部设置有冷却装置，冷却液为水和乙二醇的混合物（比例为1:1），电芯外部冷却管路布置如图3-72所示，电芯内部冷却管路布置如图3-73所示，每只18650电芯附近均布置有冷却管路，冷却管路与电芯间填充有绝缘导热胶质材料（图中蓝色部分），固化后非常坚硬。

图3-72　电芯外部冷却管路布置

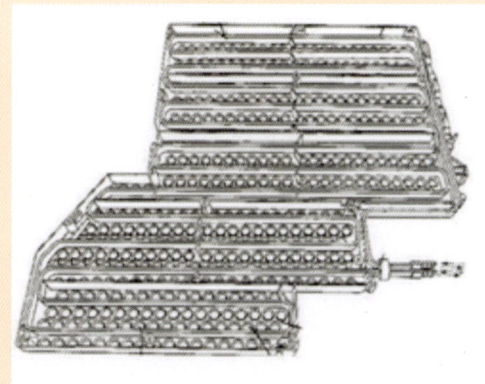 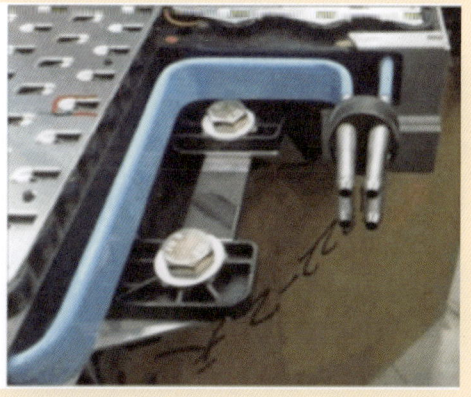

图3-73　电芯内部冷却管路布置

（10）继电器　图 3-74 所示为继电器。

图 3-74　继电器

（11）快速熔断器　图 3-75 所示为快速熔断器。

（12）预充电阻　图 3-76 所示为预充电阻。

图 3-75　快速熔断器　　　　　　图 3-76　预充电阻

学习任务3　检修动力电池故障

【学习目标】

1. 掌握动力电池系统的工作原理。
2. 了解BMS的结构与工作原理。
3. 掌握动力电池的故障显示和常见故障。
4. 掌握检修动力电池的方法。

【任务描述】

客户委托：检修动力电池绝缘故障

北汽4S店技术主管在检测张先生的EV200汽车后，判断其是动力电池故障，此时需要你作为维修人员协助技术主管按照规范程序完成维修。

【知识准备】

动力电池系统的功能为接收和储存由车载充电机、发电机、制动能量回收装置和外置充电装置提供的高压直流电，并且为驱动电机控制器、DC/DC、电动空调、PTC等高压元件提供高压直流电。

一、动力电池系统工作原理

动力电池模组放置在一个密封并且屏蔽的动力电池箱里面，动力电池系统使用可靠的高压插接件与高压控制盒相连，如图3-77所示，动力电池输出的直流电由电机控制器转变为三相交流高压电，驱动电机工作。

系统内的BMS实时采集各电芯的电压、各温度传感器的温度值、动力电池系统的总电压值和总电流值等数据，实时监控动力电池的工作状态，并通过低压插接件连接CAN总线与整车控制器或车载充电机之间进行通信，对动力电池系统进行充放电等进行综合管理，如图3-78所示。

下面以普莱德动力电池为例，说明其动力电池的内部工作原理。

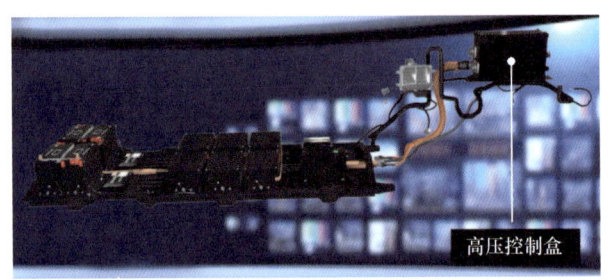

图 3-77 动力电池高压插接件与高压控制盒相连

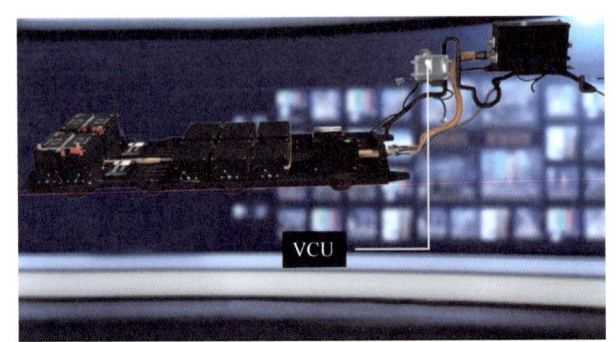

图 3-78 动力电池低压插接件与整车控制器 VCU 或车载充电机通信

1. 动力电池内部充电原理

（1）充电之前加热 当充电初期，从控盒监测到每个动力电池组的温度，并反馈给主控盒。主控盒接收来自从控盒反馈的实时温度，并计算出最大值与最小值，当监测到电芯温度低于设定值时，主控盒控制加热继电器闭合，通过加热元件、加热熔断器接通电路，进行加热。

途径路线：

慢充时：充电桩—车载充电机—高压插接件—加热继电器—加热元件—加热熔断器—高压插接件—车载充电机—充电桩，构成充电回路，进行加热，如图 3-79 中绿色箭头所示。

快充时：非车载充电机—高压插接件—加热继电器—加热元件—加热熔断器，构成充电回路，进行加热。

（2）充电初期预充电 在充电初期，整车控制器唤醒 BMS，BMS 进行自检和初始化，完成后上报给整车控制器。整车控制器控制主负继电器闭合，BMS 控制预充继电器闭合，对各单体电芯进行预充电，确定单体电芯无短路后，BMS 将断开预充继电器，预充完成。

途径路线：

慢充时：充电桩—车载充电机—高压插接件—预充继电器—预充电阻—动力电池组—主熔断器—紧急开关—动力电池组—电流传感器—主负继电器—高压插接件—车载充电机—充电桩，构成回路，进行预充，如图 3-80 中的绿色箭头所示。

快充时：非车载充电机—预充继电器—预充电阻—动力电池组—主熔断器—紧急开关—动力电池组—电流传感器—主负继电器—非车载充电机，构成回路，进行预充。

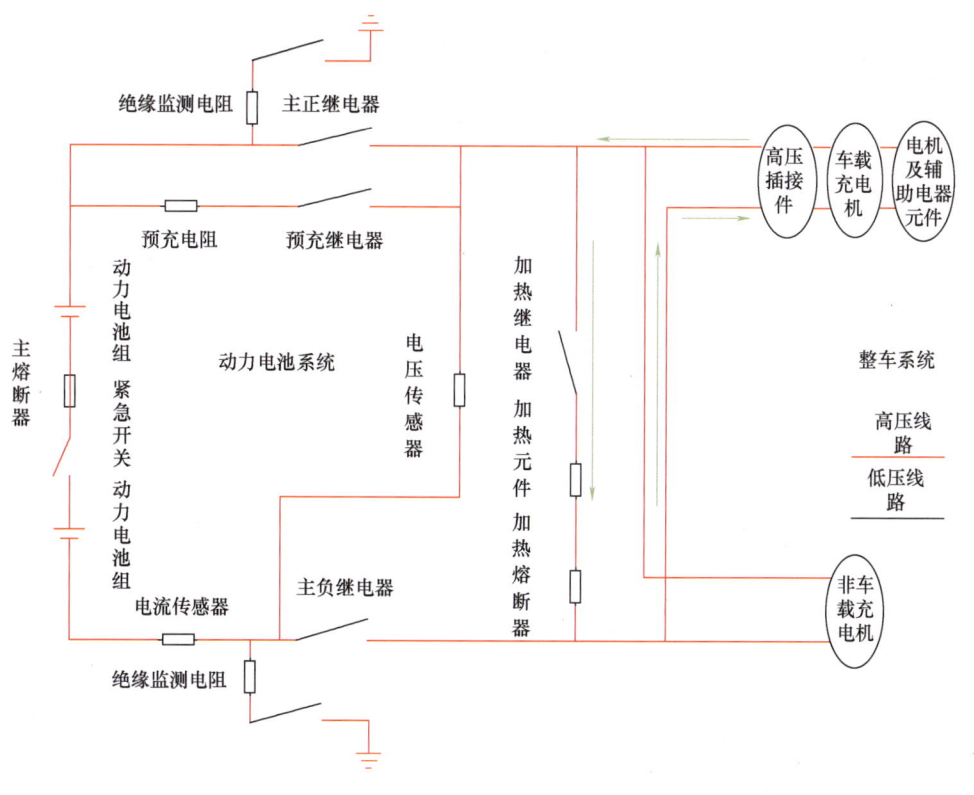

图 3-79 动力电池内部充电原理

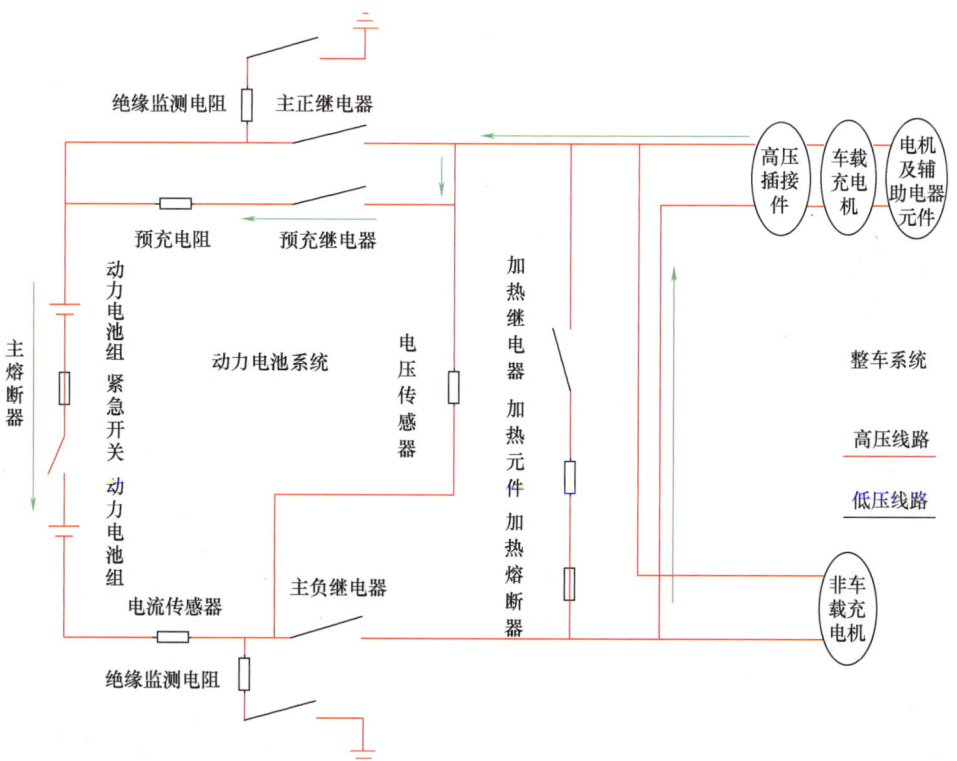

图 3-80 动力电池预充

（3）充电　预充电完成之后，BMS 断开预充继电器，闭合主正继电器，对动力电池组进行充电。

途径路线：

慢充时：充电桩—车载充电机—高压插接件—主正继电器—动力电池组—主熔断器—紧急开关—动力电池组—电流传感器—主负继电器—高压插接件—车载充电机—充电桩，构成回路，进行慢充，如图3-81中的紫色箭头所示。

快充时：非车载充电机—主正继电器—动力电池组—主熔断器—紧急开关—动力电池组—电流传感器—主负继电器—非车载充电机，构成回路，进行快充。

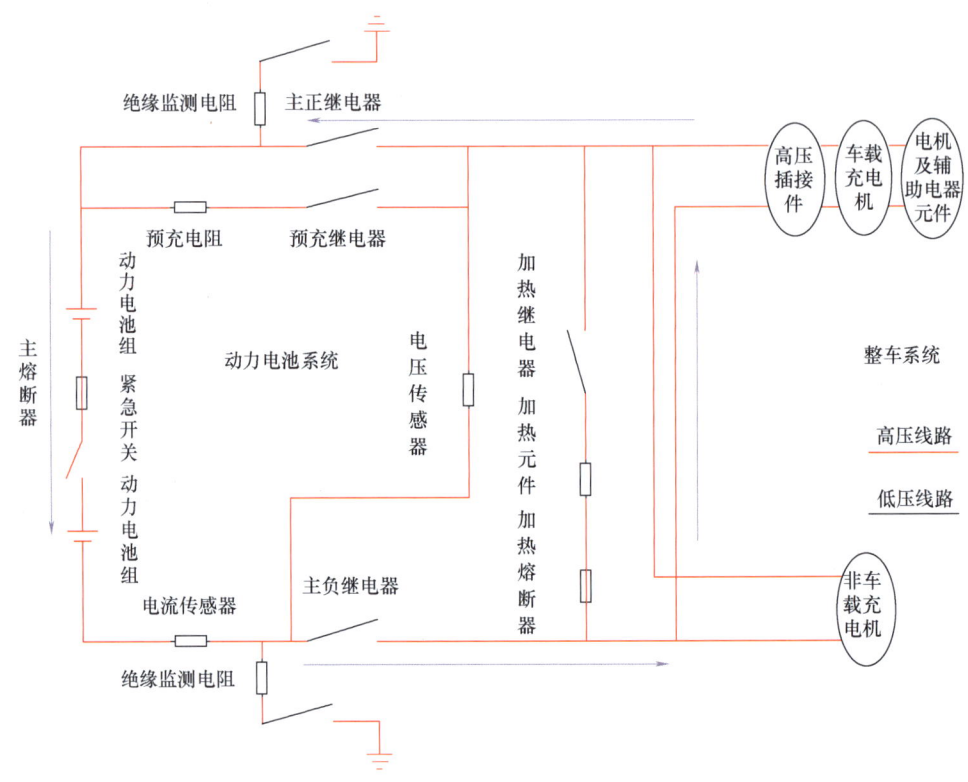

图 3-81 动力电池充电

2. 动力电池内部放电原理

（1）放电初期预充　整车控制器唤醒BMS，BMS进行自检和初始化，完成后上报给整车控制器。整车控制器发出高压供电指令，BMS开始按顺序控制继电器的闭合和断开。

因电路中电机控制器和空调压缩机控制器等含有电容，在放电模式初期，BMS控制预充继电器进行闭合，需低压、小电流给各控制器电容充电，当电容两端电压接近动力电池总电压时，断开预充继电器。

途径路线：

动力电池组正极端：动力电池组—紧急开关—主熔断器—电池组正极—预充电阻—预充继电器—高压插接件—车载充电机—电机及辅助电器元件。

动力电池组负极端：动力电池组负极—电流传感器—主负继电器—高压插接件—车载充电机—电机及辅助电器元件。

构成回路，完成预充。

（2）放电　预充完成之后，BMS 断开预充继电器，并闭合主正继电器，动力电池组进行放电。

途径路线：

动力电池组正极端：动力电池组—紧急开关—主熔断器—动力电池组正极—主正继电器—高压插接件—车载充电机—电机及辅助电器元件。

动力电池组负极端：动力电池组负极—电流传感器—主负继电器——高压插接件—车载充电机—电机及辅助电器元件。

构成回路，完成放电。

3. 绝缘监测

动力电池 BMS 具有高压回路绝缘监测功能，监测动力电池组与箱体、车体等之间的绝缘状况，如图 3-82 所示。

途径路线：

动力电池组正极端—绝缘监测电阻—绝缘继电器—搭铁。

动力电池组负极端—绝缘监测电阻—绝缘继电器—搭铁。

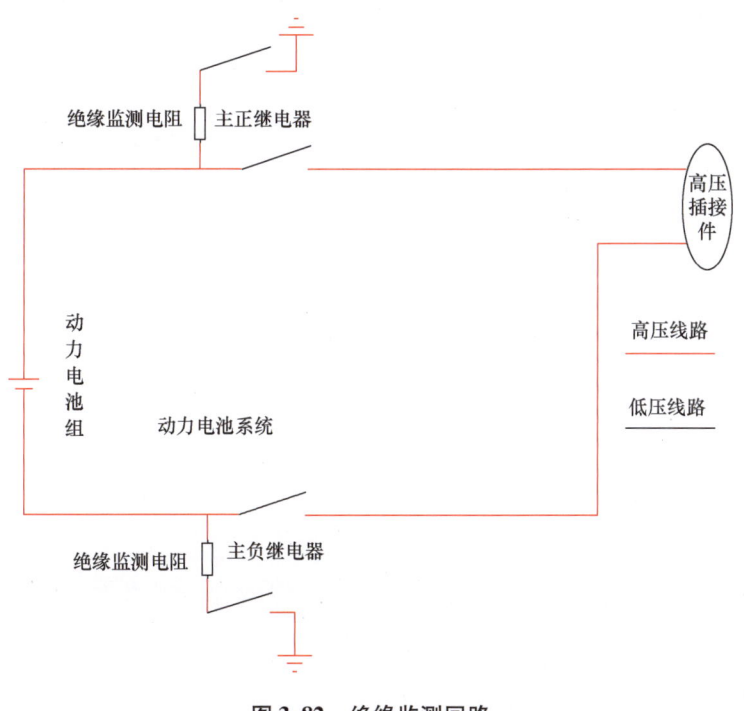

图 3-82　绝缘监测回路

电池管理系统 BMS

二、BMS 结构及原理

随着电动汽车越来越多，在寻求对高比能量、高安全性的动力电池之外，BMS 的重要性也日益提高。不同的动力电池具有不同的性质，即使是同一类型的动力电池性质也存在不一致性，在使用过程中会出现扩大化造成事故的可能发生。因此对动力电池系统进行有效的管理用以确保电动汽车的安全显得十分重要，同时也需要保证动力电池系统的性能，延长动力电池寿命，提高动力电池的使用效率。

BMS 即 Battery Management System，通过检测动力电池组中各单体动力电池的状态来确定整个动力电池系统的状态，并根据它们的状态对动力电池系统进行对应的控制调整和策略实施，实现对动力电池系统及各单体的充放电管理，以保证动力电池系统安全稳定地运行。

图 3-83 所示为一种典型的 BMS 拓扑图，主要分为主控模块和从控模块两大块，通过采用内部 CAN 总线技术实现各模块之间及外部设备之间的数据信息通信。基于各个模块的功能，BMS 能实时检测动力电池的电压、电流和温度等参数，实现对动力电池进行热管理、均衡管理、高压及绝缘检测等，并且能够计算动力电池剩余容量，充放电功率以及 SOC、SOH 状态。

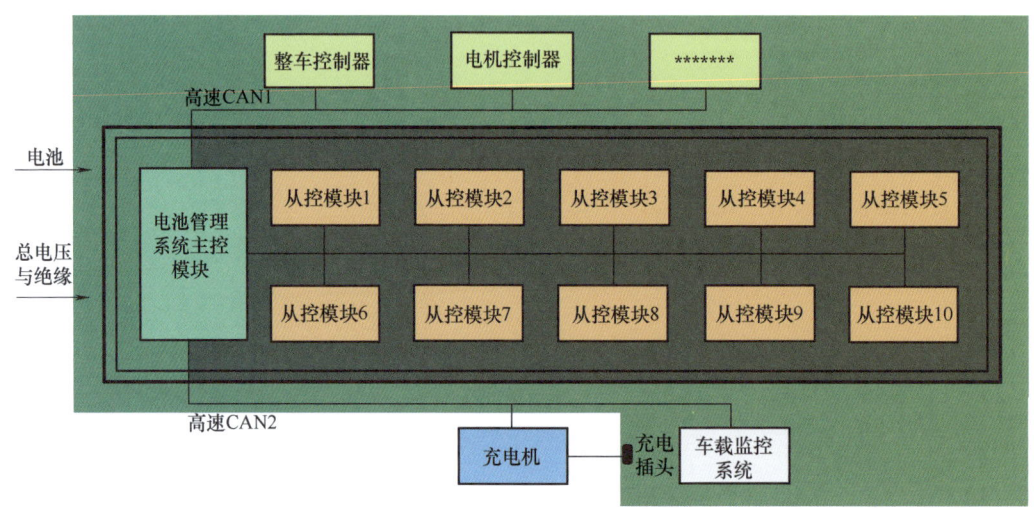

图 3-83　一种典型的 BMS 拓扑图

宝马 i3、i8 BMS，如图 3-84 所示，硬件由德国普瑞电子（宁波均胜电子）提供，应用层由宝马自行开发。普瑞电子负责宝马硬件系统，整个系统采用分布式，由主板和从板构成。

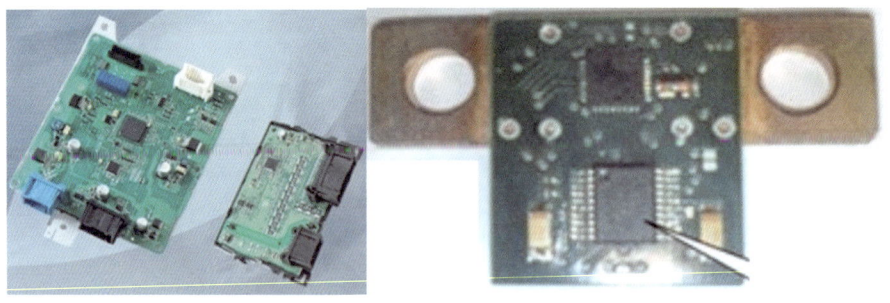

图 3-84　宝马 i3、i8 BMS

特斯拉 BMS 电池包由 6831 个 18650 电芯组成，每个 Sheet 有一个检测单元，如图 3-85 所示。

BMS 分为数据采集、状态分析、均衡控制、热管理和安全保护等。

图 3-85 电池系统检测单元

1. 数据采集

作为 BMS 中其他功能的基础与前提,数据采集的精度和速度能够反映 BMS 的优劣。管理系统的其他功能比如 SOC 状态分析、均衡管理、热管理功能等都是以采集获取的数据为基础进行分析及处理的。数据采集的对象一般为电压、电流和温度。在实际使用过程中,电池在不同温度下的电化学性能不同,导致电池所放出的能量是不同的。锂离子动力电池对电压和温度比较敏感,因此在对电池的 SOC 进行评估时必须考虑温度的影响。

2. 状态分析

对电池状态的分析主要是电池剩余电量及电池老化程度这两个方面,即 SOC 评估和 SOH 评估。SOC 能够让驾驶人获得直接的信息,了解到剩余的电量对续航里程的影响。现阶段的研究很多都集中在对 SOC 分析上,不断加强其精确度。SOC 的分析会受到 SOH 的影响,电池的 SOH 在使用过程中受到温度和电流等持续影响而需要不断进行分析,以确保 SOC 分析的准确性。目前在对 SOC 的分析上,主要有电荷计量法、断路电压法、卡尔曼滤波法、人工神经网络算法和模糊逻辑法等。

3. 均衡控制

由于生产制造和工作环境的影响会造成电池单体的不一致性,在电压、容量和内阻等性质上出现差别,导致每个单体电池在实际使用过程中有效容量和充放电电量是不一样的。因此为保证电池系统的整体性能和延长使用寿命,为减少单体电池之间的差异性而对电池进行均衡控制是十分必要的。

均衡管理有助于电池容量的保持和放电深度的控制。如果没有对电池进行均衡控制,由于 BMS 的保护功能设置,就会出现某个电池单体充满电时,其他电池单体没有充满或者某个最小电量的单体电池放电截止时,其他电池还没有达到放

课堂练习:动力电池为什么要进行均衡控制,思考如何控制?

电截止限制的现象。一旦电池出现过充或者过放,电池内部会发生一些不可逆的化学反应导致电池的性质受到影响,从而影响电池的使用寿命。关于 BMS 均衡管理分类见表 3-7 和表 3-8。

表 3-7 BMS 均衡管理分类一

按均衡管理电路结构分类	定 义	优 缺 点
集中式均衡	电池组内所有的电池单体共用一个均衡器来进行均衡控制	通信简单直接,进行均衡速度快。但电池单体与均衡器之间的线束排布复杂,不适合单体数量多的电池系统
分布式均衡	一个或若干个电池单体专用一个均衡器	能够解决前者线束方面的问题,缺点是成本高

表 3-8 BMS 均衡管理分类二

按均衡管理控制方式分类	定 义	优 缺 点
主动均衡	又称为非耗散型均衡,形象说就是进行电池单体之间的能量转移。将能量高的电池单体中的能量转移到能量低的单体上,以达到能量均衡目的	主动式均衡效率高,能量转移而不是被消耗,但结构复杂,成本高
被动均衡	又称为耗散型均衡,利用并联电阻等方式将能量高的单体中的能量消耗至与其他单体均衡的状态,就是通过放电均衡的办法让电池组内的电池电压趋于一致	成本低,容易实现,能量浪费

4. 热管理

电池系统在不同运行工况下由于其自身有一定的内阻,在输出功率、电能的同时产生一定的热量,产生的热量累积使电池温度升高,空间布置的不同使得各处电池温度并不一致。当电池温度超出其正常工作温度区间时,必须限功率工作,否则会影响电池的寿命。为了保证电池系统的电性能和寿命,动力电池系统一般设计具有热管理系统。电池热管理系统是用来确保电池系统工作在适宜温度范围内的一套管理系统,主要由电池箱、传热介质、监测设备等部件构成。BMS 在热管理上的主要功能是对电池温度进行准确的测量和监控,在电池组温度过高时进行有效散热和通风,以保证电池组温度均匀分布。在低温的条件下,能够进行快速加热使电池组达到能够正常工作的环境。

5. 安全保护

安全保护作为整个 BMS 最重要的功能,是基于前面四个功能而进行的,主要包括过电流保护、过充过放保护、过温保护和绝缘监测。

（1）过电流保护　由于电池都具备一定的内阻，当电池在工作时电流过大会造成电池内部发热，热量积累增加造成电池温度上升，从而导致电池的热稳定性下降。对于锂离子电池来说，正负极材料的脱嵌锂离子能力是一定的，当充放电电流大于其脱嵌能力时，将导致电池的极化电压增加，导致电池的实际容量减小，影响电池的使用寿命，严重时会影响电池的安全性。BMS会判断电流值是否超过安全范围，一旦超过则会采取相应的安全保护措施。

（2）过充过放保护　在充电过程中，充电电压超过电池截止充电电压时，将会引起正极晶格结构被破坏，导致电池容量变小，并且电压过高会造成正负极短路而引发爆炸。过充是被严格禁止的。BMS会检测系统中单体电池的电压，当电压超过充电限制电压时，BMS会断开充电回路从而保护电池系统。

在放电过程中，放电电压低于电池放电截止电压时，电池负极上的金属集流体将被溶解，给电池造成不可逆的损害。给过度放电的电池充电时会有内部短路或者漏液的可能。当电压超过放电限制电压时，BMS会断开放电回路从而保护电池系统。

（3）过温保护　对于过温保护，需要结合上面的热管理功能进行。电池活性在不同温度下有所不同。长时间处在高温环境下，电池材料的结构稳定性会变差，从而缩短电池的使用寿命。低温下电池活性受限会造成可用容量减小，尤其是充电容量将变得很低，同时可能产生安全隐患。BMS能够在电池温度超过高温限制值或是低于低温限制值时，禁止进行充放电。

（4）绝缘监测　绝缘监测功能也是保证电池系统安全的重要功能之一。电池系统电压通常有几百伏，一旦出现漏电将会对人员形成危险，所以绝缘监测功能就显得相当重要。BMS会实时监测总正和总负对车身搭铁的绝缘阻值，如果出现绝缘阻值低于安全范围，则会上报故障并断开高压电。

三、动力电池系统故障显示

纯电动汽车故障灯大多数都是与普通汽车故障灯一样的，分为指示灯、警告灯、指示/警告灯三类。纯电动汽车故障灯同样用以下颜色代表故障程度：

红色＝危险/重要提醒

黄色＝警告/故障

绿色/蓝色/白色＝指示/确认启用

图3-86所示为EV150电动汽车的动力电池故障在仪表上的显示：关于动力电池的故障，仪表上只显示动力电池故障、动力电池绝缘故障及动力电池系统断开三种故障信息。请查看27、28和29所指示的图标。

图3-87所示为EV200纯电动汽车动力电池故障在仪表上的显示：关于动力电池的故障，EV200仪表上只显示动力电池故障及动力电池系统断开两种故障信息。

动力电池系统故障显示和常见故障说明

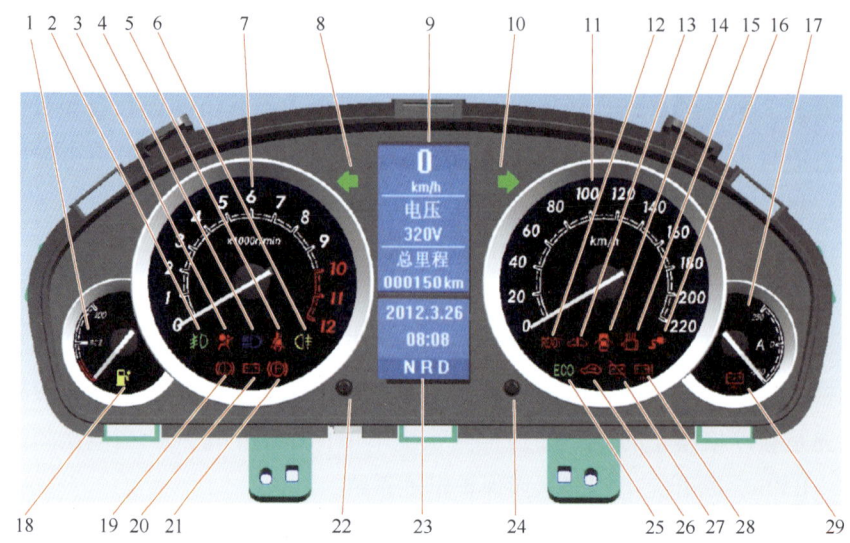

图 3-86　EV150 电动汽车的动力电池故障在仪表上的显示

1—动力电池电量表　2—前雾灯　3—安全气囊故障指示灯　4—远光灯　5—安全带未系指示灯　6—后雾灯
7—转速表　8—左转向指示灯　9—大液晶显示（多页内容，可翻屏）　10—右转向指示灯　11—车速表
12—进行准备就绪指示灯　13—系统故障灯　14—门开指示灯　15—电动机及控制器过热指示灯
16—充电线连接指示灯　17—动力电池电流表　18—动力电池充电提醒　19—制动系统故障指示灯
20—蓄电池充电指示　21—驻车制动　22—左复零杆　23—小液晶显示　24—右复零杆
25—ECO 指示灯　26—车身防盗指示灯　27—动力电池切断故障指示灯
28—动力电池故障指示灯　29—动力电池绝缘电阻低指示灯

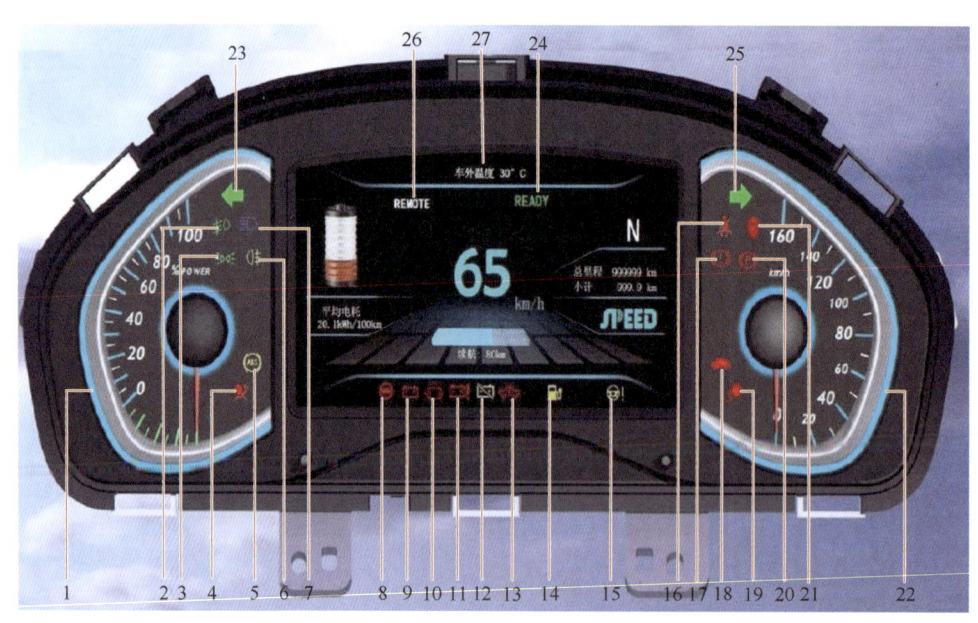

图 3-87　EV200 纯电动汽车动力电池故障在仪表上的显示

1—驱动电动机功率表　2—前雾灯　3—示宽灯　4—安全气囊指示灯　5—ABS 指示灯　6—后雾灯　7—远光灯
8—跛行指示灯　9—蓄电池故障指示灯　10—电动机及控制器过热指示灯　11—动力电池故障指示灯
12—动力电池断开指示灯　13—系统故障灯　14—充电提醒灯　15—EPS 故障指示灯　16—安全带未系指示灯
17—制动故障指示灯　18—防盗指示灯　19—充电线连接指示　20—驻车制动指示灯
21—门开指示灯　22—车速表　23、25—左、右转向指示灯　24—Ready 指示灯
26—REMOTE 指示灯　27—室外温度提示

四、动力电池系统常见故障及说明

1. 动力电池故障等级

根据动力电池故障对整车的影响划分为三个等级,如图3-88所示。

一级故障(非常严重)	二级故障(严重)	三级故障(轻微)
动力电池上报该故障一段时间后会造成整车出现安全事故如起火、爆炸、触电等,动力电池在正常工作下不会上报该故障,BMS一旦上报该故障表明动力电池处于严重故障状态。动力电池在此状态下功能已经丧失,请求其他控制器立即(1s内)停止充电或放电。如果其他控制器在指定时间内未做出响应,动力电池管理系统将在2s后主动停止充电或放电(即断开高压继电器)。例如动力电池内部短路、温度过高,请求其他控制器立即(1s内)停止充电或放电	动力电池上报该故障会造成整车进入跛行、暂时停止能量回馈、停止充电,动力电池正常工作下不会上报该故障,BMS一旦上报该故障表明动力电池某些硬件出现故障或动力电池处于非正常工作的条件下。动力电池在此状态下功能已经丧失,请求其他控制器停止充电或者放电;其他控制器应在一定的延时时间内响应动力电池停止充电或放电请求,例如BMS内部通信故障、绝缘电阻过低	动力电池上报该故障对整车无影响或不同程度地造成整车进入限功率行驶状态,动力电池正常工作状态可能上报该故障,BMS一旦上报该故障表明动力电池处于极限环境温度下或单体动力电池一致性出现一定劣化等。动力电池性能下降,动力电池管理系统降低最大允许充/放电电流,例如单体电压欠电压、温度不均衡

图3-88 动力电池故障等级划分

2. 动力电池常见故障

动力电池常见故障见表3-9。

表3-9 动力电池常见故障

序 号	故障描述	常规解决办法(按照序号进行操作)
1	SOC异常:如无显示,数值明显不符合逻辑	1)停车或者关闭点火开关后重新启动 2)检查仪表显示其他故障报警有无点亮,并做好现象记录 3)联系专业售后人员进行复查,维修人员确认无误后正常使用
2	续航里程低于经验值	联系维护人员,检查充放电过程,容量是否衰减,BMS控制是否正常
3	电池过热报警/保护	1)10s内减速,停车观察 2)检查报警是否消除,检查是否有其他故障,并做好记录 3)若报警或保护消除,可以继续驾驶,否则,联系售后人员 4)运行中若连续三次以上出现停车后减速故障消除时,联系售后人员
4	SOC过低报警/保护	1)SOC低于30%报警出现时减速行驶,寻找最近的充电站进行充电 2)停车休息3~5min后行驶,检查故障是否能自动消除 3)若故障不能自行解除,且仍未到达充电站的,联系售后人员解决

（续）

序号	故障描述	常规解决办法（按照序号进行操作）
5	电压/电流明显异常	1）关闭点火开关，迅速下车并保持适当距离 2）联系专业技术人员处理
6	点火开关打开至 ON/START 后不工作	1）检查并维护低压电源 2）若打开至 ON 后能工作，检查仪表盘上故障显示，并记录 3）若打开至 START 后仍不能工作，联系专业技术人员
7	不能充电	1）检查 SOC 当前数值 2）检查充电线缆是否按照正确方法连接 3）若由环境温度超出使用范围，终止使用 4）联系维修人员
8	运行时高压短时间丢失	检查系统屏蔽层是否有效，检查继电器是否能正常动作，检查主回路是否接触良好
9	电池外箱磨损破坏	联系专业人员维护

五、典型故障检测案例

1. 仪表显示动力电池绝缘故障

（1）绝缘报警初步排查　根据现场故障表现来看，故障的种类和故障部件表现多样，可根据以下步骤进行初步排查。说明整车所有高压部分绝缘都由动力电池检测，整车没有高压绝缘检测功能。如果出现绝缘故障需使用绝缘表检测动力电池绝缘。

1）如车辆的仪表能正常显示，并正确反映是否有故障，那么说明 BMS 绝缘监测系统本身应该是正常工作的。

2）如车辆的仪表显示绝缘无连接（可使用解码器调取对应的故障码），此时应该检查低压控制线路是否正确或可靠连接。例如低压线束端插接件插针松脱和扭曲导致连接失效的情况。

3）排除了低压连接线路问题，则需要排除 CAN 总线的通信故障，检查终端电阻值是否正常，若正常应该是 60Ω，如果测出是 40Ω，则可能信号被削弱，会导致 CAN 通信不正常。

4）当车辆的组合仪表明确显示有故障，此时表明车辆的绝缘故障发生在高压回路上，高压部件出现了绝缘电阻过低的情况，需要对高压部件进行相关检查。由于该绝缘检测系统无法对绝缘故障点进行定位，这时需要进行逐步的人工排查。

（2）高压电回路的排查　高压电回路主要由电机系统、高压控制盒、充电系统及附件、电池包组成，安装于车辆后底部。所有线条连接所至的部件的相应位置均有超过人体安全电压的高压电，操作时需要特别关注。

检修动力电池绝缘故障

小贴士

纯电动汽车其动力电池的输出电压大部分都在直流 72~600V 范围内甚至更高。根据 GB/T 3805—2008《特低电压（ELV）限值》的要求，人体的安全电压一般是指不致使人直接致死或致残的电压，一般环境条件下允许持续接触的"安全特低电压"是直流 36V。电动汽车动力电池输出的直流电压区间已远远超过了该安全电压。因此，我国电动汽车安全要求标准对人员的触电防护提出了明确的要求，其中包括对绝缘电阻值的最低要求。根据 GB/T 18384.3-2015 规定，动力系统的测量阶段最小瞬间绝缘电阻为 0.5kΩ/V。各整车厂开发的纯电动车辆，则根据各自设定的电压等级来确定动力系统的绝缘电阻报警阈值。

BMS 承担整车所有高压部分的绝缘监测功能，当监测到的绝缘电阻值低于规定值时，BMS 将对应的绝缘故障码上报给整车控制器，整车上则由组合仪表来进行代码显示和故障灯报警。当组合仪表上显示了故障码或警告灯时，表示此时车辆出现了绝缘故障，必须马上进行故障排查，以免出现人身安全事故。

2. 仪表报动力电池故障、动力电池高压断开故障

动力电池发生故障致使高压断开，可以从以下两个方面进行故障排除：

（1）动力电池内部高压故障 如图 3-89 所示，动力电池内部"主正继电器、主负继电器、维修开关"这三个高压部件，只要其中任意一个发生故障无法闭合，动力电池都无法将高压电进行输出。所以首先就要对这三个部件进行故障排查，判断是哪一个部件出现了故障。

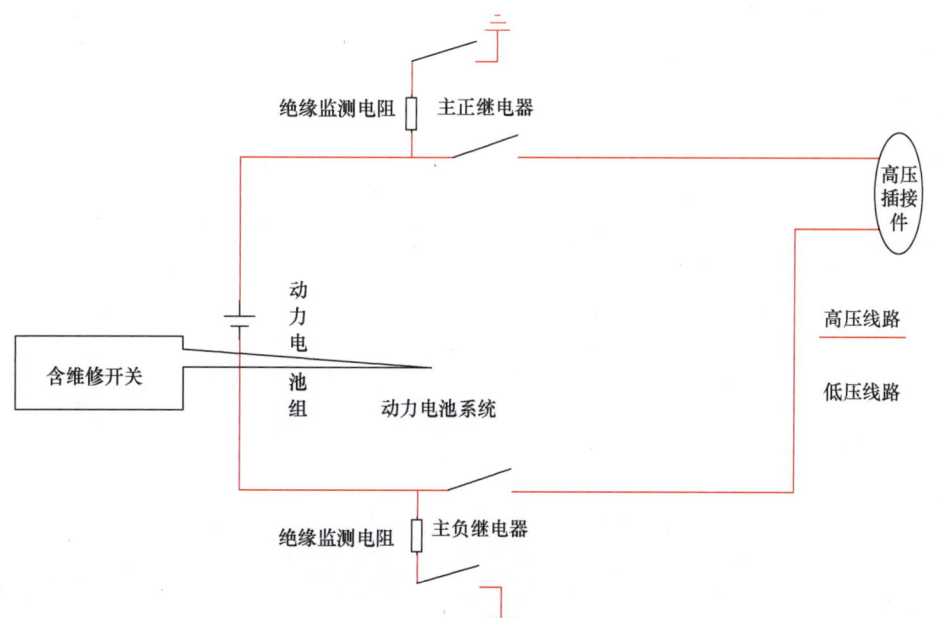

图 3-89 动力电池工作原理

（2）动力电池低压控制故障 动力电池能够正常提供高压电的前提是：首先需要被整车控制器唤醒，然后按照整车控制的逻辑顺序闭合主正、主负继电器。如果（1）步骤检测正常，就需要分别对动力电池的唤醒信号线、主正负继电器的控制信号线进行检测排查，如果正常，需要检查动力电池低压控制搭铁是否正常。

学习情景4

驱动电机及控制系统结构原理与检修

- 驱动电机系统电路
- 驱动电机系统低压插件
- 旋转变压器电路故障排除
- 驱动电机系统的故障分析
- 电机控制器逆变原理
- 驱动电机系统故障排除

→ 检修驱动电机控制系统故障 → 驱动电机及控制系统结构原理检修 → 更换驱动电机系统部件

- 电动汽车驱动电机的种类及特点
- 驱动电机系统工作模式
- 驱动电机系统工作条件
- 永磁同步电机的结构及工作原理
- 交流异步电机的结构及工作原理
- 电机控制器结构及功能
- 电机的传感器
- 驱动电机的更换

学习任务 1　更换驱动电机系统部件

【学习目标】

1. 了解驱动电机系统的功能。
2. 了解不同种类电机的特点和性能。
3. 了解驱动电机系统的工作模式。
4. 掌握永磁同步电机和交流异步电机的结构及工作原理。
5. 掌握电机控制器的结构及工作原理。
6. 了解旋转变压器的结构和工作原理。

【任务描述】

客户委托：更换驱动电机

一辆纯电动车辆行驶 5000km 以后，会出现类似底盘零部件松动的声音，从机舱内部下方传出，车辆低速滑行过减速带时比较明显，另外在低速时加速和减速时也会频繁出现这种声音。拆下电机后检查磨损情况，发现减速器花键和驱动电机输出轴花键磨损严重。作为一名电动车的维修技师，请你为客户的车辆更换驱动电机总成。

【知识准备】

驱动电机系统是新能源汽车行驶中的主要执行结构，驱动电机及其控制系统是新能源汽车的核心部件（电池、电机、电控）之一，其驱动特性决定了汽车行驶的主要性能指标，它是电动汽车的重要部件。

电机是应用电磁感应原理运行的旋转的电磁机械，用于实现电能向机械能的转换。运行时从供电系统吸收电功率，向机械系统输出机械功率，同时驱动电机系统还要有能量回收功能。根据设计原理与分类方式的不同，电机的具体构造与成本构成也有所差异。电机驱动系统主要由电机、电机控制器、各种检测传感器以及电源等部分构成。驱动电机的控制系统通过精确地控制使电机达到快速起动、快速响应、高效率、高转矩输出及高过载能力的目的。针对不同类型的电机，控制系统的原理与方式有很大差别。

一、电动汽车驱动电机的种类及特点

根据电动车辆不同的性能特点,电动汽车对电机有着不同的要求,如要求电机起动转矩大、恒功率范围宽等特点。电动汽车生产厂家也要考虑自己的设计思路和制造成本,选择不同类型的电机。

驱动电机的种类和特点

1. 对驱动电机的要求

电动汽车对驱动电机主要有起动转矩要大、恒功率区宽、调速范围大、效率要高、能量回收率要高、尺寸要小、可靠性高等要求,图4-1所示为对电动汽车电机的要求。

图4-1 对电动汽车电机的要求

目前汽车专用驱动系统主要有三种类型的电机系统:直流电机驱动系统、永磁同步电机驱动系统、交流感应电机驱动系统。三种电机系统的特点对照见表4-1。

表4-1 三种电机系统的特点对照

	直流电机	永磁电机	感应电机
比功率	低	高	中
峰值效率(%)	85~89	95~97	94~95
负荷效率(%)	80~87	85~97	90~92
转速范围/(r/min)	4 000~6 000	4000~10 000	12 000~15 000
可靠性	一般	优秀	好

(续)

	直流电机	永磁电机	感应电机
尺寸	大	小	中
代表车型	蓄电池代步车	比亚迪秦、唐	特斯拉 Model S
成本	低	中	低
控制难度	低	一般	高

2. 电机的类型及特点

（1）无刷直流电机　电池储存电能，电能是以直流电的方式从电池输出经过转换器传至电机。直流电机按有刷直流电机和无刷直流电机区分，有刷直流电机因维护不方便被无刷直流电机取代，无刷直流电机已成为入门级电动车所使用的最为普遍的一种类型。在技术特性上，无刷直流电机可分为具有直流电机特性的无刷直流电机以及具有交流电机特性的无刷直流电机。图 4-2 所示为江淮某型号电动车使用的直流电机。

图 4-2　江淮某型号电动车使用的直流电机

由于直流电机转速范围不大，因此在行驶时如果不辅以二级减速器或变速器，车辆的最高时速会比较低，因此这种电机更适合小型车或微型车领域。

（2）异步电机　异步电机可归纳到交流电机范畴。异步电机具备变频调速的能力，其效果相当于装配有无级变速器的车辆在加速时发动机转速与车速较为线性的对应关系。对于倒车问题，异步电机也可轻易通过自身正反转的切换给予满足，功能上能够满足电动车的技术需求，但其自身结构并不复杂，由此带来的是坚固耐用、工作状态稳定、成本易控等优势，图 4-3 所示为异步电机的外观及特点。图 4-4 所示为特斯拉使用的异步电机作为组成的后驱动桥。

异步电机实现动能回收也更为容易。当车辆滑行或制动时，车轮反拖电机转动，在这个工况下，电机可进行发电并将电能回收到电池中，以此延长车辆的续航里程。

（3）永磁同步电机　永磁同步电机的结构与上面提到的直流电机相似，因此它具备无刷直流电机结构简单、运行可靠、功率密度大、调速性能好等特点，同时由于永

转速范围:12 000~20 000/(r/min)
功率密度:中等
电机重量:体积:中等
可靠性:好
结构坚固性:好
控制器成本:高

图 4-3　异步电机的外观及特点

图 4-4　特斯拉使用的异步电机作为组成的后驱动桥

磁同步电机采用的驱动方式不同于直流电机,所以在噪声以及控制精度环节,永磁同步电机更胜一筹。永磁同步电机的体积也更小,布置更为灵活,更轻的自重对整车重量也有所贡献。

永磁同步电机的外观及特点如图 4-6 所示,永磁同步电机的内部结构如图 4-7 所示。

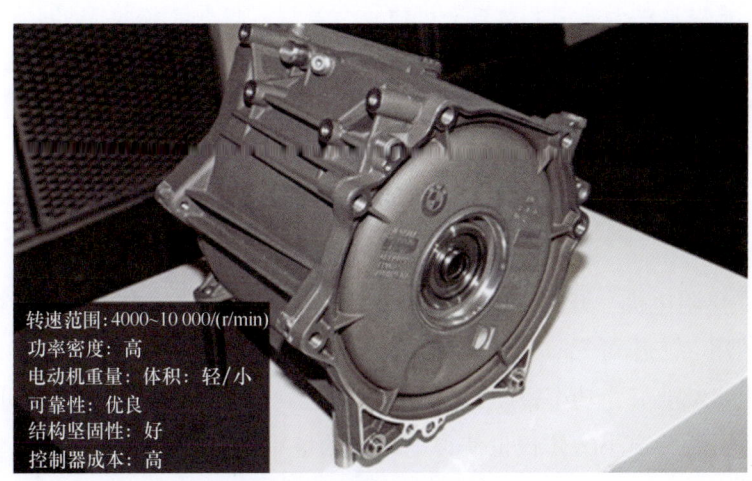

转速范围:4000~10 000/(r/min)
功率密度:高
电动机重量:体积:轻/小
可靠性:优良
结构坚固性:好
控制器成本:高

图 4-6　永磁同步电机的外观及特点

课堂练习:在图 4-5 中不同品牌的电动车上哪些车型装备了永磁同步电动机?

比亚迪E6

腾势

宝马i3

沃蓝达Volt

图 4-5　不同品牌的电动车

有些混合动力车型的电机集成在发动机和变速器之间。这种技术结构的混动系

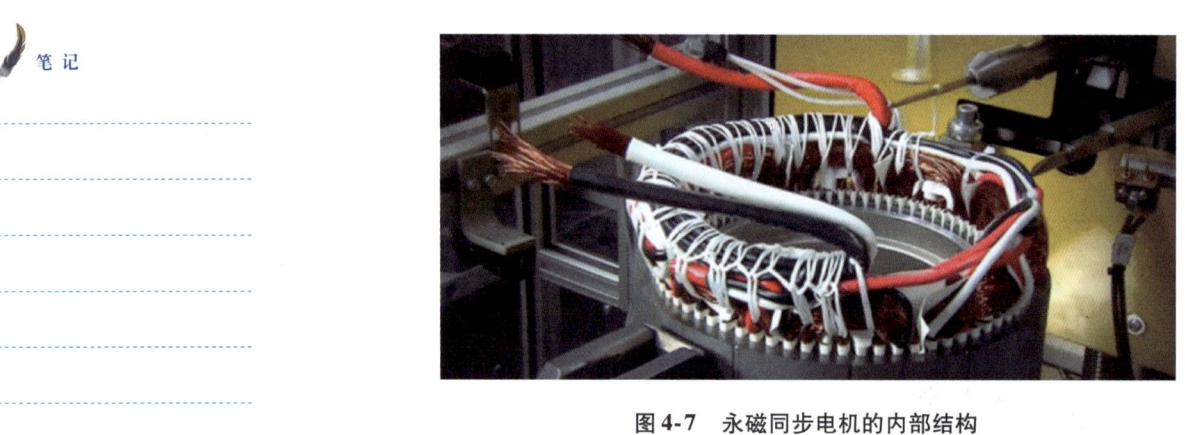

图 4-7 永磁同步电机的内部结构

统大多数使用的是永磁同步电机。图 4-8 所示为奥迪混动系统永磁同步电机的结构分解。

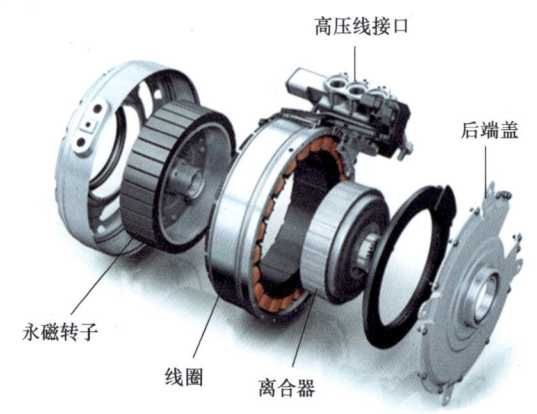

图 4-8 奥迪混动系统永磁同步电机的结构分解

知识拓展

特斯拉为什么不用永磁同步电机？

从技术优势来看，永磁同步电机应该成为高端电动车必用的一个类型，但是特斯拉 Model S 使用的则是异步电机类型。尽管在重量和体积方面，异步电机并不占优势，但其转速范围广泛，以及高达 20 000r/min 左右的峰值转速即使不匹配二级差速器也能够满足该级别车型高速巡航的转速需求，至于重量对续航里程的影响，高能量密度的 18650 电池能够弥补电机重量的劣势。此外，异步电机稳定性优秀也是特斯拉选择其的重要原因。

（4）开关磁阻电机　开关磁阻电机是一个很具发展潜力的电机，在同样具备结构简单、坚固耐用、工作可靠、效率高等优势外，它的调速系统可控参数多，经济指标比其他类型电机都要好，功率密度也更高，电流达到额定电流的 15% 时即可实现 100% 的起动转矩。另外，更小的体积也使得电动车的整车设计更为灵活，可以将更大的空间贡献给车内，更为重要的是，这种电机的成本也不高。

磁阻电机的结构虽然简单，但控制系统的设计相对复杂，特别是在研发阶段，现有技术很难为其建立准确的数学模型。在实际运转过程中，电机本身发出的噪声以及振动是电动车无法"容忍"的,尤其是负载运行的工况下,这两点尤为明显。综上所述,这类电机或许在未来能够通过技术优化克服以上两点致命硬伤,才能广泛应用于电动车领域,能够帮助电动车的续航里程有所提升。

(5)轮毂电机 轮毂电机诞生于100年前,现在仍旧停留在概念阶段。目前,很多配套厂商都能够拿出轮毂电机(图4-9)以及驱动车桥的设计方案,但少有厂商能够予以采纳,轮毂电机给簧下质量带来过重的负担,进而影响车辆的操控性能。米其林推出的轮毂电机如图4-10所示,体积和重量比传统的轮毂电机小得多,并且集成了减振系统。

图4-9 轮毂电机结构

图4-10 米其林推出的轮毂电机

二、驱动电机系统工作模式

驱动电机系统由驱动电机、电机控制器构成,通过高低压线束、冷却管路与整车其他系统连接。驱动电机系统结构如图4-11所示。

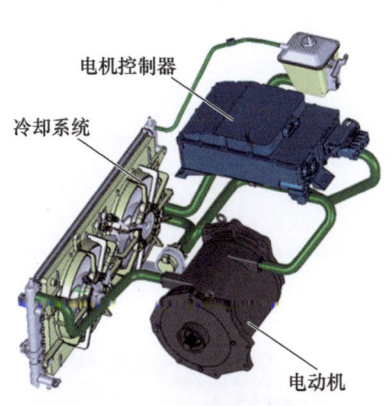
图4-11 驱动电机系统结构

整车控制器根据加速踏板、制动踏板、档位等信号通过CAN网络向电机控制器发送指令,实时调节驱动电机的转矩输出,以实现整车的怠速、加速、停车、能量回收等功能。电机控制器能对自身温度、电机的运行温度、转子位置进行实时监测,并把相关信息传递给整车控制器,进而调节水泵和冷却电子风扇工作,使电机保持理想状态下工作。

现在电动车辆的行驶模式有D位加速行车、减速制动、R位倒车等工况。以某电动车型为例介绍驱动电机系统在不同的行驶模式下不同的工作状态。

1. D 位加速行车

驾驶人挂 D 位并踩加速踏板，此时档位信息和加速信息通过信号线传递给整车控制器，整车控制器把驾驶人的操作意图通过 CAN 总线传递给电机控制器，再由电机控制器结合旋变传感器信息（转子位置），进而向永磁同步电机的定子通入三相交流电，三相电流在定子绕组的电阻上产生电压降。由三相交流电产生的旋转电枢磁动势及建立的电枢磁场，一方面切割定子绕组，并在定子绕组中产生感应电动势；另一方面以电磁力拖动转子以同步转速正向旋转。随着加速踏板行程不断加大，电机控制器控制 IGBT 导通频率上升，电机的转矩随着电流的增加而增加。随着电机转速的增加，电机的功率也增加，同时电压也随之增加。在电动汽车上，一般要求电机的输出功率保持恒功率，即电机的输出功率不随转速增加而变化，这就要求在电机转速增加时，电压保持恒定。与此同时，电机控制器也会通过电流传感器和电压传感器，感知电机当前功率、消耗电流大小、电压大小，并把这些信息数据通过 CAN 网络传送给仪表。

2. R 位加速行车

当驾驶人挂 R 位时，驾驶人请求信号发给整车控制器，再通过 CAN 总线发送给电动机控制器，此时电动机控制器结合当前转子位置（旋变传感器）信息，通过改变 IGBT模块改变 W\V\U 通电顺序，进而控制电机反转。

3. 制动时能量回收

在驾驶人松开加速踏板时，电机在惯性的作用下仍在旋转，设车轮转速为 v_1、电机转速为 v_d，车轮与电机固定传动比为 K，当车辆减速时，v_1 乘以 K 小于 v_d 时，电机仍是动力源，随着电机转速下降，当 v_1 乘以 K 大于 v_d 时，此时电机相当于被车辆带动而旋转，此时电动机变为发电机（图 4-12）。

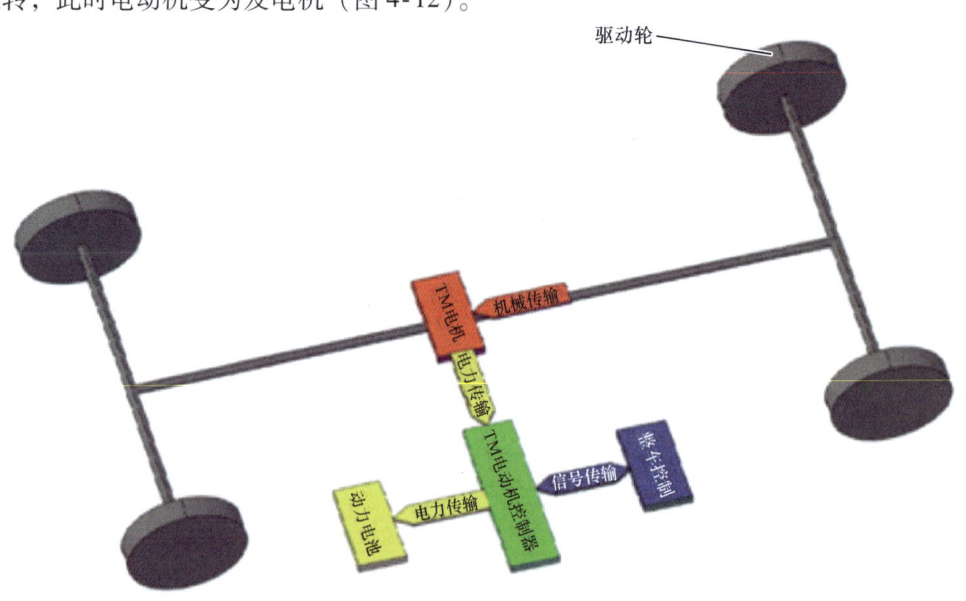

图 4-12　驱动电机变为发电机

BMS可以根据电池充电特性曲线（充电电流、电压变化曲线与电池容量的关系）和采集电池温度等参数计算出相应的允许最大充电电流。电动机控制器根据电池允许最大充电电流，通过控制IGBT模块使"发电机"定子线圈旋转磁场角速度与电机转子角速度保持到发电电流不超过允许最大充电电流，以调整发电机向动力电池充电的电流，同时这也控制了车辆的减速度。

当踩下制动踏板时，该过程电动机控制器输出的电流频率会急剧下降，馈能电流在电动机控制器的调节下充入高压电池，当IGBT全部关闭时在当前的反拖速度和模式下为最大馈能状态，此时电动机控制器对"发电机"没有实施速度和电流的调整，"发电机"所发的电量全部转移给蓄电池，由于发电机负载较大，此时车辆减速也较快。

4. E位行驶时

E位为能量回收档，在车辆正常行驶时E位与D位的根本区别在于发动机控制器和整车控制器内部程序、控制策略不同。在加速行驶时E位相对于D位来说提速较为平缓，蓄电池放电电流也较为平缓，目的是尽可能节省电量以延长行驶距离，而D位提速较为灵敏，响应较快。E位更注重能量回收。当松开加速踏板时，驱动电机被车轮反拖发电时所需的"机械能"牵制了车辆的滑行，从而起到了一定的降速、制动的效果，所以E位此时的滑行距离比D位短。

三、驱动电机系统工作条件

驱动电机系统正常工作要满足的条件如下：
1）高压电源输入正常（绝缘性能大于20MΩ）。
2）低压12V电源供电正常（电压范围为9~16V）。
3）与整车控制器通信正常。
4）电容放电正常。
5）旋变传感器信号正常。
6）三相交流输出电路正常。
7）电机及电机控制器温度正常。
8）开盖保持开关信号正常。

四、永磁同步电机的结构及工作原理

1. 永磁同步电机的分类

永磁同步电机可分为交流永磁同步电机（PMSM）、直流无刷永磁电机（BLDCM）和新型永磁电机（混合式永磁电机（HSM）、续流增磁永磁电机）三大类，目前电动汽车主要采用的是前两类。

永磁同步电机转子磁路结构不同，则电机的运行特性、控制系统等也不同。根据永磁体在转子上的位置的不同，永磁同步电机主要可分为凸装式和内置式。在表面式永磁同步电机中，永磁体通常呈瓦片形，并位于转子铁心的外表面上（图4-13），这种电机的重要特点是直、交轴的主电感相等；而内置式永磁同步电机的永磁体位于转子内部（图4-14），永磁体外表面与定子铁心内圆之间有铁磁物质制成的极靴，可以保护永磁体。这种永磁电机的重要特点是直、交轴的主电感不相等。因此，这两种电机的性能有所不同。

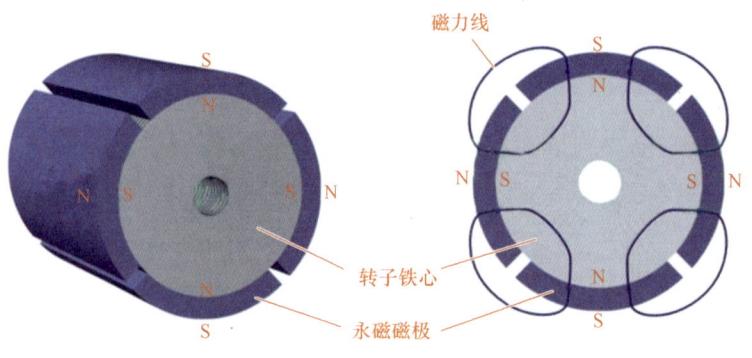

图 4-13　凸装式永磁转子

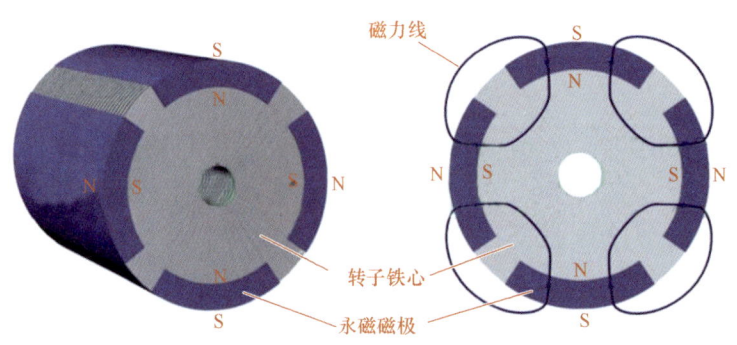

图 4-14　嵌入式永磁转子铁心

2. 永磁同步电机的结构

交流永磁同步电机主要由定子（铝合金）、转子（永磁）、前后端盖和旋变传感器组成。某车型永磁同步电机分解如图4-15所示。

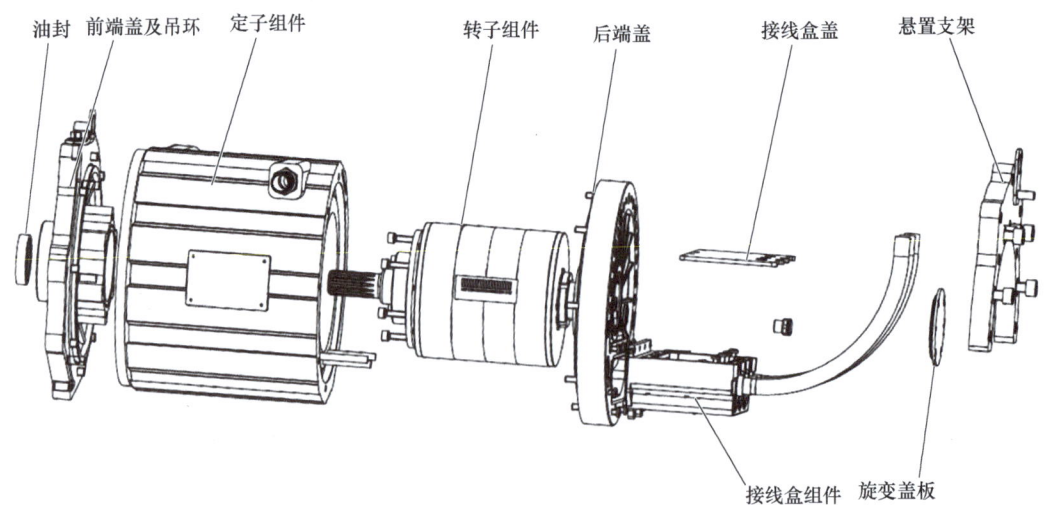

图 4-15　某车型永磁同步电机分解

永磁同步电机转子实物如图 4-16 所示，在硅钢片中间镶嵌永久磁铁。

图 4-16　永磁同步电机转子实物

3. 永磁同步电机的机械特性

永磁同步电机的机械特性曲线如图 4-17 所示。根据特性曲线可以看出，永磁同步电机在低转速时转矩最大，随着转速的升高转矩逐渐降低。在低转速时功率随转速增加，在高转速时保持恒定的功率。

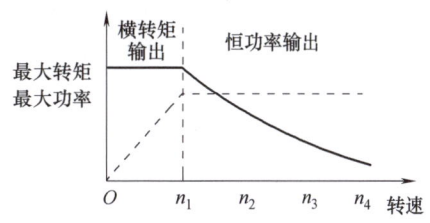

图 4-17　永磁同步电机的机械特性曲线

五、交流异步电机的结构及工作原理

在电动汽车的应用中，笼型异步电机较为广泛，其结构简单、造价低、结构坚固，而且维护起来也很容易。

1. 交流异步电机的结构

交流异步电机由定子和转子这两大基本部分组成，在定子和转子之间有一定的气隙。此外，还有端盖、轴承、接线盒和风扇等其他附件。典型三相笼型交流异步电机结构如图 4-18 所示。

定子是用来产生旋转磁场的，在工作时是静止不动的。三相异步电机的定子一般由外壳、定子铁心、定子绕组等部分组成。转子是电机的旋转部分，切割定子旋转磁场产生感应电动势及电流，并形成电磁转矩而使电机旋转。转子由转子铁心和转子绕组组成。转子绕组是自成闭路的短路线圈。转子绕组不需外接电源供电，其电流是由电磁感应作用产生的。它有两种结构形式：笼型转子和绕线型转子。交流异步电机可分为笼型异步电机和绕线式异步电机。笼型异步电机由于构造简单、价格便宜、运行安全可靠、使用方便，因而成为使用最广泛的一种电机。

2. 交流异步电机的工作原理

在三相异步电机中，定子三相对称绕组中通入三相对称电流，交流电流变化一个周期，合成磁场在空间也旋转了一周。电流持续变化，磁场也不断地旋转，从而在电机中产生了旋转磁场。旋转磁场在气隙中以同步转速 n_1 旋转。根据电磁感应定律，转

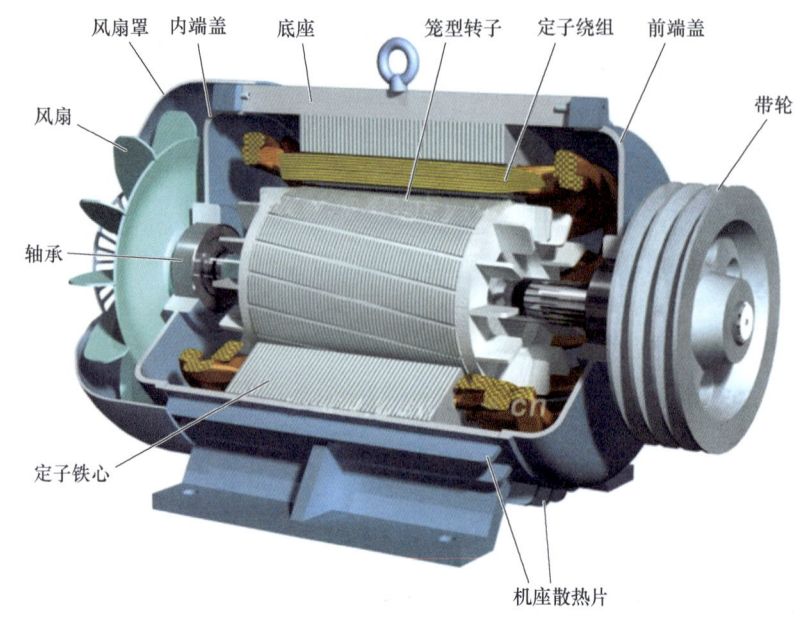

图 4-18 典型三相笼型交流异步电机结构

子导体受到旋转磁场的磁力线切割，就会在导体中产生感应电动势。在感应电动势的作用下，在导体中产生了感应电流。根据电磁力定律，当在磁场中与磁力线垂直方向上存在载流导体时，将受到电磁力的作用，电磁力将产生与旋转磁场方向相同的电磁转矩，转子在电磁转矩的作用下，以转速 n 克服阻力转动起来，转动方向与旋转磁场的旋转方向相同。

3. 交流异步电机的特性

交流异步电机成本低而且可靠性高，逆变器即便损坏而产生短路时也不会产生反电动势，所以不会出现急制动的可能性。因此，广泛应用于大型高速的电动汽车中。三相笼型异步电机的功率容量覆盖面很广，从零点几瓦到几千瓦。它可以采用空气冷却或液体冷却方式，冷却自由度高，对环境的适应性好，并且能够实现再生制动。与同样功率的直流电机相比较，效率较高，重量约要轻一半左右。在一般情况下，作为电动汽车专用的电机，由于安装条件是受限制的，而且要求小型轻量化，因而电机在 10 000r/min 以上的高速运转时，大多采用一级齿轮减速器实现减速。此外，由于振动等恶劣工作环境，低转速状态下需要高转矩，并且要求在较宽的速度范围内具有恒输出功率特性，所以电动汽车用异步电机与一般工业用的电机不同，因此在设计上采用了各种新的方法。

六、电机控制器结构及功能

根据 GB/T 18488.1—2006《电动汽车用电机及其控制器技术条件》对电机控制器的定义，电机控制器就是控制主牵引电源与电机之间能量传输的装置，由外界控制信号接口电路、电机控制电路和驱动电路组成。

1. 电机控制器主要功能

电机控制器主要功能包括车辆的怠速控制（爬行），控制电机正转（前进），控制电机反转（倒车），能量回收（交流转换直流）驻坡（防溜车）。电机控制器的另一个重要功能是通信和保护，实时进行状态和故障检测，保护驱动电机系统和故障反馈。电机控制器的核心元件如图 4-19 所示。

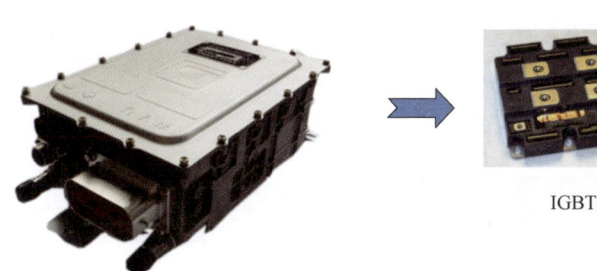

IGBT模块　　电流传感器

图 4-19　电机控制器的核心元件

电机控制器使用以下传感器来提供驱动电机系统的工作信息：

（1）电流传感器　电流传感器用以检测电机工作的实际电流（包括母线电流、三相交流电流）。

（2）电压传感器　电压传感器用以检测供给电机控制器工作的实际电压（包括动力电池电压、12V 蓄电池电压）。

（3）温度传感器　温度传感器用以检测电机控制系统的工作温度（包括 IGBT 模块温度、电机控制器板载温度）。

某车型驱动电机控制器的铭牌如图 4-20 所示。从电机的铭牌中可以看到电机型号、冷却方式、额定电压、最大输出电流等参数。

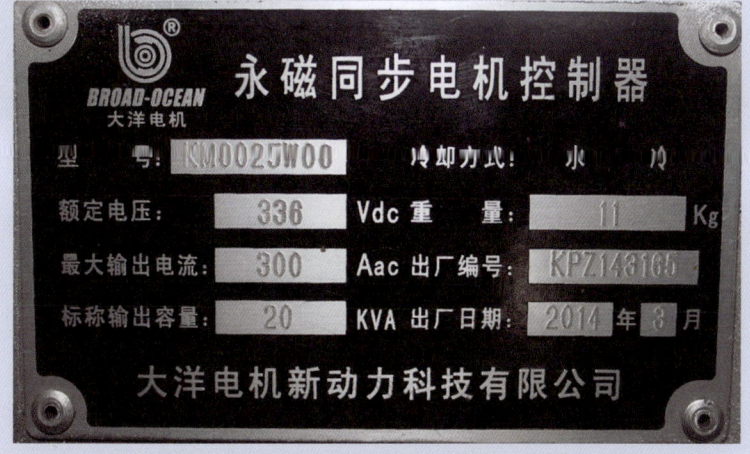

图 4-20　某车型驱动电机控制器的铭牌

2. 电机控制器结构

电机控制器结构主要由接口电路、控制主板、IGBT 模块（驱动）、超级电容、放电电阻、电流感应器和壳体水道等组成。某车型电机控制器的结构如图 4-21 所示。

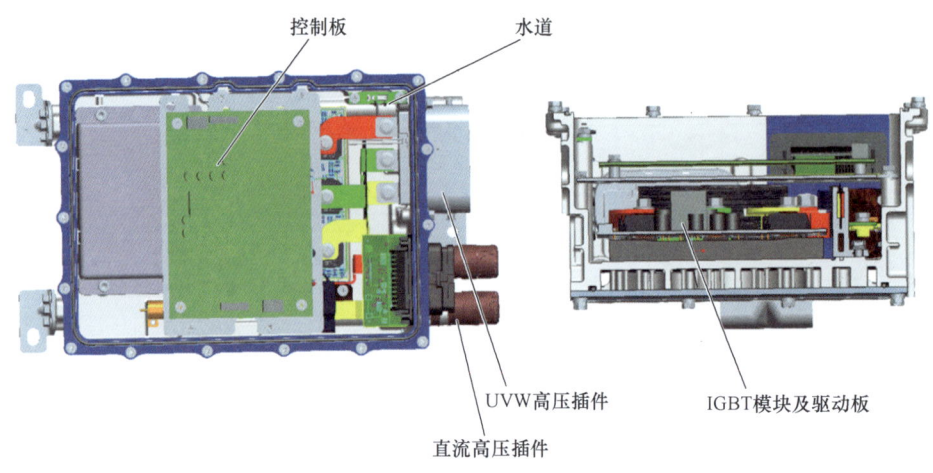

图 4-21 某车型电机控制器的结构

将电机控制器的外端盖打开可以看到内部的电气元件，图 4-22 所示为某电动车型电机的控制器内部的三相输出和直流高低压输入母线。

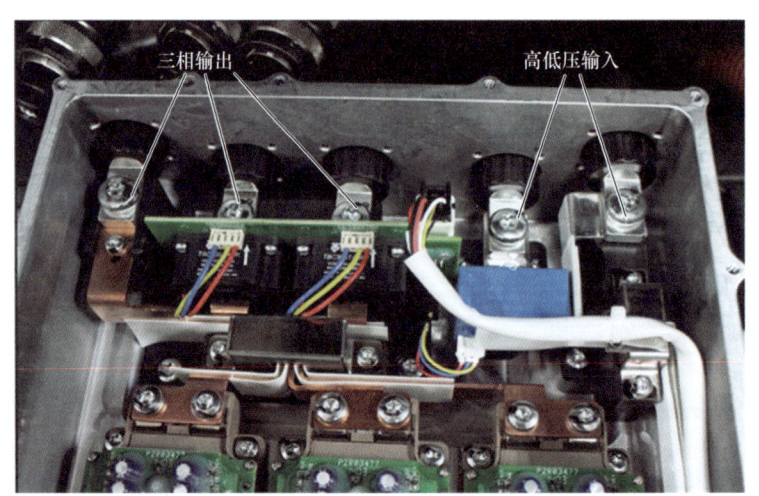

图 4-22 某电动车型电机的控制器内部的三相输出和直流高低压输入母线

电机控制器内部的超级电容、控制主板和接口电路如图 4-23 所示。控制主板的功能有与整车控制器通信，监测直流母线电流，控制 IGBT 模块，监控高压线束连接情况（2014 年前生产的车辆无此功能），反馈 IGBT 模块温度，旋变传感器励磁供电，旋变信号分析等。

电机控制器内部的 IGBT 模块和电流感应器如图 4-24 所示。IGBT 模块的功能有监测直流母线电压，将直流电转换交流电及变频，监测相电流的大小，监测 IGBT 模块温度，将交流电整流为直流电等。

电机控制器内部的电容与直流母线的连接和放电电阻如图 4-25 所示。超级电容接通高压电路时给电容充电，在电机起动时保持电压的稳定。放电电阻的作用是断开高

图 4-23　电机控制器内部的超级电容、控制主板和接口电路

图 4-24　电机控制器内部的 IGBT 模块和电流感应器

压电路时，通过电阻给电容放电。当放电电路故障，会报放电超时导致高压断电故障。

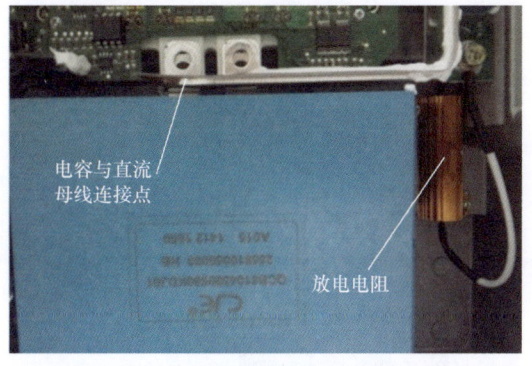

图 4-25　电机控制器内部的电容与直流母线的连接和放电电阻

七、电机的传感器

在电机上安装的传感器主要有电机温度传感器和测量电机转速的旋转变压器。

1. 电机温度传感器

电机温度传感器的作用是检测电机定子绕组的温度，并提供散热风扇起动的信号。某车型温度传感器为 PT1000 型热敏电阻，温度在 0 时阻值为 100Ω，温度每增加 1℃，阻值增加 3.8Ω。散热风扇起动温度值：45℃≤电机温度＜50℃时冷却风扇低速起动；电机温度≥50℃时，冷却风扇高速起动；电机温度降至 40℃时冷却风扇停止工作。图 4-26 所示为电机温度传感器。

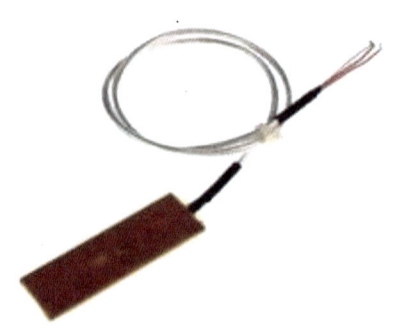

图 4-26 电机温度传感器

课堂练习：说一说旋转变压器与普通变压器的区别？

2. 旋转变压器

旋转变压器（Resolver/Transformer）安装在驱动电机上，是一种电磁式传感器，又称为同步分解器，用来测量旋转物体的转轴角位移和角速度。在电动汽车上，使用旋转变压器作为测量驱动电机的转速元件，并将转速信号传递给电机控制器。

（1）旋转变压器的工作原理　旋转变压器的工作原理和普通变压器基本相似，区别在于普通变压器的一次、二次绕组是相对固定的，所以输出电压和输入电压之比是常数。而旋转变压器的一次、二次绕组随转子的角位移发生相对位置的改变，因而其输出电压的大小随转子角位移而发生变化，输出绕组的电压幅值与转子转角成正弦、余弦函数关系，或保持某一比例关系。其中定子绕组作为变压器的一次侧，接受励磁电压。转子绕组作为变压器的二次侧，通过电磁耦合得到感应电压。旋转变压器的结构简图如图 4-27 所示。一次侧作为转子，二次侧作为定子。随着两者相对角度的变化，在输出侧就可以得到幅值变化的波形。旋变输出信号幅值随位置变化而变化，但频率不变。

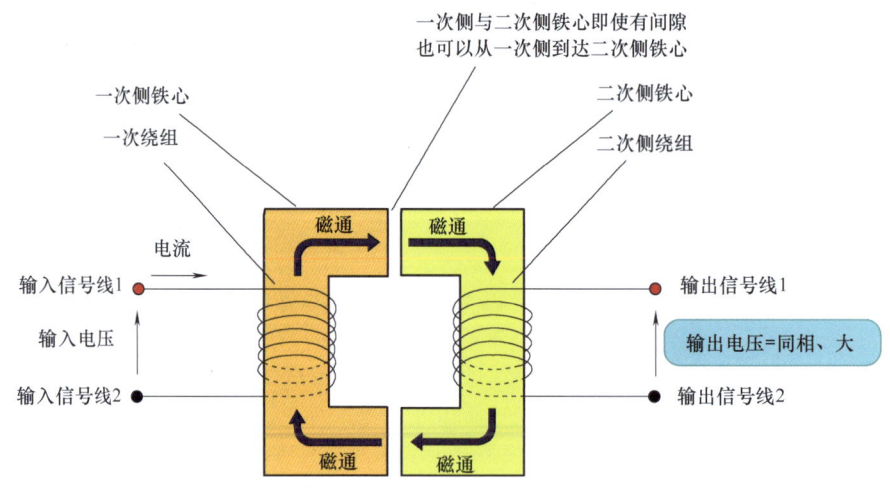

图 4-27 旋转变压器的结构简图

旋变的转动位置与输出电压的关系如图 4-28 所示。图 a 所示为在两线圈夹角为 0°时，输出电压的大小与输入电压的大小基本相同，频率也相同。图 b 所示为在两线圈夹角为 90°时，输出电压与输入电压相差最大，输出电压为 0。图 c 所示为在两线圈夹角为 0°～90°范围内时，输出电压小于输入电压但大于 0。图 d 所示为在两线圈相位差为 180°时，输出电压与输入电压相同，方向相反。

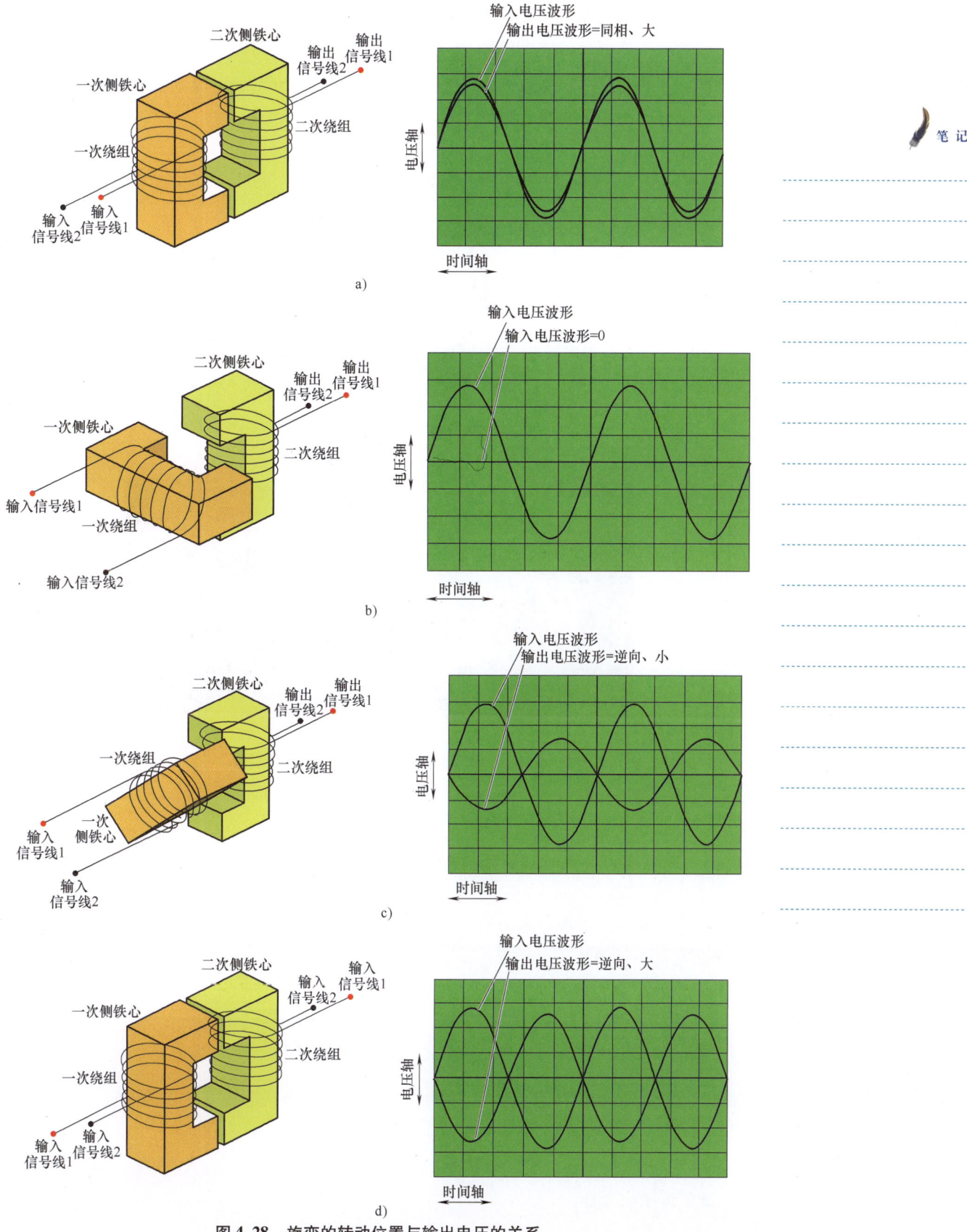

图 4-28 旋变的转动位置与输出电压的关系
a) 在两线圈夹角为 0° 时输出电压与输入电压的关系 b) 在两线圈夹角为 90° 时输出电压与输入电压的关系
c) 在两线圈夹角为 0°~90° 范围内时输出电压与输入电压的关系
d) 在两线圈相位差为 180° 时输出电压与输入电压的关系

（2）旋转变压器的结构　在电动汽车电机上应用的旋转变压器结构上分为线圈和信号齿圈两个部分。传感器线圈固定在壳体上，信号齿圈固定在转子上。传感器线圈由励磁、正弦和余弦三组线圈组成。旋转变压器的结构如图 4-29 所示。旋转变压器的转子和定子实物如图 4-30 所示。

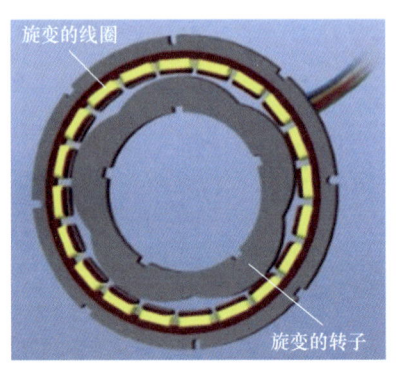

图 4-29　旋转变压器的结构

图 4-30　旋转变压器的转子和定子实物
a）旋转变压器的转子实物　b）旋转变压器的定子实物

八、驱动电机的更换

当电机损坏时需要更换电机，更换电机时要按照高压操作的规范进行。图 4-31 所示为某车型永磁同步电机的安装位置及其相关器件。

电动汽车 EV200
电机的拆解

1. 拆卸驱动电机的步骤

参考图 4-31 进行驱动电机的拆装。

1）将点火钥匙置于 OFF 档并关闭所有用电器，将钥匙拔下并妥善保管。
2）断开蓄电池低压负极电缆。
3）拧开散热器盖。
4）将车辆举升。
5）拆下发动机舱挡板。
6）在下方排放冷却液，并断开电机上的进出水管路。
7）拔下驱动电机上的低压线束。

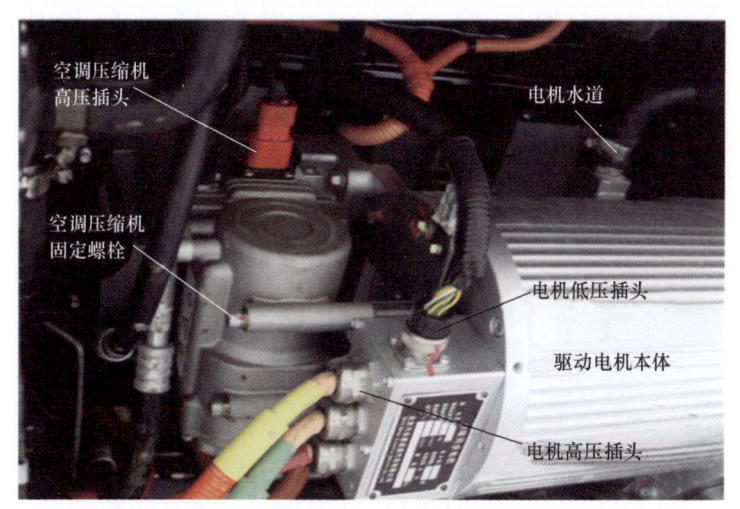

图 4-31　某车型永磁同步电机的安装位置及其相关器件

8）用专用工具拆下电机控制器的高压插头。

9）拆卸车轮。

10）拔下空调压缩机上的高低压插件，在电机上拆下空调压缩机的固定螺栓，将空调压缩机移动到远离电机的位置并固定。

11）拆卸制动钳总成并固定。

12）使用专用工具将驱动轴从制动盘中拔出。

13）用撬棍将驱动轴从变速器中撬出，拔出左右两个驱动轴。

14）拆卸固定驱动电机的悬架螺栓。

15）从车辆下方拆下驱动电机和减速器总成。

安装步骤与拆卸步骤相反。

2. 电机总成安装完成后的检查

1）当电机总成安装完成后，需进行如下检查：

2）水路系统安装正确性，是否有滴、漏水等异常情况。

3）各机械部件安装是否牢固。

4）各线缆所连接电源的极性是否正确。

5）各电气插接器连接是否到位，相应的插口或锁紧螺钉是否卡紧或拧紧。

6）各高、低压部件的绝缘性是否良好。

学习任务2 检修驱动电机控制系统故障

【学习目标】

1. 了解电机控制器的工作原理。
2. 掌握驱动电机系统的故障诊断方法。
3. 掌握旋转变压器的故障排除方法。
4. 了解驱动电机系统的故障分析。

【任务描述】

客户委托：检修驱动电机系统故障

一名客户的车辆在行驶几公里后会出现掉高压现象，即仪表显示动力电池故障指示灯亮，系统故障灯亮，车辆无法行驶。使用故障诊断仪读出故障码为 P0518（电机控制器欠电压故障），经确定故障在驱动电机系统，作为一名维修技师请你维修客户的车辆。

【知识准备】

一、电机控制器逆变原理

电机控制器作为整个驱动电机系统的控制中心，它由逆变器和控制器两部分组成。逆变器接收电池输送过来的直流电电能，逆变成三相交流电给汽车电机提供电源。图 4-32 所示为电机控制器组成框图。

某车型的逆变器内部电路如图 4-33 所示，由 6 个 IGBT 组成，每一相输出线和正负直流母线之间各连接一只 IGBT 功率管，连接正极母线的 IGBT 与输出端节点为上桥臂，连接负极母线的 IGBT 与输出端节点为下桥臂，每一相的上、下桥臂统称为半桥，6 个 IGBT 的序号一般为 $VD_1 \sim VD_6$。

图 4-34 所示为逆变器中 IGBT 工作时序图。为了能够将输入的直流电变成交流电，

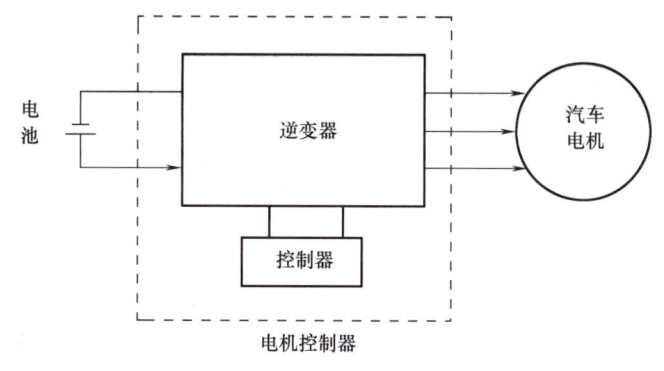

图 4-32　电机控制器组成框图

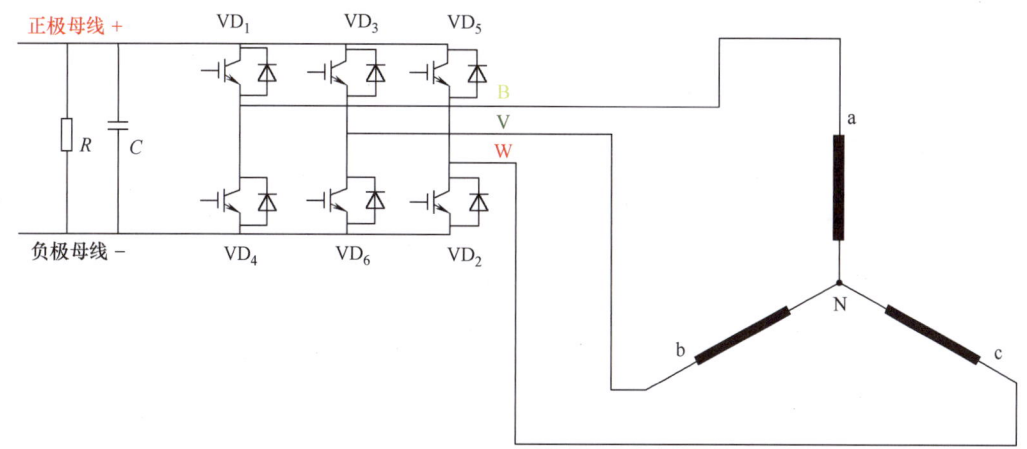

图 4-33　某车型的逆变器内部电路

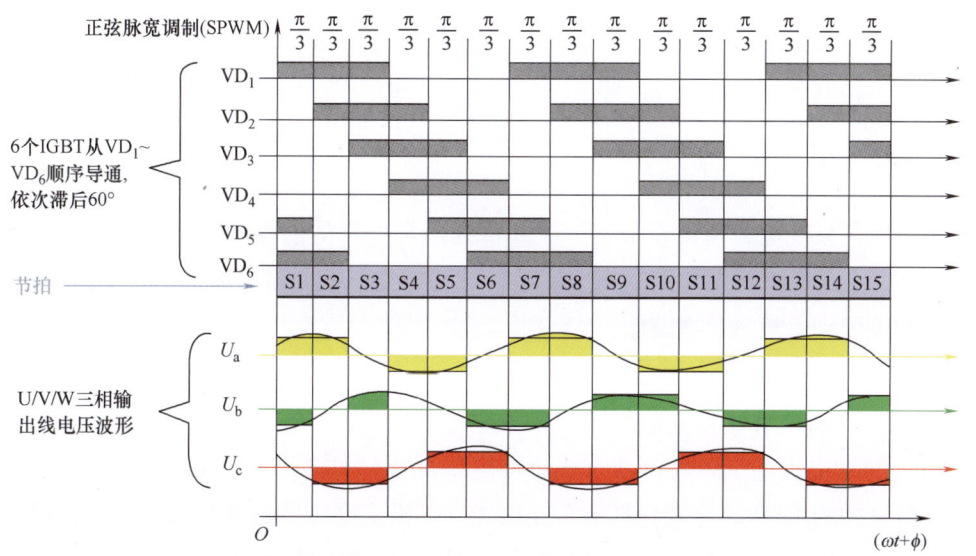

图 4-34　逆变器中 IGBT 工作时序图

6 个 IGBT 会从 $VD_1 \sim VD_6$ 依次间隔 60° 顺序导通或关断，U/V/W 三相的相位差为 120°，这也就意味着和第一相（U 相）上桥臂导通（或关断）时刻间隔 120° 的 IGBT 为第二相（V 相）的上桥臂，和第二相（V 相）上桥臂导通（或关断）时刻间隔 120° 的 IGBT 为第三相（W 相）的上桥臂，一个周期的正弦交流电所经过的角度是 360°

（2π），其中正半波经过 180°（π）会从第二象限进入第三象限，变为负半波并经过 180°（π）。当某一相的上桥臂导通区间内下桥臂是不可以导通的，也就是完全关断状态，上桥臂导通 180°后立刻关断，这视为此相的正半波。另外那一项在上桥臂关断时刻起导通并经过 180°（π）就为此相的下桥臂。

每一相间隔 120°的循环输出就会产生交流电了，连接永磁同步电机后就会建立旋转磁场，电机转子就可以旋转并对外做功。

二、驱动电机系统故障排除

驱动电机系统电路及端子说明

当驱动电机系统出现故障时，驱动电机控制器将故障信息发送给整车控制器。整车控制器根据电机、动力电池、DC/DC 等零部件故障和整车 CAN 网络故障及整车控制器硬件故障进行综合判断，确定整车的故障等级，并进行相应的控制处理。整车的故障等级分为四级，见表 4-2。

表 4-2 整车故障的四级划分

等级	名称	故障后处理
一级	致命故障	电机零转矩，1s 紧急断开高压，系统故障灯亮
二级	严重故障	二级电机故障，电机零转矩；二级电池故障，系统故障灯亮
三级	一般故障	进入如跛行工况/降功率，系统故障灯亮
四级	轻微故障	四级故障属于维修提示，但整车控制器不对整车进行限制，只仪表显示。四级能量回收故障，仅停止能量回收，行驶不受影响

当仪表报出驱动电机系统故障（一般情况不会显示具体故障，只报出"驱动电机故障""驱动电机过热"或者"驱动电机冷却液过热""超速"等），使用故障诊断仪读取由电机控制器报出的具体故障，并进行相应处理。

1. 驱动电机系统电路

驱动电机系统电路的良好状态是保证系统正常工作的前提。驱动电机系统电路包括电源电路、旋转变压器电路、高压电路和系统与整车控制器的通信电路。图 4-35 所示为某车型驱动电机系统电路图。

2. 驱动电机系统低压插件

（1）驱动电机低压插件　某车型驱动电机低压插件端子位置和形状如图 4-36 所示。低压插件为 19 针，主要包括旋转变压器、电机温度传感器和高低压互锁接口。检修电机低压插件时先确认插件是否连接到位，是否有"退针"现象。

某车型驱动电机低压插接器端子定义见表 4-3。

（2）驱动电机控制器低压插件　某车型驱动电机控制器低压插件端子实物及说明如图 4-37 所示。在检修电机控制器低压插件时先确认插件是否连接到位，是否有"退针"现象。

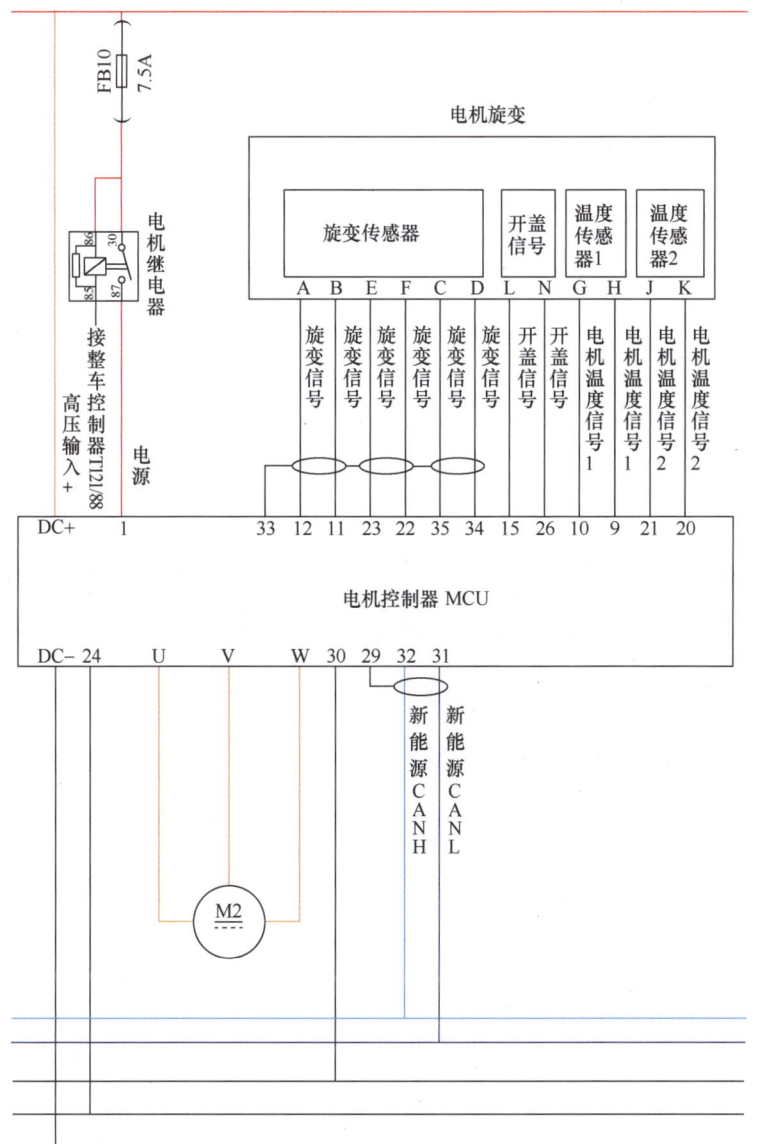

图 4-35 某车型驱动电机系统电路图

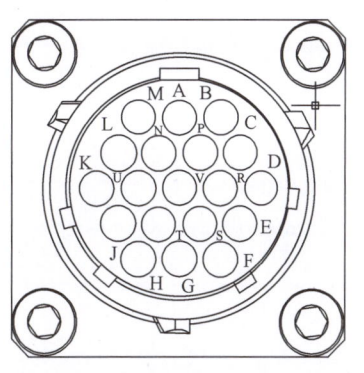

a) b)

图 4-36 某车型驱动电机低压插件端子位置和形状

a) 低压插件位置　b) 低压插件形状

表 4-3 某车型驱动电机低压插接器端子定义

插接器型号	编 号	信号名称	说 明
Amphenol RTOW01419PN03	A	励磁绕组 R_1	电机旋转变压器接口
	B	励磁绕组 R_2	
	C	余弦绕组 S_1	
	D	余弦绕组 S_3	
	E	正弦绕组 S_2	
	F	正弦绕组 S_4	
	G	TH_0	电机温度接口
	H	TL_0	
	L	HVIL1（+L1）	高低压互锁接口
	M	HVIL2（+L2）	

图 4-37 某车型驱动电机控制器低压插件端子实物及说明

驱动电机控制器低压插接器端子接口定义见表 4-4。

表 4-4 驱动电机控制器低压插接器端子接口定义

型 号	编 号	信号名称	说 明
AMP 35Pin C-776163-1	12	励磁绕组 R_1	电机旋转变压器接口
	11	励磁绕组 R_2	
	35	余弦绕组 S_1	
	34	余弦绕组 S_3	
	23	正弦绕组 S_2	
	22	正弦绕组 S_4	
	33	屏蔽层	
	24	12V_GND	控制电源接口
	1	12V+	
	32	CAN_H	CAN 总线接口
	31	CAN_L	
	30	CAN_PB	
	29	CAN_SHIELD	
	10	TH	电机温度传感器接口
	9	TL	
	28	屏蔽层	

(续)

型号	编号	信号名称	说明
AMP 35Pin C-776163-1	8	485 +	RS485 总线接口
	7	485 −	
	15	HVIL1（+L1）	高低压互锁接口
	26	HVIL2（+L2）	

3. 旋转变压器电路故障排除

在电机与控制器低压线束连接正确时，如果旋转变压器出现故障，一般分为两种情况：一种是旋转变压器本身故障，另一种为控制器旋变解码电路故障。不管哪一种故障，都将会导致电机系统无法起动或转矩输出偏小。

以某车型为例，检查电机旋转变压器是否损坏。首先检查电机控制器与电机连接低压线束无退针与虚接现象，检查电机控制器低压控制插件 12V 供电是否正常。

（1）检查线路的通断　根据电路图 X 脱开电机控制器插头测量电机旋变插头 35 的针脚至电机控制器针脚 19 针之间导线是否出现断路/短路情况。

（2）检查励磁绕组的电压　检查励磁绕组的电压，打开点火开关 ON 档测量插件端应有 3~3.5V 的交流电压。

（3）检查线圈的电阻值　用万用表测量电机旋变传感器的阻值。正确的线圈阻值如下：

1）正弦绕组阻值：拔下插件测量传感器端子应有 (60±10)Ω 电阻。
2）余弦绕组阻值：拔下插件测量传感器端子应有 (60±10)Ω 电阻。
3）励磁绕组阻值：拔下插件测量传感器端子应有 (30±10)Ω 电阻。

若线圈的阻值超出正常范围，需更换旋转变压器。若阻值正常，则可能是控制器内部旋变解码电路故障，需更换控制器主控板。

4. 驱动电机系统的故障分析

在检修驱动电机系统的故障时，首先使用诊断仪检查故障码，根据故障码的提示分析故障可能原因并进行线路和电气元件的检查。驱动电机系统常见故障及排除方案见表 4-5。

表 4-5　驱动电机系统常见故障及排除方案

序号	故障名称	故障码	故障可能原因	解决方法
1	电机控制器直流母线过电压故障	P114017	1）电机系统突然大功率充电 2）高压回路非正常断开	分析整车数据，如果总线电压报文与实际电压不相符，则需要检查高压供电回路、高压主继电器、高压插件有无异常

对驱动电机系统进行常规检查

(续)

序号	故障名称	故障码	故障可能原因	解决方法
2	电机控制器相电流过电流故障	P113119 P113519 P113619 P113719	1) 负载突然变化、旋变信号故障等导致电流畸变，比如动力电池或主继电器频繁通断	检查高压回路
			2) 控制器损坏（硬件故障）	更换控制器
			3) 控制器采集电压与实际电压不一致	标定电压，刷写控制器程序
3	电机超速故障	P0A4400	1) 整车负载突然降低，电机转矩控制失效	如重新供电不复现，不用处理
			2) 电机低压信号线插头连接松动或者退针	检查信号线插头
			3) 控制器损坏（硬件故障）	更换控制器
4	电机过温故障	P0A2F98	1) 电机低压信号线插头连接松动或者退针	检查信号线插头
			2) 冷却系统工作异常	检查冷却液是否充足，水泵是否正常工作，冷却管路是否堵塞或堵气
			3) 电机本体损坏（长时间过载运行）	更换电机
5	电机控制器IGBT过温故障	P117F98 P117098 P117198 P117298	同电机过温	同电机过温
6	电机控制器低压电源欠电压故障	U300316	12V蓄电池电压过低，或者由于35Pin线束原因，控制器低压接口电压过低	检查蓄电池电压，给蓄电池充电；检查控制器低压接口，测量35Pin插件24脚和1脚电压是否低于9V
7	与整车控制器通信丢失故障	U010087	1) 未收到整车控制器信号 2) 网络干扰严重 3) 线束问题	检查35Pin线束连接是否正常，检查CAN网络通信是否正常，或者更换控制器
8	电机系统高压暴露故障	P0A0A94	1) 电动机控制器电源模块硬件损坏 2) 软件与硬件不匹配 3) 网络上有部件报出高低压互锁故障引起	刷写程序或更换控制器
9	电机（噪声）异响		1) 电磁噪声（高频较尖锐） 2) 机械噪声，可能是来自减速器、悬架、电机本体（轴承）	1) 电磁噪声属正常 2) 排查确定电机本体损坏，更换电机

学习情景5

充电系统结构原理与检修

- 充电系统结构原理检修
  - 检修快充系统
    - 快充系统的结构组成
    - 快充系统的工作原理
    - 快充系统常见故障排除
  - 检修直流高压转低压故障
    - 高低压直流电转换系统
    - DC/DC变换技术
    - DC/DC转换器
    - 更换DC/DC转换器
    - 某车型上DC/DC转换器作原理
    - 高压转低压系统常见故障排除
  - 检修慢充系统
    - 慢充系统的结构组成
    - 慢充系统的工作原理
    - 慢充系统控制策略及流程
    - 慢充系统充电条件
    - 慢充系统常见故障排除

学习任务1 检修快充系统故障

【学习目标】

1. 能够说出快充系统的组成、作用及工作原理。
2. 能够说出快充系统的充电条件。
3. 能够正确诊断及排除快充系统故障。

【任务描述】

客户委托：排除"快充桩与车辆无法通信"故障

小王最近正在四处看房，刚接到中介公司的电话，说是有新登记的一处房源特别不错，如果有时间可以看看房。小王一听顿时来了精神，拿起车钥匙下了楼，可是看着40%的剩余电量小王不禁失望起来，于是赶快将车开到就近的充电站进行快充，结果不凑巧的事情又发生了：快充桩与车辆无法通信，小王又重复操作了几次，均存在同样的问题，于是将车开往离他3km的4S店进行维修。

【知识准备】

充电系统是纯电动汽车主要的能源补给系统，为保障车辆持续行驶提供动力能源。根据动力电池的实时状态进行控制启动充电和停止充电；并根据动力电池的电量、温度控制充电电流的调节和动力电池加热。

充电系统可分为常规充电和快速充电两种方式，也称为慢充和快充，车主可根据充电时长需求来选择充电方式。

一、快充系统的结构组成

快充系统一般使用工业380V三相电，通过功率变换后，直接将高压大电流通过动力电池高压线束给动力电池充电。

快充系统主要部件有：供电设备（快充桩）、快充口、快充线束、高压控制盒、动力电池高压线束、动力电池等。

快充系统充电流程如图 5-1 所示。

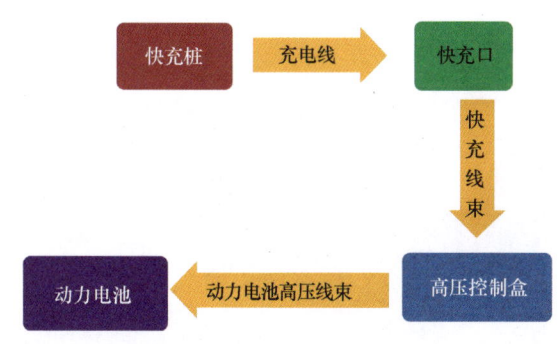

图 5-1　快充系统充电流程

快充系统组成

1. 供电设备——快充桩

> **小贴士**
>
> 　　随着电动汽车产业的快速发展，派生出了新兴产业——电动汽车充电站。充电站承担着为电动汽车动力电池提供电能的重要使命，高质量多功能的充电设备可以有效保护电池，监控电池工作状态，并为电池组提供最高效的充电方案。如果将电池比喻为电动汽车心脏，那么充电站就是这颗心脏健康工作的有力保障。

充电桩功能类似于加油站里面的加油机，可以固定在地面或墙壁，有分体式、便携式、壁挂式和一体式等几种形式，安装于公共建筑（公共楼宇、商场、公共停车场等）和居民小区停车场或充电站内，根据不同的电压等级为各种型号的电动汽车充电。充电桩的输入端与交流电网直接连接，输出端都装有充电插头用于为电动汽车充电。充电桩一般提供常规充电和快速充电两种充电方式，可以使用特定的充电卡在充电桩提供的人机交互操作界面上刷卡使用，进行相应的充电方式、充电时间、费用数据打印等设置，充电桩显示屏能显示充电量、费用、充电时间等数据。图 5-2 所示为纯电动汽车快充桩。

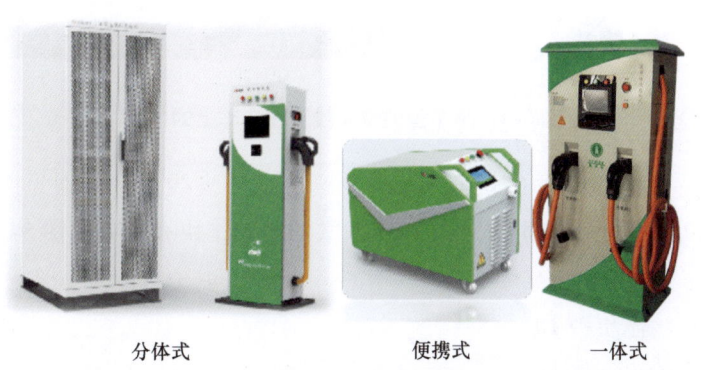

分体式　　　　便携式　　　　一体式

图 5-2　纯电动汽车快充桩

2. 快充口

快充口一般位于发动机舱盖前方车标内部，用于与充电线连接，如图 5-3 所示。

图 5-3　快充口

当快充口盖板打开时，仪表充电指示灯应常亮；当关闭快充口盖板时仪表充电指示灯应熄灭。如果快充口盖板出现问题，车辆无法正常起动。

注意事项

快充口盖上有高压警告标识，禁止随意触碰。

3. 快充线束

快充线束是连接快充口到高压控制盒之间的线束。某车型的快充线束在实车上的位置如图 5-4 所示。

图 5-4　某车型的快充线束在实车上的位置

快充线束一端连接车辆的快充口，另一端分成三支线束，分别为接高压控制盒的高压线束和整车低压线束，接车身搭铁点的搭铁线束，快充线束如图 5-5 所示。

1）接高压控制盒。

1 脚：高压输出负极 DC-。

2 脚：高压输出正极 DC+。

中间为互锁端子。

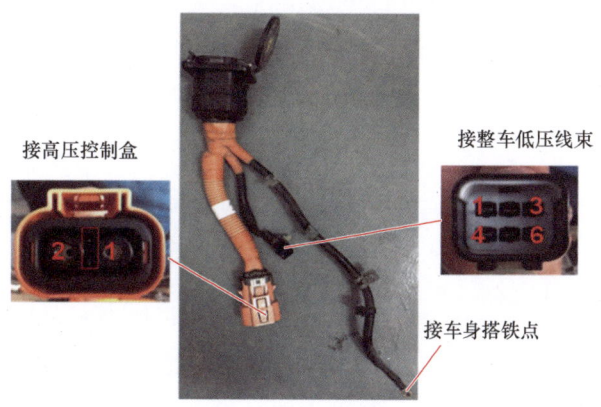

图 5-5 快充线束

2）接整车低压线束插件。

1 脚：低压辅助电源负极 A−。

2 脚：低压辅助电源正极 A+。

3 脚：快充连接确认线 CC_2。

4 脚：快充 CAN-H 信号 S+。

5 脚：快充 CAN-L 信号 S−。

6 脚：空。

3）PE（GND）车身搭铁点。

4）快充线束快充口端子定义如图 5-6 所示。

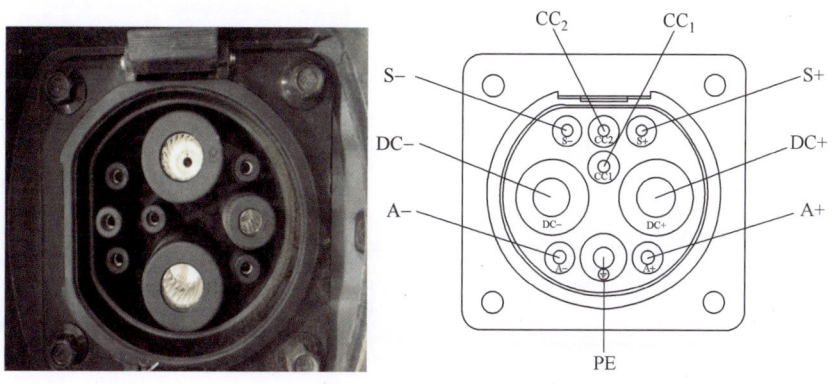

图 5-6 快充线束快充口端子定义

快充线束快充口端子定义如下：

DC−：高压输出负极，经过高压控制盒快充负继电器，输出到动力电池高压负极。

DC+：高压输出正极，经过高压控制盒快充正继电器，输出到动力电池高压正极。

PE（GND）：车身搭铁，接蓄电池负极。

A−：低压辅助电源负极，接蓄电池负极。

A+：低压辅助电源正极，为 12V 快充唤醒信号，经过熔丝 FB27。

CC_1：快充连接确认线，属内部电路，CC_1 与 PE 之间有一个 1000Ω 的电阻。

CC_2：快充连接确认线，接整车控制器 T121/17 脚。

S+：快充 CAN-H，与动力 BMS 及数据采集终端通信。

S-：快充 CAN-L，与动力 BMS 及数据采集终端通信。

BMS 与数据采集快充的 CAN-H 与 CAN-L 之间分别串联了一个 120Ω 的电阻，如图 5-7 所示。从快充口测量 S＋与 S－之间的阻值应为两个 120Ω 电阻的并联值，即 60Ω。

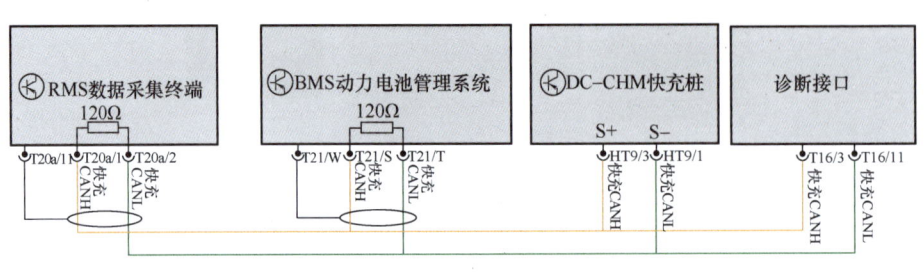

图 5-7　快充电阻

图 5-8 所示为快充口与相关部件之间的线路连接电路原理图。

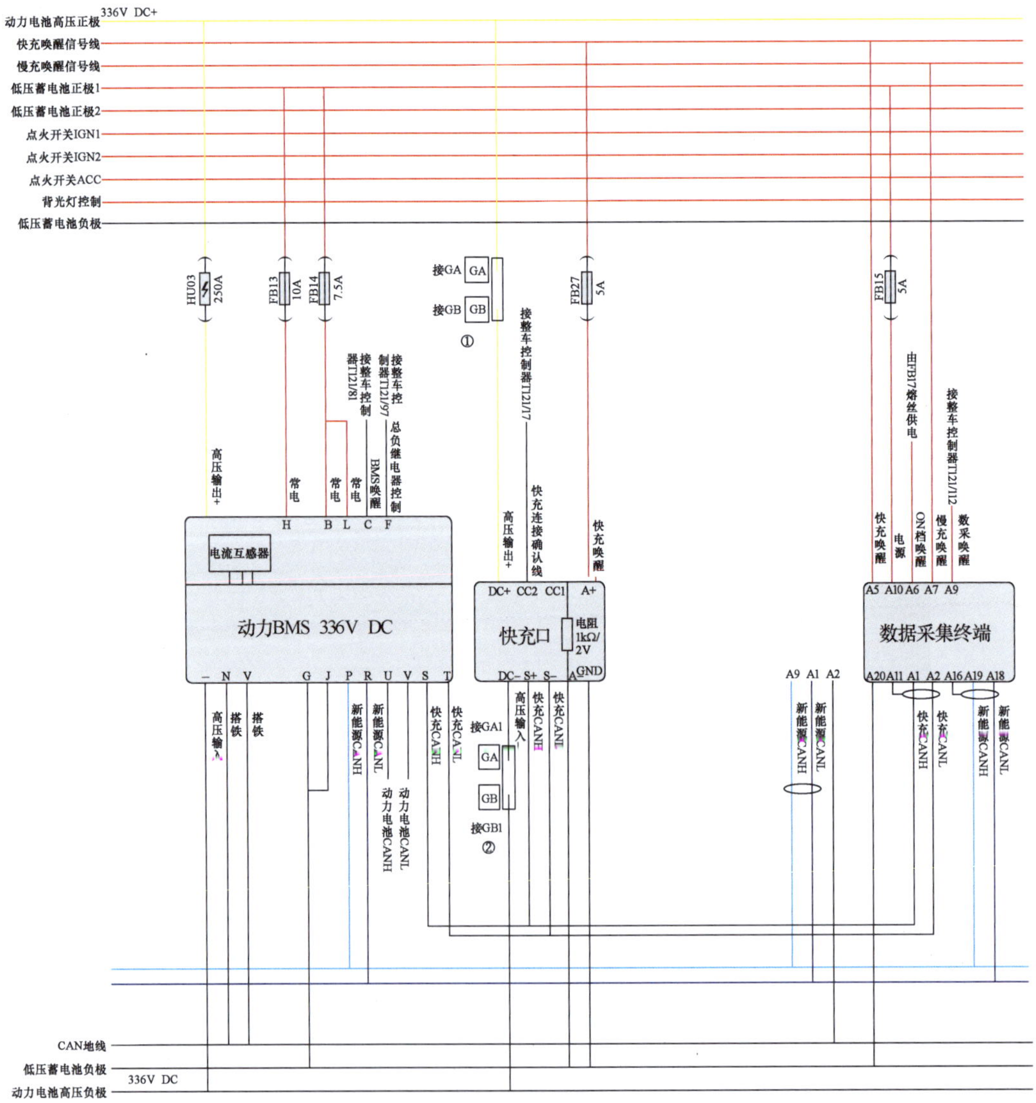

图 5-8　快充口与相关部件之间的线路连接电路原理图

如整车处于 ON 档有高压时，需先进行高压断电后再进行充电。快充时 12V 充电唤醒信号给充电桩、整车控制器、数据采集终端、仪表等，整车控制器唤醒 BMS。在充电过程中，整车控制器实时监控充电过程，对异常情况进行紧急充电停止，以及部分信息的仪表显示、监控平台信息上传。

4. 高压控制盒

高压控制盒是完成动力电池电源的输出及分配，实现对支路用电器的保护及切断。高压控制盒在实车上的位置如图 5-9 所示。

图 5-9　高压控制盒在实车上的位置

（1）外部接口　高压控制盒的前后有多个插件，分别表示不同的含义，连接不同的线束。

1）快充线束插件。快充线束插件连接快充线束，其端口定义如图 5-10 所示。

快充线束插件端子定义如下：

1 脚：高压输出负极。

2 脚：高压输出正极。

3、4 脚：到盒盖开关，为互锁信号线。

2）低压控制端插件。低压控制端插件连接低压控制线束，其端口定义如图 5-11 所示。

图 5-10　快充线束插件端口定义　　图 5-11　低压控制端插件端口定义

低压控制端插件端子定义如下：

1 脚：快充继电器线圈正极。

2 脚：快充负极继电器线圈控制端。

3 脚：快充正极继电器线圈控制端。

4 脚：空调继电器线圈正极。

5 脚：空调继电器线圈控制端。

6 脚：PTC 控制器_ GND。

7 脚：PTC 控制器 CAN-L。

8 脚：PTC 控制器 CAN-H。

9 脚：PTC 温度传感器负极。

10 脚：PTC 温度传感器正极。

11 脚：互锁信号线，接车载充电机。

3）高压附件线束插件（俗称 8 芯）。高压附件线束插件连接高压附件线束，连接高压盒到 DC/DC、车载充电机、空调压缩机、空调 PTC 等，其端口定义如图 5-12 所示。

图 5-12　高压附件线束插件端口定义

高压附件线束插件端子定义如下：

A 脚：DC/DC 电源正极。

B 脚：PTC 电源正极。

C 脚：压缩机电源正极。

D 脚：PTC-A 组负极。

E 脚：充电机电源正极。

F 脚：充电机电源负极。

G 脚：DC/DC 电源负极。

H 脚：压缩机电源负极。

J 脚：PTC-B 组负极。

L 脚：互锁信号线。

K 脚：空引脚。

4）动力电池线束插件。动力电池线束插件连接动力电池高压线束，其端口定义如图 5-13 所示。

动力电池线束插件端子定义如下：

图 5-13　动力电池线束插件端口定义

A 脚：高压输出负极。

B 脚：高压输出正极。

C、D 脚：互锁信号线。

5）电机控制器线束插件。电动机控制器线束插件连接电机控制器高压线束，其端口定义如图 5-14 所示。

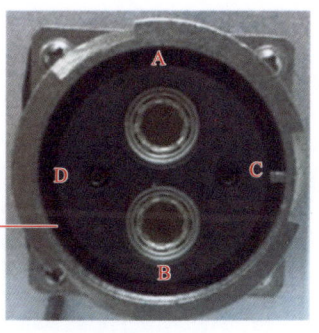

图 5-14　电动机控制器线束插件端口定义

电机控制器线束插件端子定义如下：

A 脚：高压输出负极。

B 脚：高压输出正极。

C、D 脚：互锁信号线。

（2）高压控制盒内部结构　高压控制盒内有 PTC 控制板、PTC 熔断器、空调压缩机熔断器、DC/DC 熔断器、车载充电机熔断器和快充继电器等。熔断器烧断，则无电流输出，快充继电器不闭合，则无法快充，起到保护高压附件的作用。

图 5-15 所示高压控制盒及其相关部件连接关系电路原理图。高压控制盒内的快充继电器有两个，为快充正极继电器和快充负极继电器。当点火开关打到 ON 档，ON 档继电器闭合，12V 电源经 SB01 和 FB02 熔丝到达快充正极继电器和快充负极继电器线圈的一端，整车控制器控制线圈另一端搭铁，继电器闭合，高压直流电经快充继电器由高压控制盒的动力电池线束插件输出到动力电池。

146 电动汽车结构原理与检修

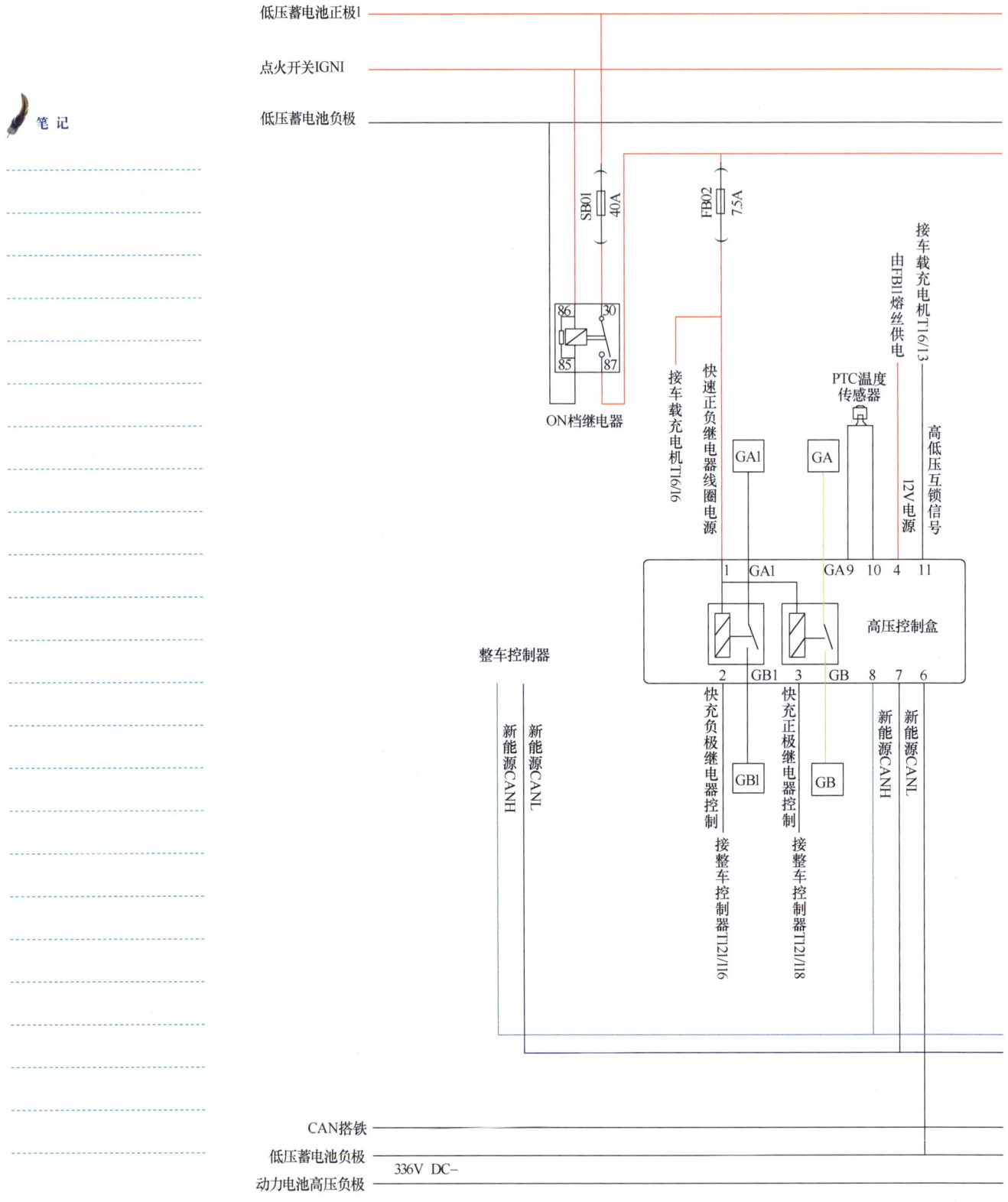

图 5-15 高压控制盒及其相关部件连接关系电路原理图

> **注意事项**
>
> 纯电动汽车上的高压线束为橘黄色，低压线束为黑色，操作时禁止随意触碰高压线束。部件各端口定义中的针脚标号如 S+、S−、A+、A− 等在线束及插件上都有标注。

5. 高低压互锁信号线路

说一说：高低压互锁与高压安全的关系。

互锁电路的作用是监测高压线束的连接情况，当某个高压插件未插到位，动力电池则切断高压电源。

1）整车在高压供电前确保整个高压系统的完整性，使高压处于一个封闭的环境下工作，提高安全性。

2）当整车在运行过程中高压系统回路断开或者完整性受到破坏的时候，需要启动安全防护。

3）防止带电插拔高压插接器给高压端子造成的拉弧损坏。

图 5-16 所示为高低压互锁的元件图。

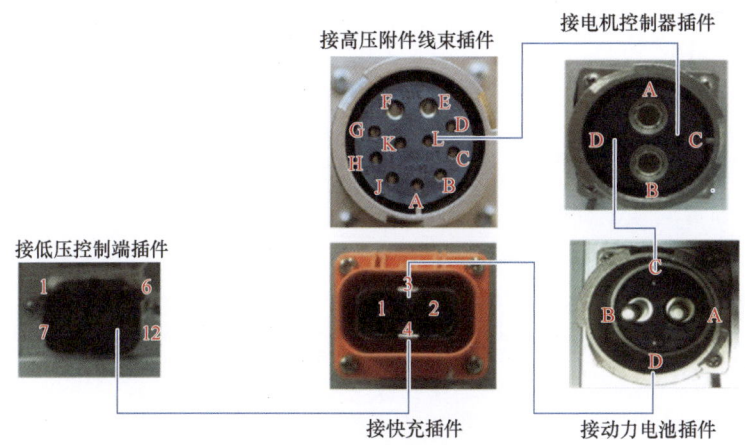

图 5-16　高低压互锁的元件图

高低压互锁常见问题有某个高低压插件互锁端子缺失或退针、未插或未插到位，常见问题如图 5-17 所示。

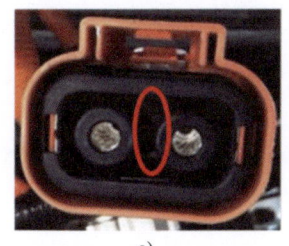
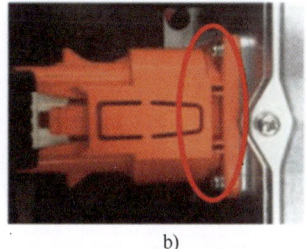

　　　　a)　　　　　　　　　　　b)　　　　　　　　　　　c)

图 5-17　高低压互锁故障

a）高压插件互锁端子缺失或退针　b）高压插件未装配到位　c）高压控制盒盖开关端子损坏

二、快充系统的工作原理

1. 快充系统工作原理图

图 5-18 所示为快充系统工作原理。图中 K_1、K_2 为充电桩高压正、负继电器；K_3、K_4 为充电桩低压唤醒正、负继电器，供电输出给车辆控制器 K_5、K_6 为电池高压正、负

继电器；检测点 1 即 CC_1 为充电桩检测快充插头与车辆连接状态识别信号；检测点 2 即 CC_2 为车辆控制器检测快充插头与车辆连接状态识别信号。

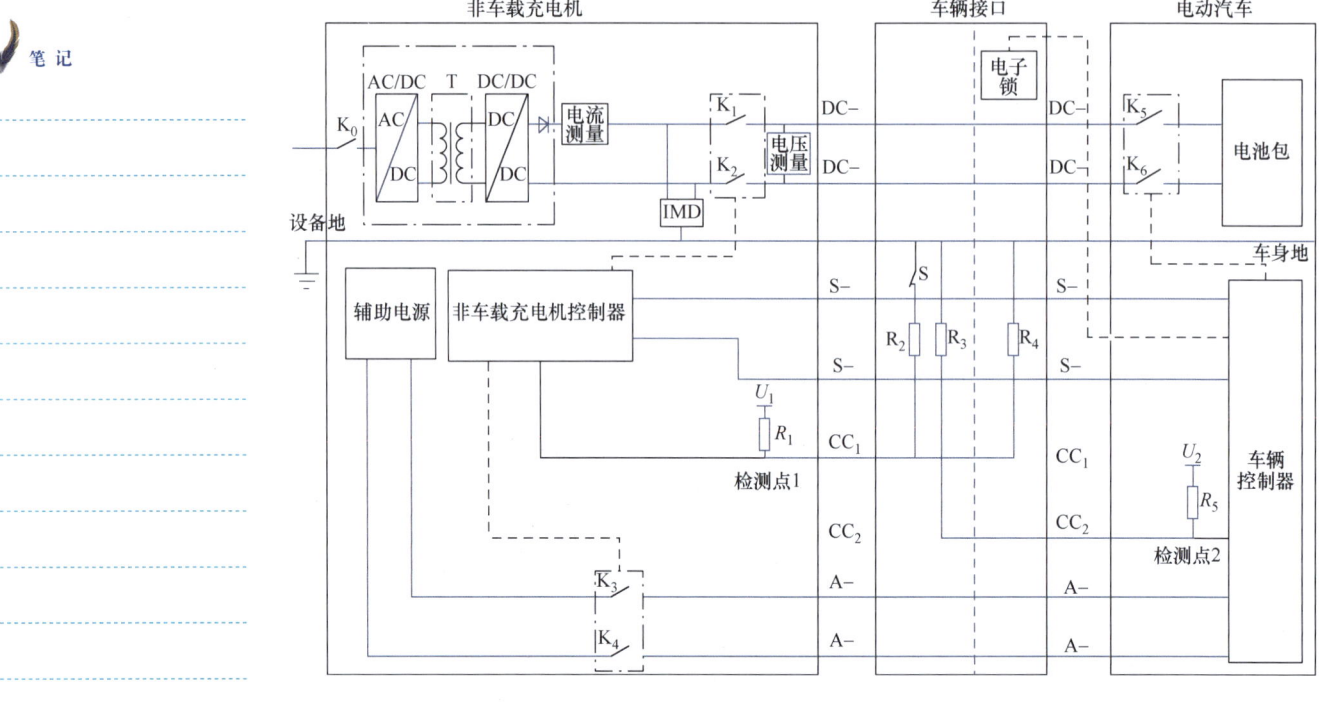

图 5-18 快充系统工作原理

当 CC_1、CC_2 两个检测点检测到的电压值符合要求之后，即认为充电桩与车辆可靠连接，K_3、K_4 继电器闭合，充电桩输出 12V 低压唤醒电源到车辆控制器，两者进行身份辨认，握手成功之后，整车控制器报送动力电池的充电需求，充电桩报送供电能力，二者匹配。整车控制器和 BMS 控制 K_5、K_6 闭合，充电桩控制 K_1、K_2 闭合，即进入充电阶段，整车控制器发送充电请求及充电状态报文，充电桩反馈充电机状态报文，当车辆及充电桩判定充电结束之后，断开 K_1、K_2、K_5、K_6，充电截止，断开 K_3、K_4，充电完成。

2. 快充系统充电条件

结合动力电池相关知识以及快充原理图可以得出，快充系统完成正常充电需要满足以下条件：

1）充电连接确认信号 CC_1、CC_2 正常。

2）BMS 供电电源 12V 正常。

3）充电唤醒信号 12V 输出正常。

4）充电桩、整车控制器、BMS 之间通信正常。

5）5℃ < 动力电池电芯温度 < 45℃。

6）单体电池最高电压与最低电压差 < 300mV。

7）单体电池最高温度与最低温度差 < 15 ℃。

8）绝缘性能 > 500Ω/1V。

9）实际单体最高电压不大于额定单体电压 0.4V。

10）高、低压电路连接正常（远程开关关闭状态）。

三、快充系统常见故障排除

1. 常见故障

（1）快充桩与车辆无法通信　快充桩与车辆无法通信的主要原因有唤醒线路熔丝损坏，搭铁点搭铁不良，快充枪、快充口、快充线束、低压电器盒、整车控制器、动力电池低压控制插件等部件的低压辅助电源针脚、连接确认针脚、快充 CAN 针脚等损坏、退针、烧蚀、锈蚀，动力电池和数据采集终端快充 CAN 总线间的电阻不符合。

（2）快充桩与车辆通信正常但无充电电流　快充桩与车辆通信正常但无充电电流的主要原因有高压控制盒快充继电器线路熔丝损坏、主熔丝损坏、低压电器盒损坏、高压控制盒损坏、快充线束损坏，动力电池 BMS 快充唤醒失常。

2. 故障排除思路

排除"快充桩与车辆无法通信"故障，首先检查线路连接情况，然后检查快充系统各部件低压辅助电源、连接确认信号、快充 CAN 线路等的针脚情况以及电压、电阻等是否符合要求。排除"快充桩与车辆通信正常无充电电流"故障时，显然没有了低压通信的问题，应检查高压供电线路的熔丝、线束、继电器等有无问题，检查动力电池与高压控制盒连接插件的电压，检查动力电池 BMS 快充唤醒信号是否正常，检查高压控制盒快充连接端子电压是否正常，有电压则联系动力电池厂家售后对动力电池检测，无电压则更换高压控制盒。

3. "快充桩与车辆无法通信"的故障排除

以某电动车为例，通过图 5-18 检修"快充桩与车辆无法通信"的故障思路如下：

（1）检查快充桩与快充口连接是否良好　检查车辆快充口各连接端子有无损坏；快充口和快充枪有无烧蚀和锈蚀现象；快充口 PE 端与车身搭铁是否导通（标准阻值为 0.5Ω 以下）；快充口 CC_1 与 PE 之间的阻值是否符合要求，阻值应为 $(1000\pm50)\Omega$。

（2）检测充电唤醒信号是否正常　如未唤醒可能是唤醒线路熔丝 FB27 损坏、快充口及快充线束损坏、低压电器盒损坏，应逐步检查熔丝电阻、熔丝电压（12V）；快充口 A+ 与快充线束 A+、低压电器盒 A_5 是否导通，如不导通，更换或维修。

（3）检查车辆端连接确认信号是否正常　如快充唤醒信号及相关线束都正常，车辆仍旧不能通信连接，则对车辆端连接确认信号进行检测。可能是快充口及快充线束损坏、整车控制器针脚损坏、动力电池低压控制插件损坏，应逐步检查快充口 CC_2 与快充线束 CC_2、整车控制器插件 17 针是否导通，检查快充口 S- 与快充线束整车低压线束插件 S- 是否导通；检查快充口 S+ 与快充线束整车低压线束插件 S+ 是否导通；如不导通，更换或维修；检查快充线束 S+ 与 S- 之间的阻值应为 $(60\pm5)\Omega$；检查快充线束整车低压线束插件 S- 与动力电池低压插件 T 针及数据采集终端插件 2 针是否导通，阻值应小于 0.5Ω；检查快充线束整车低压线束插件 S+ 与动力电池低压插件 S

针及数据采集终端插件 1 针是否导通，阻值应小于 0.5Ω；断开快充线束与数据终端和动力电池低压插件，检查快充线束整车低压线束插件 S + 与 S - 之间的阻值应为无穷大，分别检查动力电池和数据采集终端快充 CAN 总线间的电阻，应该都为 120Ω，若不是，应更换或维修，检查快充线束整车低压线束插件 A - 与车身搭铁是否导通，若不导通，应更换或维修。

学习任务2　检修慢充系统故障

【学习目标】

1. 能够说出慢充系统的组成、作用及工作原理。
2. 能够说出慢充系统的充电条件。
3. 能够正确诊断及排除慢充系统的故障。
4. 能够正确更换车载充电机。

【任务描述】

客户委托：排除"车载充电机与充电桩连接"故障

小李在北京上班，想买一辆车作为代步工具，苦于一直没有摇上号而无法购车，据说买新能源汽车中签率较高，于是他果断下手购入一辆 EV200。一天，小李接到朋友电话约他第二天外出游玩，于是他兴冲冲地开着爱车去充电，可是操作了几次也没有成功，系统提示车载充电机与充电桩连接故障，小李只好将爱车开往附近的 4S 店进行维修。

【知识准备】

一、慢充系统的结构组成

慢充系统使用交流 220V 单相民用电，通过车载充电机整流变换，将交流电变换为高压直流电给动力电池供电。

慢充系统主要部件有供电设备、慢充口、慢充线束、车载充电机、高压控制盒和动力电池等。

慢充系统充电流程如图 5-19 所示。

1. 供电设备

慢充系统的供电设备主要有慢充桩——充电线（图 5-20）、家用交流慢速充电线

慢充系统组成

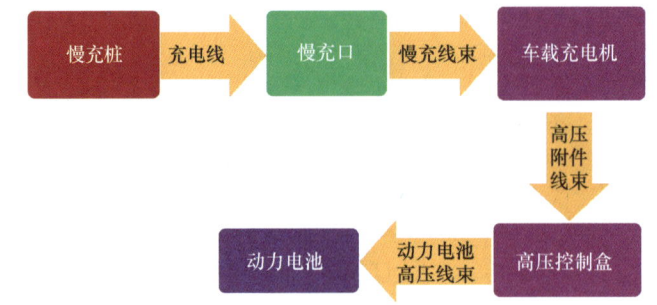

图 5-19 慢充系统充电流程

（又称为充电宝）、直接供电等几种形式，因直接供电无安全保护装置，故一般不采用。

图 5-20 慢充充电

（1）慢充桩——充电线　2014 年及以后生产的纯电动车辆随车配备双弯头充电线总成，该类型充电线分为 16A 和 32A 两种，如图 5-21 所示。

（2）充电宝　三相端接家用三相插座，另一端接车辆慢充口，如图 5-22 所示。

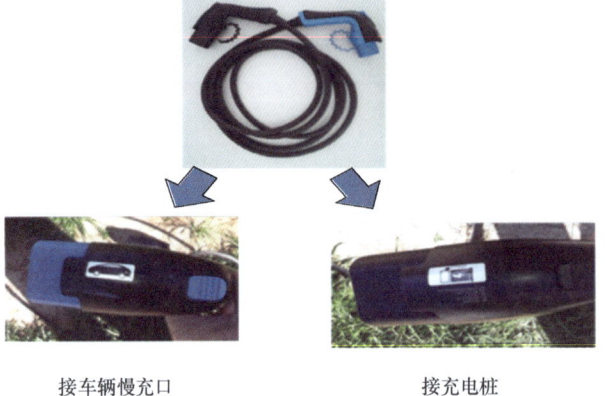

图 5-21 充电线

图 5-22 充电宝

> **注意事项**
>
> 家用电源插座负荷必须达到 16A 并带有搭铁功能。

2. 慢充口

目前，新能源车辆的慢充口大多数在传统汽车的加油口位置，用于连接慢充桩——充电线，如图 5-23 所示。

图 5-23　慢充口

3. 慢充线束

连接慢充口与车载充电机之间的线束，其作用为将慢充桩输入的 220V 交流电输送到车载充电机。慢充线束在实车上的位置如图 5-24 所示。

图 5-24　慢充线束在实车上的位置

慢充线束的一端接车载充电机"交流输入端"（详见"车载充电机"），其端口定义如图 5-25 所示。

慢充线束接车载充电机端子定义如下：

1 脚：交流电源 L。

2 脚：交流电源 N。

3 脚：PE 车身搭铁。

4 脚：空。

5 脚：慢充连接确认线 CC。

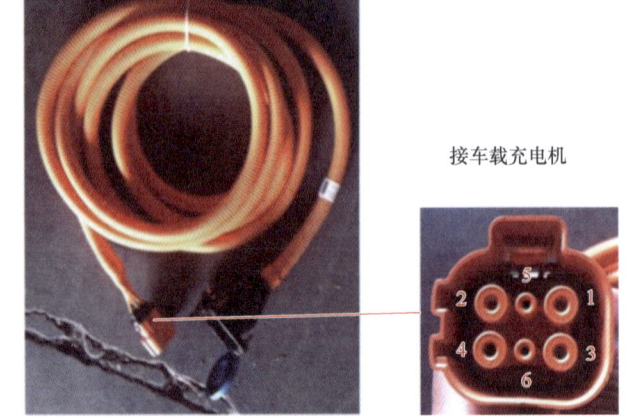

图 5-25　慢充线束接车载充电机端子

6 脚：慢充控制确认线 CP。

慢充线束的另一端为慢充口，其端口定义如图 5-26 所示。

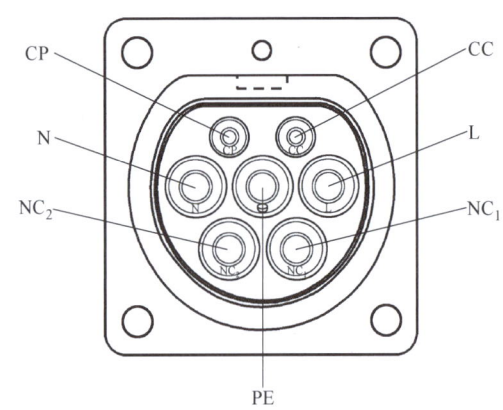

图 5-26　慢充线束慢充口端

慢充线束慢充口端子定义如下：

CP：慢充控制确认线。

CC：慢充连接确认线。

N：交流电源。

L：交流电源。

PE：车身搭铁。

4. 车载充电机

车载充电机的作用是将输入的 220V 交流电转换为动力电池所需的 290～420V 高压直流电，实现电池电量的补给，在工作过程中需要协调充电桩、BMS 等部件。车载充电机有风冷和水冷两种冷却形式，相对于传统工业电源，车载充电机具有效率高、体积小、耐受恶劣工作环境等特点。车载充电机的外观如图 5-27 所示。

1）交流输入端。连接慢充线束的一端，将 220V 交流电通过线束输入车载充电机，各脚定义见"慢充线束"。

图 5-27 车载充电机的外观

（图中标注：低压控制端　直流输出端　交流输入端）

2）直流输出端。通过高压附件线束将转换后的动力电池所需的 290～420V 高压直流电送往高压控制盒，其端口定义如图 5-28 所示。

车载充电机直流输出端口定义如下：

A 脚：高压输出负极。

B 脚：高压输出正极。

3）低压控制端其端口定义如图 5-29 所示。

图 5-28　车载充电机直流输出端

图 5-29　车载充电机低压控制端

车载充电机低压控制端子定义如下：

1 脚：新能源 CAN-L。

2 脚：新能源 CAN_GND。

5 脚：高低压互锁信号，接空调压缩机控制器 T6k/3 针脚。

8 脚：蓄电池负极 GND。

9 脚：新能源 CAN-H。

11 脚：CC 信号输出，接整车控制器 T121/36 针脚。

13 脚：高低压互锁信号，接高压控制盒 T12/11 针脚。

15 脚：12V 慢充唤醒信号。

16 脚：12V 常电，经由 FB02 熔丝供电。

其他脚：空。

图 5-30 所示为车载充电机及其相关部件电路连接原理图。

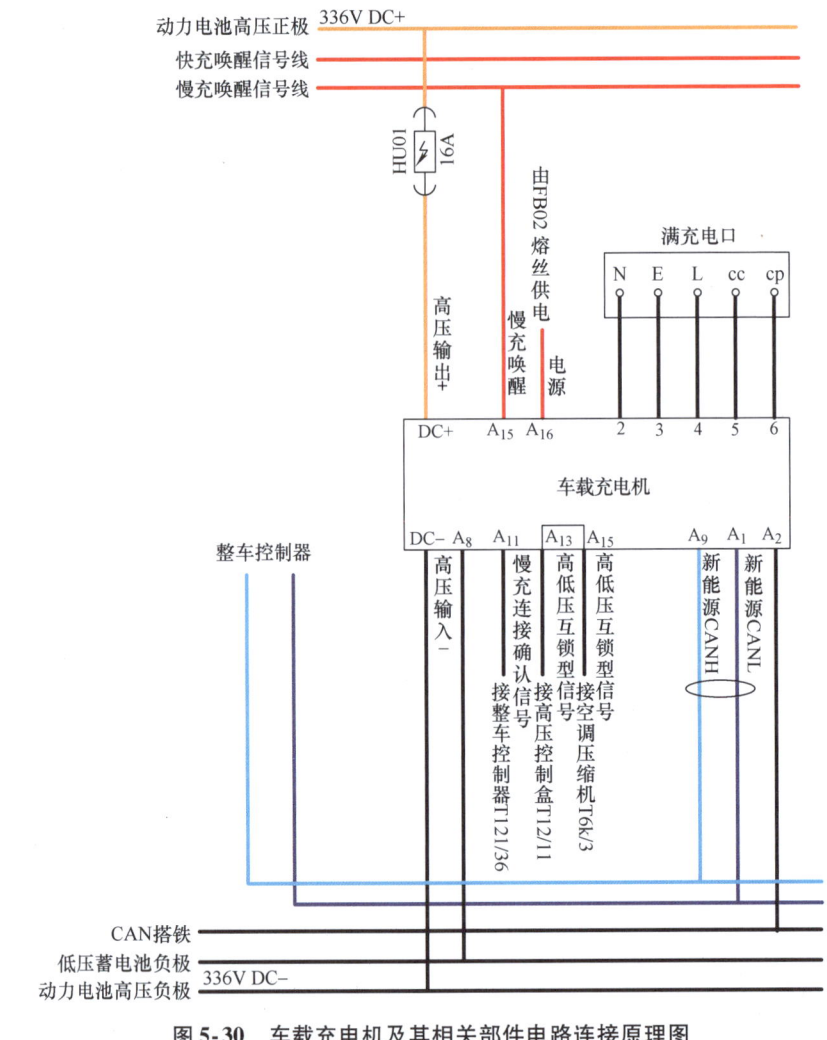

图 5-30 车载充电机及其相关部件电路连接原理图

4）车载充电机工作状态。车载充电机上共有三个指示灯，如图 5-31 所示。对车辆进行充电时，应查看指示灯是否正常。

图 5-31 车载充电机指示灯

① POWER 灯：电源指示灯，当接通交流电后该指示灯亮。
② RUN 灯：充电指示灯，当充电机接通电池进入充电状态后该指示灯亮。
③ FAULT 灯：报警指示灯，当充电机内部有故障时该指示灯亮。

当充电正常时，POWER 灯和 RUN 灯点亮；当起动半分钟后仍只有 POWER 灯亮时，有可能为电池无充电请求或已充满；当 FAULT 灯点亮时，则说明充电系统出现异常；当三个灯都不亮时，检查充电桩以及充电线束及插接件。

5. 更换车载充电机步骤

> **注意事项**
> 操作前戴好安全帽、防护眼镜、绝缘手套，穿好绝缘鞋。拔下线束插头前，确保高压电断开。

1）将点火开关打到 OFF 位置。
2）断开蓄电池负极线束，如图 5-32 所示。

图 5-32 断开蓄电池负极线束

3）拔下车载充电机上的低压和高压线束插头，如图 5-33 所示。

图 5-33 拔下车载充电机上的高低压线束插头

> **注意事项**
>
> 当拆卸高压线束时,应按下线束插头上的锁扣,然后拔下线束插头,禁止生拉硬拽;当安装线束时,听到"啪嗒"的声响即表示安装到位。

4)拧下固定车载充电机的六角头螺栓,如图 5-34 所示。

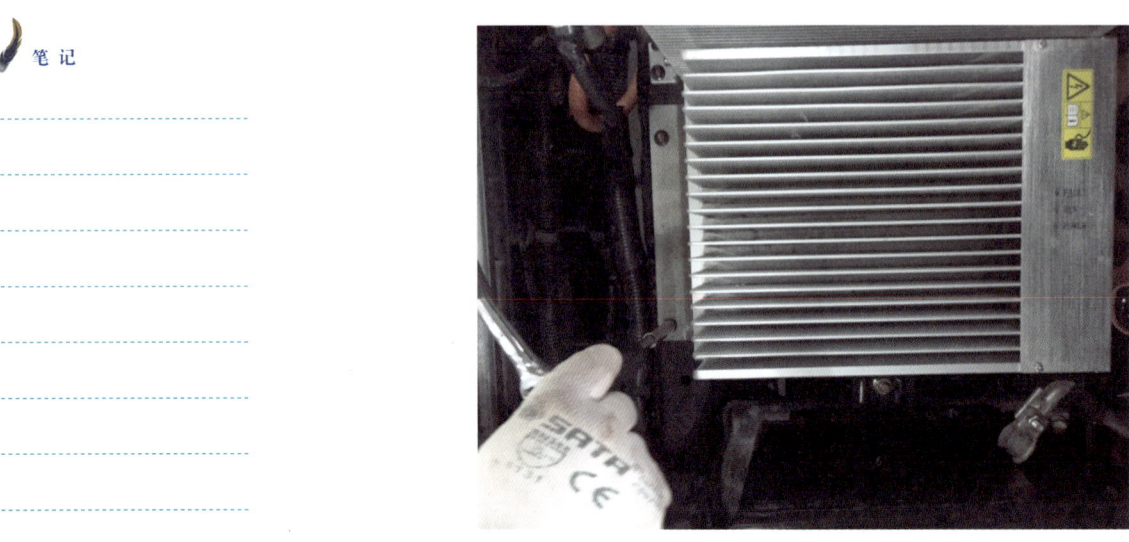

图 5-34 拆卸车载充电机固定螺栓

> **注意事项**
>
> 当拆卸螺栓时,严格按照对角卸力的顺序进行。

5)按拆卸的相反顺序装复车载充电机。

6)接上蓄电池负极线束。

7)将点火开关打到 ON 位置,如果更换正确,仪表盘上显示"Ready"。

二、慢充系统的工作原理

慢充系统工作原理如图 5-35 所示。

1)当车辆插头与车辆插座插合后,充电桩通过测量检测点 4 电压值来判断供电插头与插座是否完全连接,车辆控制装置通过测量 R_c 电阻值来确认车辆接口是否完全连接(CC 检测)。

2)如果充电桩无故障,并且供电接口已完全连接,则 S_1 从 +12V 连接状态切换至 PWM(脉冲宽度调制)连接状态,充电桩控制装置发出 PWM 信号。充电桩通过检测点 1 的电压值来判断充电装置是否完全连接。车辆控制装置通过测量检测点 2 的 PWM 信号,判断充电连接装置是否已完全连接(CP 检测)。

3)在车载充电机(OBC)自检没有故障,并且电池组处于可充电状态时,车辆控制装置闭合 S_2。

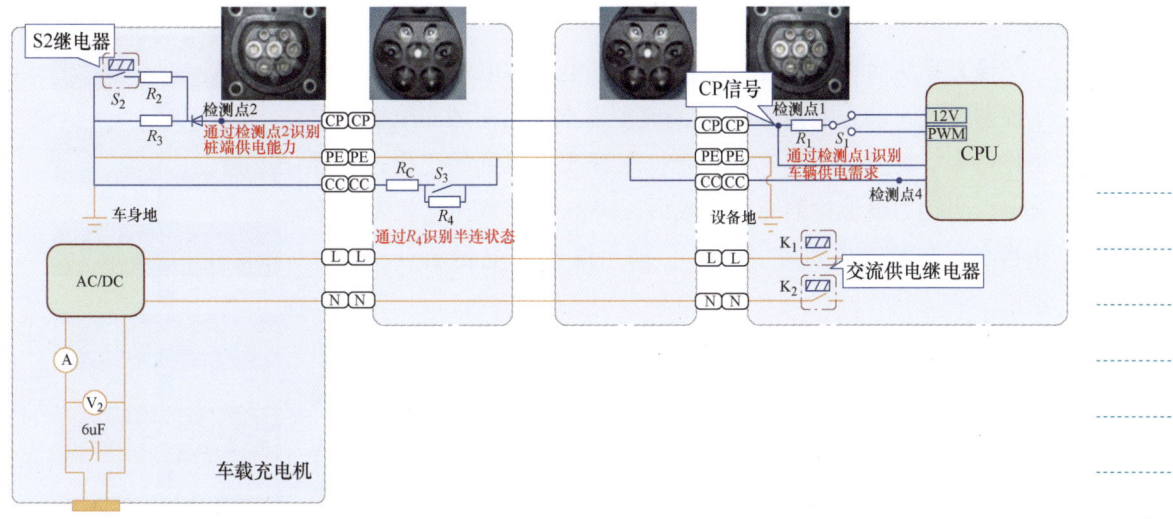

图 5-35　慢充系统工作原理

4) 当电动汽车和充电桩建立电气连接后,车辆控制装置通过判断检测点 2 的 PWM 信号占空比确认供电设备的最大可供电能力,并且通过判断 R_C 电阻值来确认电缆的额定容量。车辆控制装置对充电桩当前提供的最大供电电流值、车载充电机的额定输入电流值及电缆的额定容量进行比较,将其最小值设定为车载充电机当前最大允许输入电流,当设置完成后,车载充电机开始对电动汽车进行充电。

> **注意事项**
>
> 充电桩通过 CC 连接确认信号并检测充电线可耐受的电流,把 S_1 开关从 12V 端切换到 PWM 端;当检测点 1 电压降到 6V 时,充电桩 K_1/K_2 开关闭合输出电流,受电网控制充电机最大功率。

三、慢充系统控制策略及流程

慢充系统控制策略如图 5-36 所示。

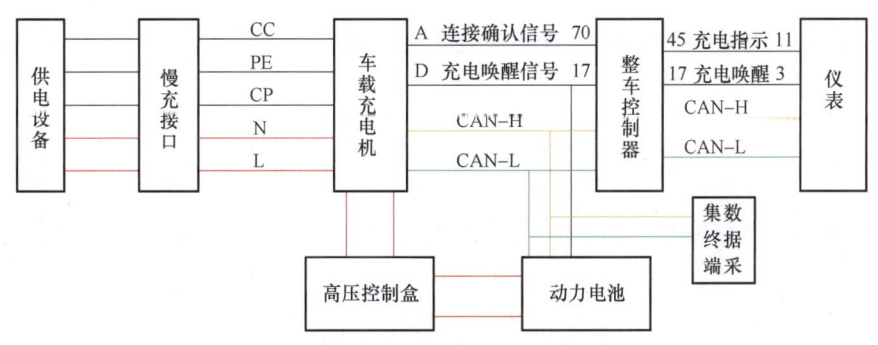

图 5-36　慢充系统控制策略

课堂练习:说出快充和慢充的不同。

充电枪连接通过充电机反馈到整车控制器,再唤醒仪表显示连接状态(负触发);充电机同时唤醒整车控制器和动力电池 BMS(正触发),整车控制器唤醒仪表启动显示充电状态(负触发);动力电池正、负主继电器由整车控制器发出指令由 BMS 控制闭合。

慢充系统启动，充电桩提供交流供电，蓄电池低压唤醒整车控制系统，动力电池 BMS 检测充电需求并给车载充电机发送工作指令，动力电池继电器闭合，车载充电机开始工作，进行充电，当动力电池检测充电完成后，BMS 给车载充电机发送停止指令，车载充电机停止工作，动力电池继电器断开，充电结束。

整个充电过程归纳为六个阶段：物理连接完成、低压辅助供电、充电握手阶段、充电参数配置阶段、充电阶段和充电结束阶段，如图 5-37 所示。在各个阶段，充电机和 BMS 如果在规定的时间内没有收到对方报文或没有收到正确报文，即判定为超时，超时时间为 5s（除特殊规定外）。当出现超时后，BMS 或充电机发送错误报文，并进入错误处理状态。在对故障处理的过程中，根据故障的类别，分别进行不同的处理。在充电结束阶段中，如果出现了故障，直接结束充电流程。

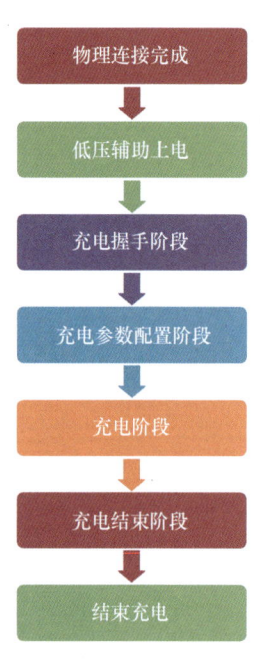

图 5-37　充电流程图

知识拓展

模式切换

1）充电模式不能切换到行驶模式。点火开关在 ON 档同时充电中，此时关闭充电口，车辆不能供高压，需驾驶人将点火开关打到非 ON 档，并再次到 ON 档时，方可供高压。

2）行驶模式可以切换到充电模式。整车在行驶模式时，如果检测有充电需求，整车控制器需先执行高压断电后，再进行正常的充电流程。

四、慢充系统充电条件

1）充电线连接确认信号正常。

2）充电机供电电源 220V 和 12V 正常，充电机工作正常。

3）充电唤醒信号 12V 输出正常。

4）充电机、整车控制器、BMS 之间通信正常，主继电器闭合、发送电流强度需求。

5）0＜动力电池电芯温度＜45℃。

6）单体电池最高电压与最低电压差＜300mV。

7）单体电池最高温度与最低温度差＜15℃。

8）绝缘性能＞500Ω/1V。

9）实际单体最高电压不大于额定单体电压 0.4V。

10）高、低压电路连接正常，远程控制开关关闭状态。

五、慢充系统常见故障排除

1. 常见故障

1）充电桩显示车辆未连接。充电桩显示车辆未连接的主要原因有充电枪安装不到位,车辆与充电桩两端枪反接。

2）动力电池继电器未闭合。动力电池继电器未闭合的主要原因有插接器是否正常连接,车载充电机输出唤醒是否正常。

3）动力电池继电器正常闭合,但充电机无输出电流。主要原因有车端充电枪是否连接到位,高压熔丝是否熔断,高压插接器及线缆是否正确连接。

2. 故障排除思路

（1）线路连接情况　检查慢充桩——充电线、慢充口、慢充线束、车载充电机、高压控制盒、动力电池之间的线路连接是否良好。

（2）检查低压供电及唤醒信号是否正常　检查车载充电机指示灯状态,如三个灯都不亮,表示没有电源输入,分别检查线路熔丝、充电线、慢充口、慢充线束是否正常,若正常,更换车载充电机;检查车载充电机的12V电源及慢充唤醒信号是否正常,高压控制盒内的车载充电机熔断器是否损坏,动力电池12V唤醒信号是否正常,整车控制器、动力电池等部件的新能源CAN总线是否正常;动力电池低压控制端搭铁及整车控制器控制搭铁是否正常。

（3）检查高压电路是否正常　如果低压电路正常,充电仍无法完成,逐步检查充电线、慢充线束、车载充电机、高压控制盒、动力电池之间的高压电是否正常,是线束故障还是部件故障。

（4）使用故障诊断仪检查　使用故障诊断仪分别检查动力电池及车载充电机的工作状态,对数据进行分析,找出故障所在。

3. 检修车载充电机与充电桩连接故障

（1）检查慢充桩与慢充口连接是否良好　检查车载充电机,发现三个指示灯都不亮。分别测量充电线桩端充电枪的N、L、PE、CP、CC脚和车辆端的N、L、PE、CP、PE脚是否导通,如不导通,则修复或更换充电线总成;测量充电线车辆端充电枪的CC脚和PE脚的阻值,16A充电线阻值应为$680 \times (1 \pm 3\%) \Omega$,32A充电线阻值应为$220 \times (1 \pm 3\%) \Omega$,若阻值与标准值不符,则修复或更换充电线总成。

（2）检查慢充口与车载充电机连接是否良好　排除慢充桩——充电线问题后,启动充电,车载充电机指示灯仍旧都不亮的,检查慢充线束及车载充电机。

检查插件端子有无烧蚀、虚接现象;分别测量充电口L、N、PE、CC、CP脚与充电线束充电机插件1、1、3、5、6脚是否导通,如不导通,则修复或更换慢充线束总成;慢充线束检查完毕,恢复好进行充电测试,如果车载充电机的指示灯还都不亮,则更换车载充电机。

当该车更换车载充电机后,充电正常,故障排除。

学习任务 3　检修直流高压转低压故障

【学习目标】

1. 能够说出直流高压转低压的工作流程。
2. 能够说出 DC/DC 转换器的作用、各端口定义及工作原理。
3. 能够正确更换 DC/DC 转换器。
4. 能够正确诊断及排除直流高压转低压系统的故障。

【任务描述】

客户委托：排除仪表报蓄电池故障

小王带着家人去郊区度假，车子开到半路，仪表报蓄电池故障，小王赶紧给 4S 店工作人员打电话，恰巧附近有一个 4S 店，于是小王赶紧将车开过去，维修人员接待了小王，详细询问车辆故障现象及故障发生的过程，了解客户需求后，展开维修工作。

【知识准备】

一、高低压直流电转换系统

电动汽车上的电源部件除了动力电池之外，还有一个 12V 的铅酸蓄电池，它主要给汽车低压电器设备如灯光系统、仪表系统、娱乐系统、电动车窗、刮水器、除霜器和各种控制器等供电。蓄电池 12V 低压直流电由动力电池的 290～420V 高压直流电经过 DC/DC 转换器转换而来，此系统称为高低压直流电转换系统。该系统的主要部件有：动力电池、动力电池高压线束、高压控制盒、高压附件线束、DC/DC 转换器、低压正极线束、低压负极线束、蓄电池。

高低压直流电转换工作流程如图 5-38 所示。

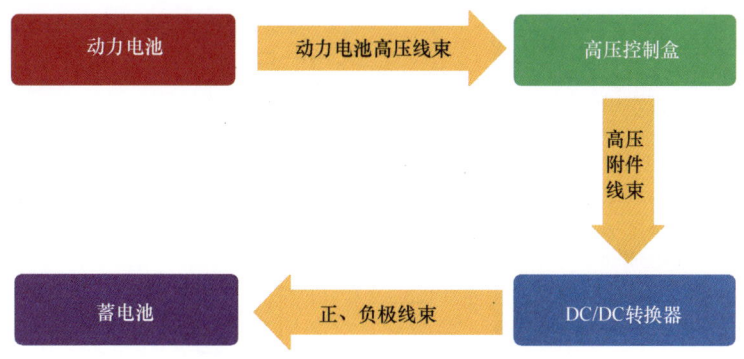

图 5-38　高低压直流电转换工作流程

二、DC/DC 变换技术

> 将一个不受控制的输入直流电压变换成为另一个受控制的输出直流电压称之为 DC/DC 变换。随着科学技术的发展，对电子设备的要求是：性能更加可靠，功能不断增加，使用更加方便，体积日益减小，这些使 DC/DC 变换技术变得更加重要。目前，DC/DC 转换器在计算机、航空、航天、水下行器、通信及电视等领域得到了广泛的应用，同时，这些应用也促进了 DC/DC 变换技术的进一步发展。

实现 DC/DC 变换有两种模式，一种是线性调节模式（Linear Regulator），另一种是开关调节模式（Switching Regulator），如图 5-39 所示。

开关调节模式与线性调节模式相比具有以下明显的特点：

1. 功耗小、效率高

在 DC/DC 变换中，电力半导体器件工作在开关状态，工作频率很高，目前这个工作频率已达到数百甚至 1000kHz，这使电力半导体器件功耗减小、效率大幅度提高。

2. 体积小、重量轻

由于频率提高，使脉冲变压器、滤波电感、电容的体积、重量大大减小，同时，由于效率提高，散热器体积也减小。还由于 DC/DC 变换无笨重的工频变压器，所以 DC/DC 变换体积小、重量轻。

3. 稳压范围宽

DC/DC 转换器的控制方式主要有脉冲频率调制式 PFM、脉冲宽度调制式 PWM 和混合式，由于 PWM 具有线性度好、负载调整率高和热稳定性好等优点而得到广泛应用。目前 DC/DC 变换中基本使用 PWM 技术，基本原理是通过开关管把直流电斩成方

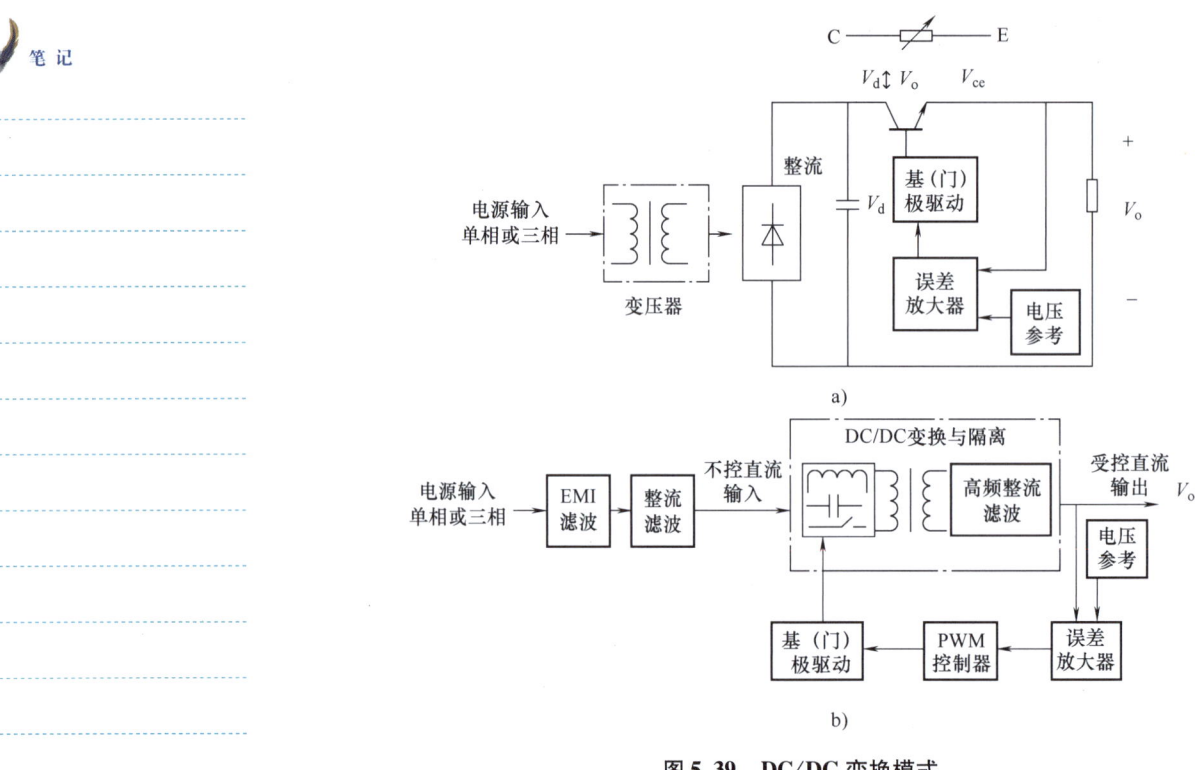

图 5-39 DC/DC 变换模式
a) 线性模式电源框图　b) 开关模式电源框图

波（脉冲波），通过调节方波的占空比（脉冲宽度与脉冲周期之比）来调节输出电压，对输入电压变化也可调节脉宽来进行补偿，所以稳压范围宽。

电压型脉宽调制器是一个电压-脉冲变换装置，用锯齿波作为调制信号的脉宽调制器原理图如图 5-40 所示。电压 v_{ctrl} 与锯齿波调制信号比较，输出的 PWM 开关信号为与锯齿波同频率、脉冲宽度与电压 v_{ctrl} 的大小成正比的脉宽调制信号。

三、DC/DC 转换器

DC/DC 转换器的拆装

DC/DC 转换器相当于传统车的发电机，将动力电池的 290~420V 高压直流电转换为整车 12V 低压直流电，给整车低压用电系统供电及铅酸电池充电。DC/DC 转换器单独放置或集成于集成式控制器内部，自然冷却，具有输入过欠电压保护、输出过欠电压保护、输出过载短路保护以及过温保护功能，具有效率高、体积小、耐受恶劣工作环境等特点。

DC/DC 转换器在实车上的位置如图 5-41 所示。

DC/DC 转换器有高压输入端、低压输出端及低压控制端等，其端口定义如图 5-42 所示。

高压输入端：接收来自动力电池及高压控制盒的 290~420V 高压直流电，其端子定义如下：

A 脚：高压输入负极。

B 脚：高压输入正极。

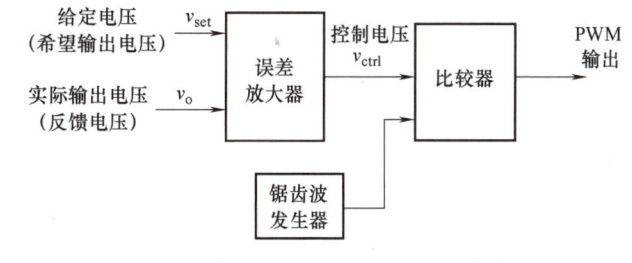

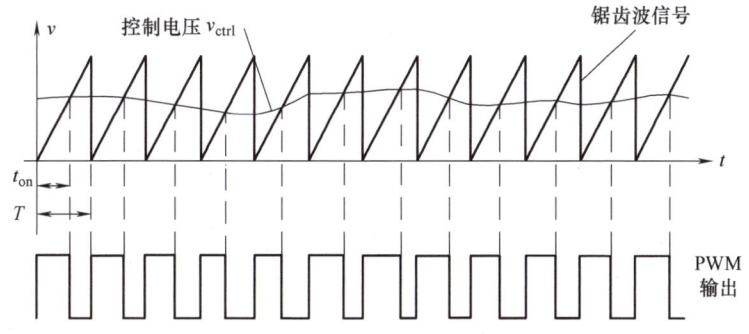

图 5-40　用锯形波作为调制信号的脉宽调制器原理图

图 5-41　DC/DC 转换器在实车上的位置

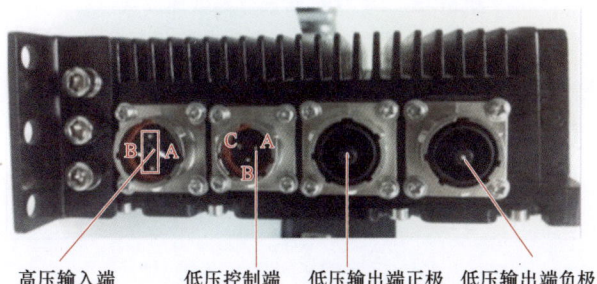

图 5-42　DC/DC 转换器端口定义

中间为高低压互锁端子。

低压控制端子定义如下：

A 脚：控制电路电源正极兼使能（DC/DC 转换器使能），直流 12V 启动，0~1V 关机。

B 脚：电源状态信号输出（故障线），接组合仪表 T32/12。12V 高电平时故障，低电平时正常。

C 脚：控制电路电源负极，接蓄电池负极。

低压输出正极：将经过 DC/DC 转换器转化的 12V 低压直流电输出到蓄电池正极。

低压输出负极：将经过 DC/DC 转换器转化的 12V 低压直流电输出到蓄电池负极。

四、更换 DC/DC 转换器

注意事项

操作前戴好安全帽、防护眼镜、绝缘手套，穿好绝缘鞋。拔下线束插头前，确保高压电断开。

1）将点火开关打到 OFF 位置。

2）断开蓄电池负极线束。

3）拔下 DC/DC 转换器上的低压和高压线束插头，如图 5-43 所示。

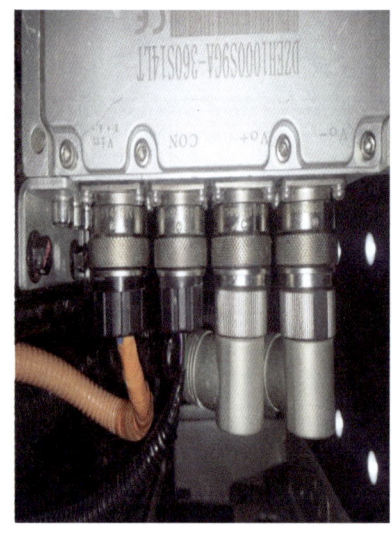

图 5-43　DC/DC 转换器高低压线束

注意事项

当拆卸高低压线束时，应先旋松线束插头上的锁扣，然后拔下线束插头，禁止生拉硬拽；当安装线束时，应对准线束插头与对应插件上的定位位置，将线束插头插入到底，然后旋紧线束插头上的锁扣，听到"啪嗒"的声响即表示安装到位。

4）拧下固定 DC/DC 转换器的六角头螺栓，如图 5-44 所示。

注意事项

当拆卸螺栓时，严格按照对角卸力的顺序进行。

5）按拆卸的相反顺序装复 DC/DC 转换器。

图 5-44 拧下固定 DC/DC 转换器的六角头螺栓

6) 接上蓄电池负极线束。
7) 将点火开关打到 ON 位置，如果更换正确，仪表盘上显示 "Ready"。

五、某车型上 DC/DC 转换器工作原理

图 5-45 所示为某车型 DC/DC 转换器工作电路。

整车 ON 档供电或充电唤醒供电，动力电池完成高压系统预充电流程，整车控制器发给 DC/DC 转换器 12V 使能信号，DC/DC 转换器开始工作。

1. DC/DC 转换器工作条件

1) 高压输入范围为 DC 290~420V。
2) 低压使能输入范围为 DC 9~14V。

2. 判断 DC/DC 转换器是否工作的方法

1) 将点火开关置于 OFF 档，断开所有用电器并拔出钥匙。
2) 按压低压蓄电池锁压件，打开盖板并裸露出低压蓄电池正极。
3) 使用专用万用表电压档位测量低压蓄电池的电压，并记录。
4) 将点火开关置于 ON 档位置。
5) 使用专用万用表电压档位测量低压蓄电池的电压，这时所测的这个电压值是 DC/DC 转换器输出的电压。如果数值在 13.8~14V（关闭车上的用电设备的情况下）范围内，判断为 DC/DC 转换器工作。
6) 如果测量值低于规定值，可能存在以下原因：
① 车上用电设备未关闭。

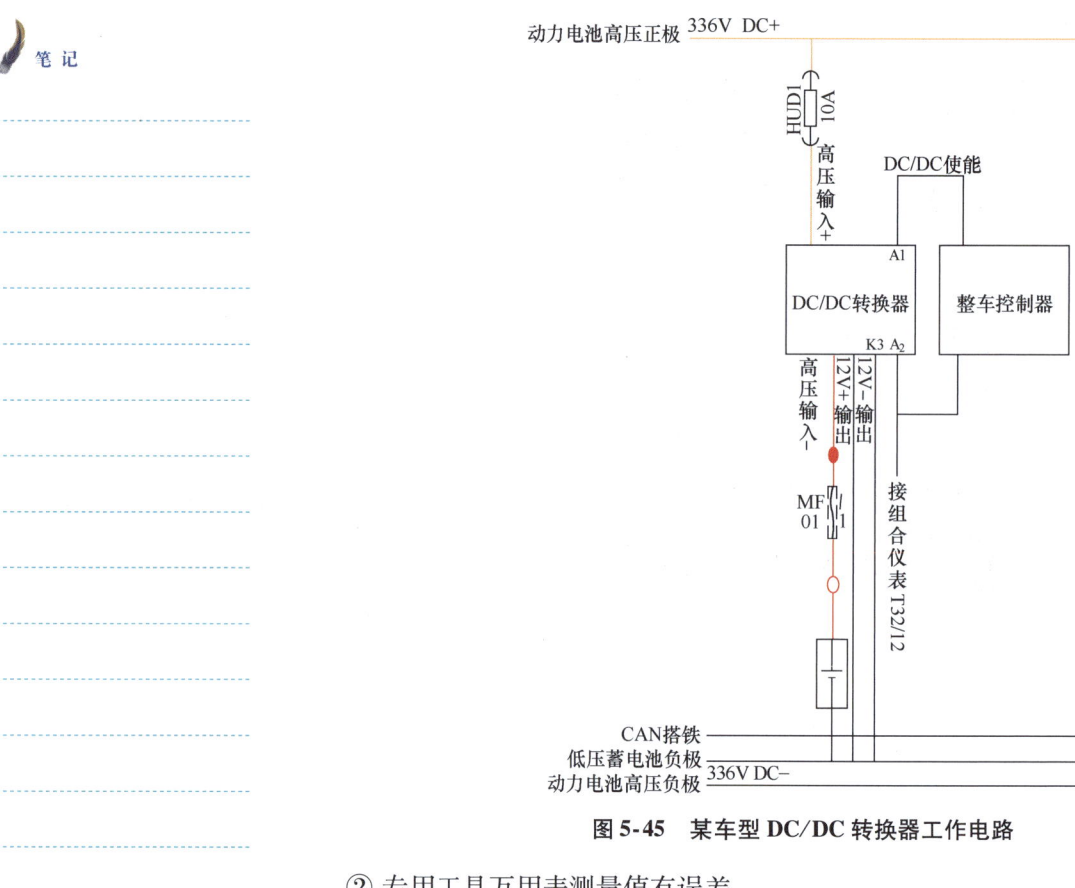

图 5-45　某车型 DC/DC 转换器工作电路

② 专用工具万用表测量值有误差。

③ DC/DC 转换器故障。

④ 蓄电池严重亏电。

六、高压转低压系统常见故障排除

1. 常见故障

车辆行驶中报蓄电池故障，主要原因有：插接器是否正常连接，高压熔丝是否熔断，使能信号是否输入正常，DC/DC 本体故障。

2. 故障排除思路

（1）DC/DC 高压系统检测　检查高压控制盒 DC/DC 熔断器是否正常，接触面是否烧蚀、锈蚀，螺钉是否松动；检查高压控制盒、高压附件线束、DC/DC 转换器之间的高压输入电路是否正常。

（2）DC/DC 低压系统检测　根据图 5-45，检测 DC/DC 低压输出负极和搭铁点之间是否导通；检测 DC/DC 低压输出正极和总熔丝盒 DC/DC 熔丝 MF01 之间是否导通；检查主熔丝；检测使能信号线，检查 DC/DC 低压控制插件的 A 脚和整车控制器 V_{62} 脚是否导通；检测故障信号线，检查 DC/DC 低压控制插件的 B 脚和整车控制器 V_{23} 脚是否导通；检查 DC/DC 低压控制插件的 C 脚和整车控制器 V_{23} 脚是否导通；检测使能信号,车辆正常起动后,检查 DC/DC 低压控制插件的 A 脚电压,应为 12V,如没有电压,检查整车控制器,必要时更换。

(3) 通过诊断系统检测　连接诊断仪,进入整车控制器界面,查看蓄电池故障码,并查看故障码对应的冻结帧,分析冻结数据对应的实际工况。读取数据流,选择供电电压,进入对车辆路试。分析路试结果,找到准确的故障点。

3. "仪表报蓄电池故障"的排除

(1) DC/DC 高压系统检测　检查高压控制盒 DC/DC 熔断器正常,检查高压控制盒、高压附件线束、DC/DC 转换器之间的高压输入电路正常。

(2) DC/DC 低压系统检测　检查 DC/DC 低压搭铁、熔丝、使能信号、故障信号等线路及部件均正常。

(3) 通过诊断系统检测　连接诊断仪,读取数据流,选择供电电压,进行路试,车辆开启全部用电设备,原地测试 10min,电压为 13.5V,正常,挂档行车路试,当车速提高,供电电压波动也随之增大,波动最高时大于 2V,最低电压到达 11.6V,而整车报警值是 12V,分析该故障与驱动系统干扰有关。更换驱动电机后继续路试,输出电压正常,基本稳定在 13.6V。

学习情景6

辅助系统结构原理与检修

- 检修电动助力转向系统(EPS)故障
  - 电动助力转向系统的概述
  - 电动助力转向系统的组成及分类
  - 电动助力转向系统关键部件的结构及工作原理
  - 电动助力转向系统接插件各端子的定义
  - 电动助力转向系统的工作原理
  - 电动助力转向系统常见故障的检测

- 检修制动系统故障
  - 汽车制动系的作用及要求
  - 汽车制动系的组成
  - 制动系统典型故障的诊断与排除

- 检修电动空调系统故障
  - 空调制冷系统的组成
  - 空调送风系统
  - 空调采暖系统
  - 电动空调的控制原理
  - 排除空调系统故障

- 检修冷却系统故障
  - 冷却系统的作用
  - 冷却系统的结构组成
  - 冷却系统冷却路径
  - 冷却系统控制策略
  - 冷却系统的检查与加注
  - 冷却系统常见故障及诊断

学习任务1　检修制动系统故障

【学习目标】

1. 掌握电动汽车制动系统的组成及工作原理。
2. 掌握电动汽车制动系统的典型故障诊断与排除方法。

【任务描述】

客户委托：更换电动真空泵

车主小王的纯电动汽车在使用 8 个月后，最近在行车过程中仪表偶尔显示制动故障，从购车至今没有维修保养记录。

【知识准备】

一、汽车制动系统的作用及要求

汽车制动系统是指在汽车上设置的一套（或多套）由驾驶人控制的，能产生与汽车行驶方向相反的外力装置。其作用是使行驶中的汽车按照驾驶人的要求进行适时的减速、停车或驻车，以及保持汽车下坡行驶的稳定速度。要满足汽车在使用过程中的制动安全性要求，需要制动系统能满足以下基本要求：

1）具有良好的制动性能，包括制动效能、制动效能的恒定性、制动时的方向稳定性三个方面。

2）操纵轻便。

3）制动平顺性好，制动力矩能迅速而平稳地增加，也能迅速而彻底地解除。

4）对有挂车的制动系统，还要求挂车的制动作用略早于主车，挂车自行脱钩时能自动进行应急制动。

二、汽车制动系统的组成

一般的电动汽车制动系统与传统汽车制动系统类似，如图 6-1 所示，主要由制动器、制动压力调节装置 ABS、电动真空助力系统等部分组成。

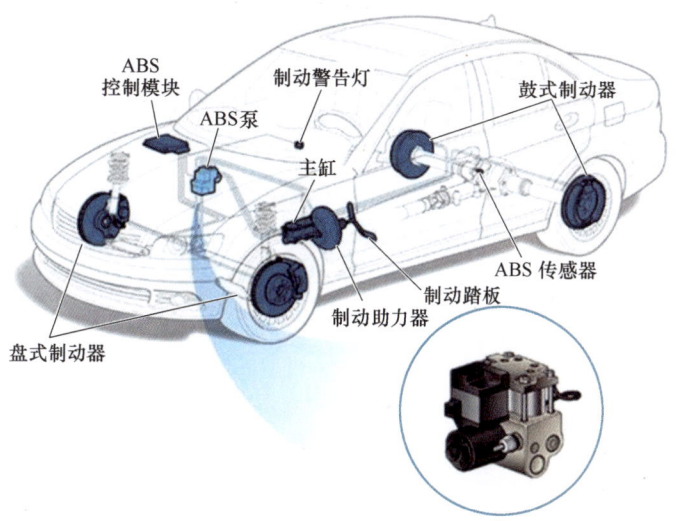

图 6-1　电动汽车制动系统的组成

1. 制动器

制动器是产生阻碍车辆的运动或运动趋势的力（制动力）的部件。目前汽车所用的摩擦制动器可分为鼓式和盘式两大类。鼓式的摩擦副中的旋转元件为制动鼓，工作面为圆柱面；盘式的旋转元件为圆盘状的制动盘，工作面为圆盘端面。电动汽车所用的制动器主要有前盘后鼓和前后均为盘式制动器两种形式。盘式制动器效率比鼓式制动器高，但价格比较贵，现在使用盘式制动器，主要为浮动钳盘式制动器，如图 6-2 所示，制动钳体是浮动的，制动液压缸一般为单侧的，且与液压缸同侧的制动块总成是活动的，而另一侧制动块总成固定在钳体上。鼓式制动器用在后轮上的比较多，兼驻车制动的功能。内张型鼓式制动是利用制动鼓的圆柱内表面与制动蹄摩擦片的外表面作为一对摩擦表面在制动鼓上产生摩擦力矩，如图 6-3 所示。

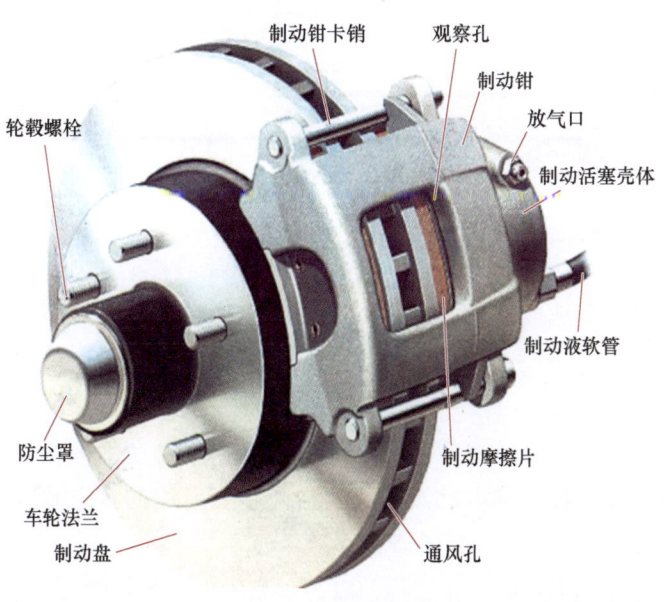

图 6-2　盘式制动器

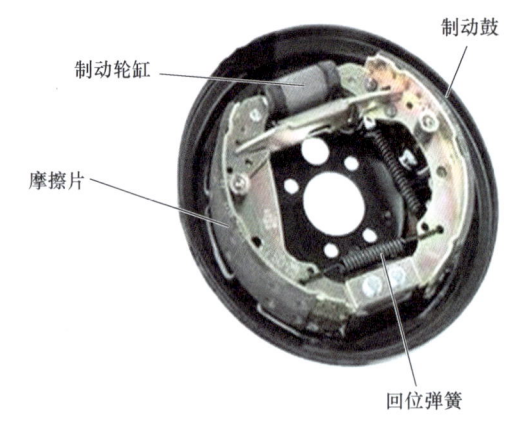

图 6-3 鼓式制动器

2. 制动压力调节装置

现代汽车所用的制动压力调节装置主要是 ABS，ABS（Antilock Brake System）是制动防抱死系统的简称，它就是在汽车制动时，自动控制制动器制动力的大小，使车轮不被抱死，处于边滚边滑（滑移率在 20% 左右）的状态，以保证车轮与地面的附着力在最大值。ABS 通常由电动泵、储能泵、主控制阀、电磁控制阀和一些控制开关等组成，如图 6-4 所示。

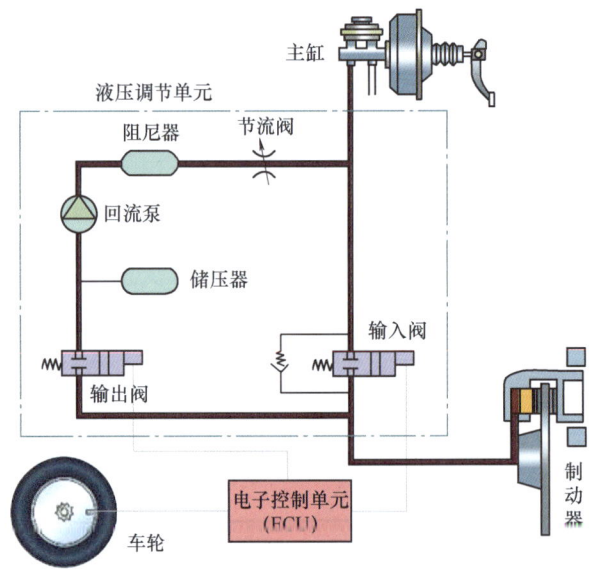

图 6-4 ABS 组成

3. 电动真空助力系统

轿车上广泛装用真空助力器作为制动助力器，利用发动机进气歧管处的真空度来帮助驾驶人操纵制动踏板。纯电动汽车的真空由一套专用的真空装置提供，主要由电动真空泵和真空储存罐组成，如图 6-5 所示。

（1）电动真空助力系统的工作过程　以某车型为例，当驾驶人起动汽车时，12V 电源接通，电子控制装置系统模块开始自检，如果真空罐内的真空度小于设定值（50kPa）

课堂练习:纯电动汽车与传统汽车在制动上的区别有哪些?

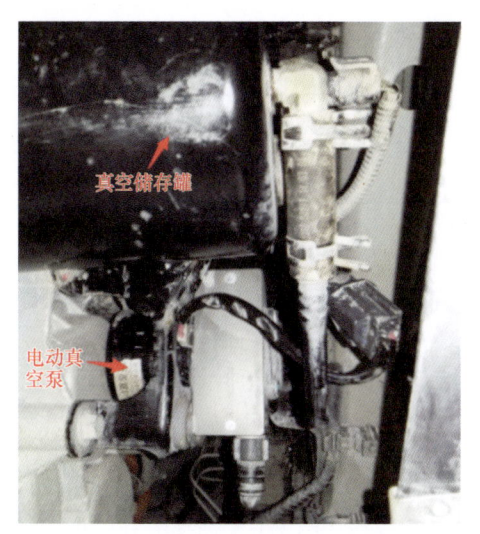

图 6-5 电动真空助力系统的组成

后,真空压力传感器输出相应电压值至控制器,此时控制器控制电动真空泵开始工作,当真空度达到设定值后,真空压力传感器输出相应电压值至控制器,此时控制器控制真空泵停止工作,当真空罐内的真空度因制动消耗,真空度小于设定值(50kPa)时,电动真空泵再次开始工作,如此循环。图 6-6 所示为电动真空助力系统工作过程简图。

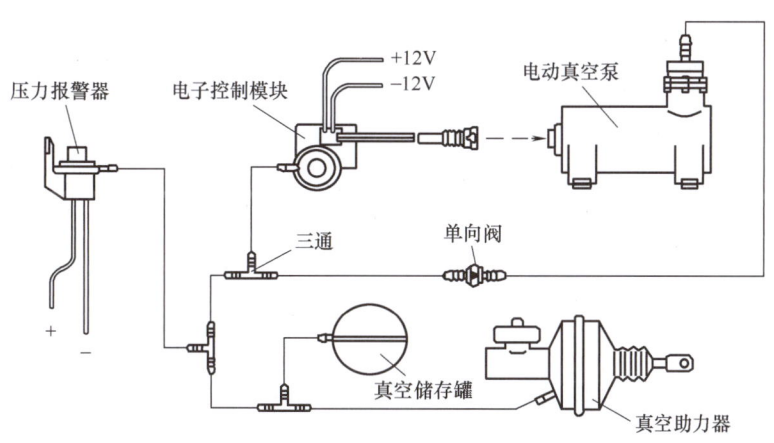

图 6-6 电动真空助力系统工作过程简图

(2) 电动真空泵的工作原理 电动真空泵根据真空传感器反馈给整车控制器真空度信号,整车控制器确定真空泵的起动和停止时间。当真空度低于 50kPa 时,整车控制器使真空泵起动;当真空度高于 75kPa 时,整车控制器使真空泵停止;当真空度低于 34kPa 时,整车控制器报警。

图 6-7 所示为电动真空泵工作原理图,电动真空泵的供电电压(12V)由蓄电池经过 30A 低压熔丝(SB6)之后到整车控制器第 4 脚,经过其内部控制电路后到真空泵正极,真空泵负极直接与蓄电池负极相接。真空泵是否起动受整车控制器控制,其控制依据是根据真空压力传感器送入的信号电压的大小来决定是否起动真空泵。当满足真空泵起动条件后,整车控制器第 3 脚输出 12V 电压,给真空泵供电,真空泵即开始工作。真空压力传感器与整车控制器的连接关系是:传感器的供电和搭铁由整车控制器完成,分别接入整车控制器的第 92 脚和 50 脚,信号电压由传感器送入整车控制器(第 27 脚)。

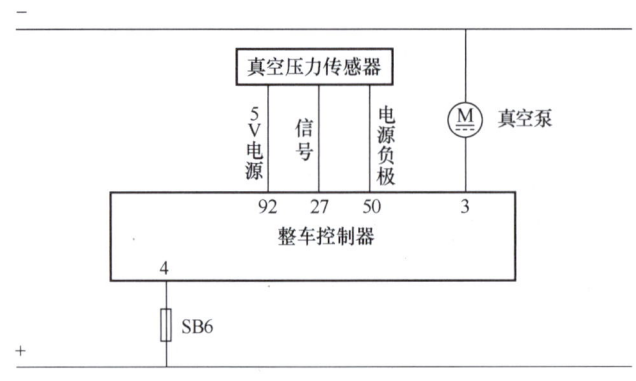

图 6-7 电动真空泵工作原理图

三、制动系统典型故障的诊断与排除

1. 常见电动真空系统故障及排除方法

电动真空系统故障诊断及排除方法见表 6-1。

表 6-1 电动真空系统故障诊断及排除方法

故障现象	检测方法及处理措施
连接电源后电机不转	检查熔丝是否熔断 熔断： 1）线路短路 2）控制器损坏 3）电机烧毁短路 未熔断： 1）蓄电池亏电 2）线路断路 3）控制器损坏
接通电源后，将真空度抽至上限设定值，电机不停转	1）开关触点短路常开 2）电子延时模块损坏，应更换
压力开关不能正常开启和断开	1）压力开关触点污损、锈蚀，接触不良。清洁触点或更换压力开关 2）连接线折断或插头连接处脱焊。应更换连接线 3）管路密封性不好，检查管路密封性，必要时更换
设备的机壳带电	1）电源线接错，壳体与电源的正极连接。应纠正错误连接 2）电源插座的搭铁线未真实与搭铁连接，应把电源插座中搭铁线连接好

2. 根据电路原理图检查电动真空泵电机的供电

检查电动真空泵电机的供电是否正常的步骤如下：

1）检查发动机舱电器盒是否损坏，如损坏则更换。
2）检查发动机舱电器盒线束插件是否接触不良。
3）检查发动机舱电器盒真空泵电机熔丝 30A 是否接触不良，位置如图 6-8 所示。
4）根据电动真空泵工作原理图 6-7，使用万用表测量发动机舱电器盒真空泵电机熔丝 SB6（30A）是否烧损，如果损坏，更换处理；否则测整车控制器的 4 脚是否有

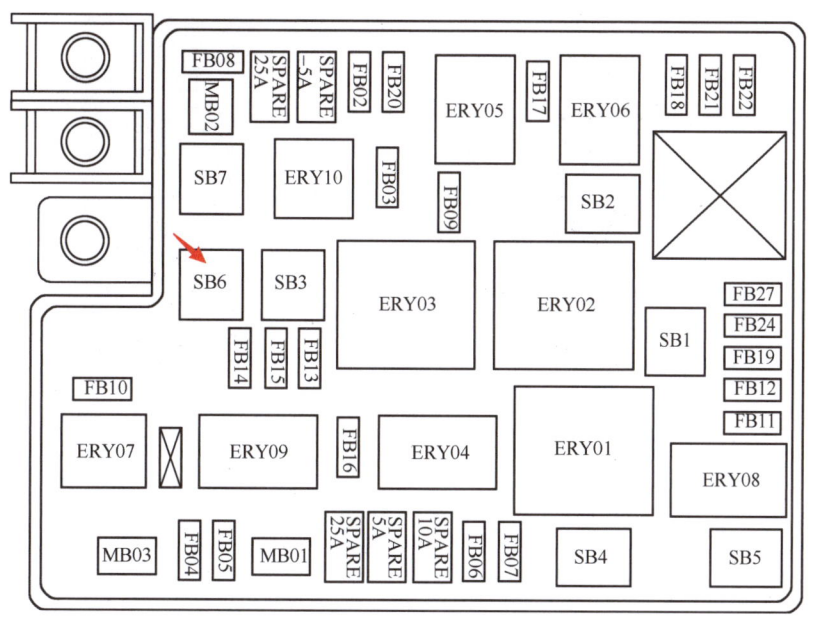

图 6-8 熔丝 SB6 所在位置

12V 电压。如无则整车控制器线束损坏，更换该线束。

3. 检查真空压力传感器

检查真空压力传感器电路的步骤如下：

（1）检查传感器与整车控制器之间的线束是否正常

1）使用万用表测量真空压力传感器插件第 1 脚到整车控制器线束端 121 芯插件（B）92 脚线束针脚供电是否导通，如图 6-9 所示。

图 6-9 压力传感器电源线测量

2）使用万用表测量真空压力传感器插件第 2 脚到整车控制器线束端 81 芯插件（A）50 脚线束针脚搭铁线是否导通，如图 6-10 所示。

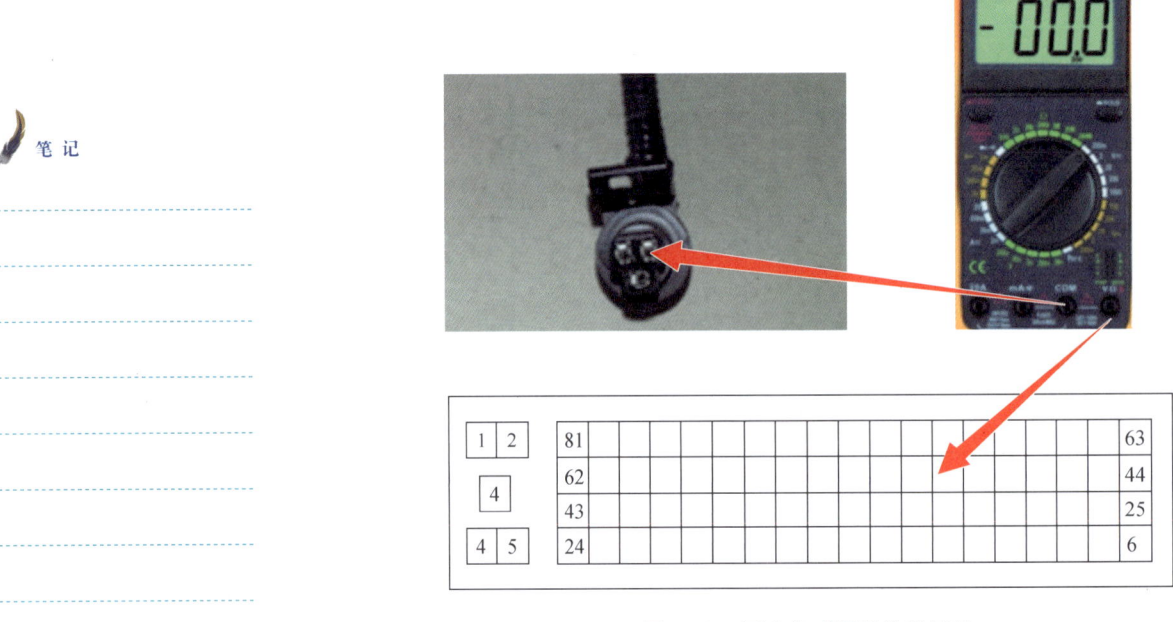

图 6-10 压力传感器搭铁线测量

3）使用万用表测量真空压力传感器插件第 3 脚到整车控制器线束端 81 芯插件（A）27 脚线束针脚信号线是否导通，如图 6-11 所示。

图 6-11 压力传感器信号线测量

（2）检查真空压力传感器供电是否正常　使用万用表测量真空压力传感器插件第 1 脚到整车控制器线束端 121 芯插件（B）92 脚线束针脚导通后，使用万用表测量真空压力传感器线束端第 1 脚是否有（5±0.05）V 电压，如达不到，初步判定整车控制器损坏。

（3）检查真空压力传感器的信号输出是否正常　使用万用表测量真空压力传感器插件第 3 脚到整车控制器线束端 121 芯插件（B）27 脚线束针脚导通后，使用万用表测量真空压力传感器线束端第 3 脚是否有 4.5~5V 输出电压，如达不到，初步判定传感器损坏。

4. 检查真空泵

1）检查真空泵供电是否正常。如图 6-12 所示，使用万用表测量真空泵插件第 1 脚到整车控制器线束端 81 芯插件（A）3 脚线束针脚是否导通。若导通，使用万用表测量出真空泵线束端应该有 12~13V 电压，如达不到，初步判定整车控制器损坏。

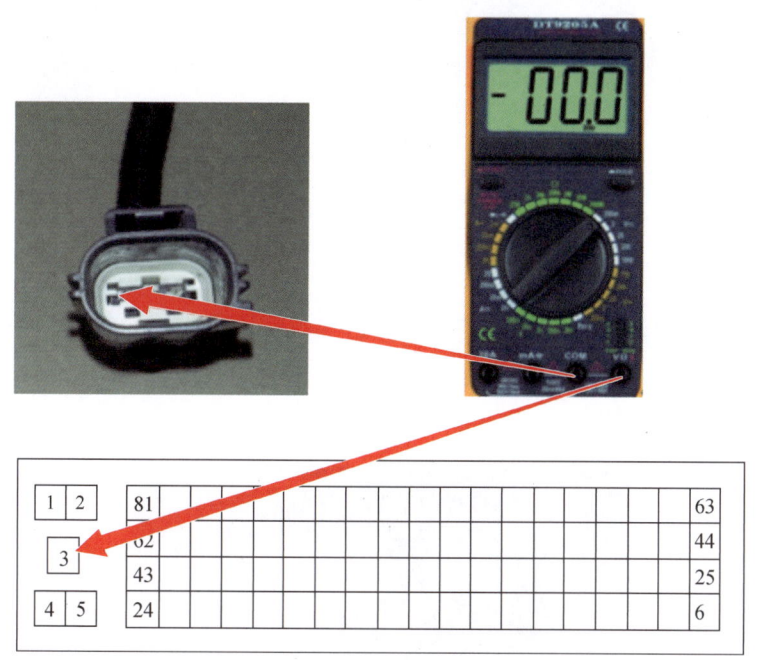

图 6-12　真空泵供电线束测量

2）检查真空泵搭铁是否正常。使用万用表测量真空泵插件第 2 脚到低压电机线束总成搭铁针脚是否导通，如图 6-13 所示。

图 6-13　真空泵搭铁线束测量

3）检测真空泵泄漏。通过踩制动踏板查看真空泵是否正常工作，用真空表测试制动真空压力，如图 6-14 所示。当压力低于 55kPa 时，没有在 8s 内恢复，检查真空泵是否漏气，如连接管路无漏气，则判定真空泵损坏。

4）真空泵是达到正常工作压力后应停止工作。如不停止工作，检查真空储存罐单向阀（图6-15）连接管路是否漏气，真空储存罐单向阀胶圈是否损坏。

图6-14 真空泵　　　　　　　　　　图6-15 真空储存罐

5. 检查真空助力器是否正常

通过踩制动踏板，真空泵正常工作后，达到规定压力将停止工作，检查真空助力器及连接管路（图6-16）有无漏气，连续踩制动踏板以后踩住制动踏板，听真空助力器是否有漏气声，确定故障点。

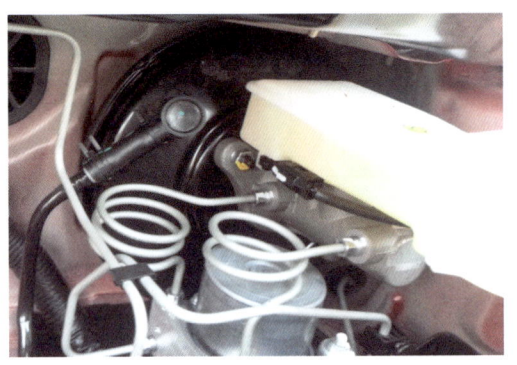

图6-16 真空助力器

学习任务2　检修冷却系统故障

【学习目标】

1. 掌握电动汽车的热源和冷却的原因。
2. 掌握电动汽车冷却系统的组成及工作原理。
3. 掌握更换电动汽车冷却液的方法和注意事项。
4. 掌握电动汽车冷却系统的故障排除。
5. 学习电动汽车电池冷却的方式。

【任务描述】

客户委托：排除仪表显示"电机过热"故障

客户反馈EV200车辆在行驶中仪表显示电机过热故障，车辆行驶几公里以后，出现限速9km/h现象，仪表显示电机控制器过热。出现此故障后需将点火开关关闭，故障现象才会暂时消除，但行驶一段时间后故障还会重复出现，那么你作为维修人员，该如何排除这个故障呢？

【知识准备】

一、冷却系统的作用

1. 传统汽车的冷却系统

传统汽车中发动机工作时，气缸内的气体温度可高达2000℃左右，若不及时冷却，将造成发动机零部件温度过高，尤其是直接与高温气体接触的零件，会因受热膨胀影响正常的配合间隙，导致运动件受阻甚至卡死。此外，高温还会造成发动机零部件的机械强度下降，使润滑油失去作用等。而冷却系统可以在发动机工作时对温度进行合理的调节与控制，带走发动机因燃烧所产生的热量，使发动机各部件保持在正常的工作温度，从而获得理想的动力输出与良好的燃油经济性。

2. 电动汽车与传统汽车的冷却系统区别

电动汽车的冷却系统功能要求与传统汽车的基本相同。但是由于两者之间的结构和原理的差异导致了热源及其散热方式的不同。纯电动汽车关键零部件电池、电机、电机控制器及充电机的效率不能达到100%，在能量转化过程中产生大量的热量，这些产生的热量如果不能够及时地散发出去，将导致车辆限扭运行甚至导致零件的损坏。电动汽车冷却系统如图6-17所示，其功用是将电机、电机控制器及充电机产生的热量及时散发出去，保证其在要求的温度范围内稳定高效地工作。

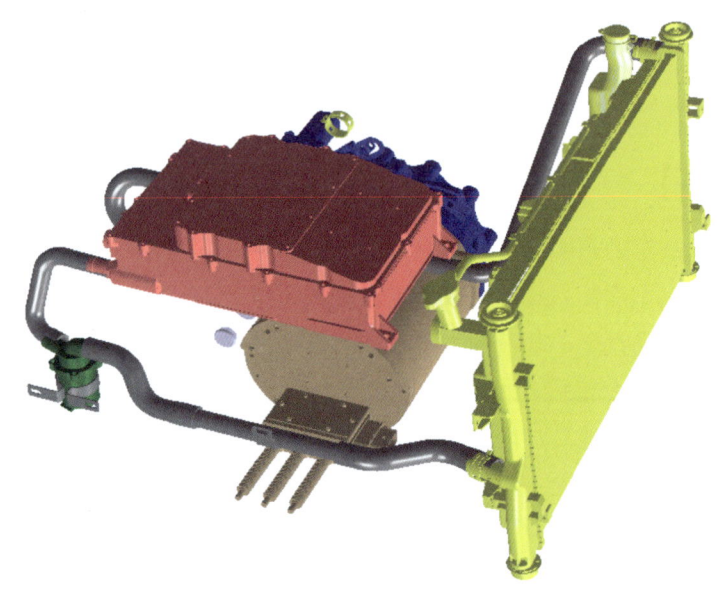

图6-17 电动汽车冷却系统

3. 电动汽车的热源

电动汽车主要的热源有动力电池、电机和电机控制器等，其总的散热量大概相当于同功率传统汽车的2.5~3倍，而这些热源的工作温度范围又有较大的差别。要将这些部件的热量及时散走，维持部件可靠工作，必须有一套有效的体积、质量和尺寸合理的冷却系统。北汽EV200纯电动汽车为驱动电机和控制器散热，沿用原车散热器及膨胀水箱，采用电动水泵，全新设计水管。

4. 对电机和电机控制器进行冷却的原因

电机在运行过程中产生的热对电机的物理、电气和力学特性有着重要影响，当温度上升到一定程度时，电机的绝缘材料会发生本质上的变化，最终使其失去绝缘能力，另一方面，随着电机温度的升高，电机中的金属构件强度和硬度也会逐渐下降。由电子元器件构成的控制器，同样会由于温度过高而导致电子器件的性能下降，出现不利影响，如过高温度会导致半导体结点、电路损害、增加电阻，甚至烧坏元器件。

5. 电动汽车的动力电池冷却

目前，电动汽车的动力电池冷却系统可以分为两种方式：风冷和水冷。部分车辆还在其电池上设计了热管理系统。

（1）高尔夫 Mk6 电动原型车动力电池冷却系统　对于电池冷却系统的问题，大众工程师在高尔夫 Mk6 电动原型车上进行了大量的测试后发现，其中搭载的动力电池性能并不会受到温度的影响，前提是采用了合适的电化学材质——镍钴锰锂电池。这类动力电池几乎不存在自发热倾向，而大众又利用其智能热管理控制系统就可将动力电池保持在合适的工作温度。因此即便在极端温度条件下，也无须主动冷却。

（2）特斯拉动力电池冷却系统　特斯拉是有一套专门的液体循环温度管理系统围绕着每一节单体电池的，隔离板内部的水可以是静态的也可以是流动的，可以直接储存在隔离板内部管腔，也可以被装到特定的水袋中。如果是流动状态，可以与电池组的冷却系统连接在一起。图 6-18 所示为 Model S 85 型热管理系统的内部构造。

在锂离子电池组内部，灌注水乙二醇的导热铝管呈 S 形状环绕，左右两侧的接口为水乙二醇液体的循环接口，在铝管外还包裹着一层橘黄色的绝缘胶带。为防止绝缘胶带意外破裂，导致铝管与锂离子电池外壳接触造成短路，特斯拉在铝管外部还加了一层绝缘胶进行隔离。在其他没有铝管通过的电池之间，也使用了一层绝缘胶进行隔离。特斯拉使用的 18650 锂离子电池是定制的，与锂离子电池一样有一层

图 6-18　Model S 85 型热管理系统的内部构造

绝缘外衣，其裸露在外的电池外壳都是电池负极，一旦外壳被导体连上，就可能造成短路，严重时甚至会发生起火事故，其后果将不堪设想。

二、冷却系统的结构组成

电动汽车冷却系统主要由电动水泵、散热器、风扇、水管和冷却液等组成。

1. 电动水泵

电动水泵如图 6-19 所示，是冷却液循环的动力元件，电动水泵的作用是对冷却液加压，促使冷却液在冷却系统中循环，带走系统散发的热量。如图 6-20 所示，以 EV200 电动汽车水泵为例，电动水泵安装在车身右纵梁前部下方，位于整个冷却系统较低的位置。

图 6-19　电动水泵

图 6-20　电动水泵安装位置

某车型电动水泵的各项参数见表 6-2。

表 6-2　某车型电动水泵的各项参数

外接口尺寸	进出水口内径	φ16mm	进出水口外径	φ20mm
性能参数	额定工作电压	13V	额定输出功率	30W
	最大流量	30L/min	扬程	3.3m
	电流	2.3A		

名词术语

扬程：单位重量液体能过泵所获得的能量。

电动水泵采用的是永磁无刷直流电机，电动水泵剖面如图 6-21 所示，整个部件中没有动密封，浮动式转子与叶轮注塑成一体。严禁电动水泵在没有冷却液的情况下空载运行，否则将导致转子、定子的磨损，将最终导致水泵的损坏。

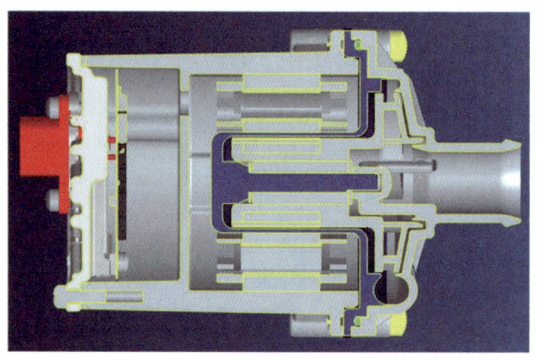

图 6-21　电动水泵剖面

电动水泵电器插接件位于水泵后盖上，如图 6-22 所示。插接件为两线，分别为正极和负极。

水泵自带橡胶支架，起到降低噪声的作用。通过两个 Q1860625 六角法兰面螺栓与水泵支架装配，如图 6-23 所示，紧固力矩为 9~11N·m。

图 6-22　电动水泵电器插接件

图 6-23　装配电动水泵

2. 电子风扇

图 6-24 所示为电子风扇,它的作用是提高流经散热器、冷凝器的空气流速和流量,以增强散热器的散热能力,并冷却发动机舱其他附件。

图 6-24 电子风扇

电子风扇采用左右双风扇构架,采用半径为 R125mm、6 叶不对称结构的扇叶,采用两档调速风扇,双风扇分别由整车电源提供输入,根据电机、控制器、空调压力等参数由整车控制器控制双风扇运行。电子风扇电器插接件为四线,如图 6-25 所示。

高速:两"+"接正极,两"-"接负极。

低速:两"+"接正极,一"-"接负极。

电子风扇下部卡接在散热器水室上,如图 6-26 所示,上部通过两个 Q2736313A (十字槽大半圆头自攻螺钉 F 型) 装配在散热器水室上,紧固力矩为 9~11N·m。

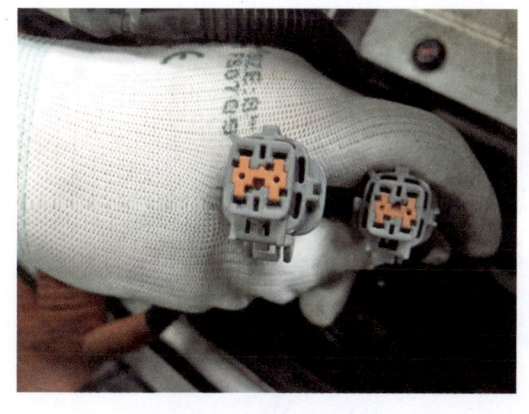

图 6-25 电子风扇插接件

图 6-26 电子风扇装配

3. 膨胀水箱

膨胀水箱如图 6-27 所示,其作用是为冷却系统冷却液的排气、膨胀和收缩提供受压容积,补充冷却液和缓冲热胀冷缩的变化,同时也作为冷却液加注口。所以膨胀水箱不要加液过满。如果膨胀水箱完全用空，就不能仅仅在罐中加液，需要开启散热器盖检查液面并添加冷却液，否则膨胀水箱就失去功用。膨胀水箱位置要高于冷却系统的所有部件；目的是当冷却液受热膨胀至散热盖的蒸气阀打开时，部分冷却液随着高压蒸气通过水管进入膨胀水箱。EV200 汽车的膨胀水箱开启压力为 29～35kPa，膨胀水箱采用 PP 材料，结构设计满足爆破压力≥200kPa。

图 6-27　膨胀水箱

膨胀水箱补水端外径为 φ20mm，溢气端外径为 φ8mm，胶管安装时插接到底。

4. 冷却管路总成

目前冷却管内外胶为三元乙丙橡胶（EPDM），中间层由织物增强，耐温等级是 I 级（125℃），爆破压力达到 1.3MPa。

冷却水管壁厚为 4mm，端口有安装定位标识，装配时标识与散热器上的定位标识对齐。

三、冷却系统冷却路径

对于充电机是风冷式的车型，该车冷却系统的冷却路径如图 6-28 所示。

水泵 → 电机控制器 → 电机 → 散热器 → 水泵

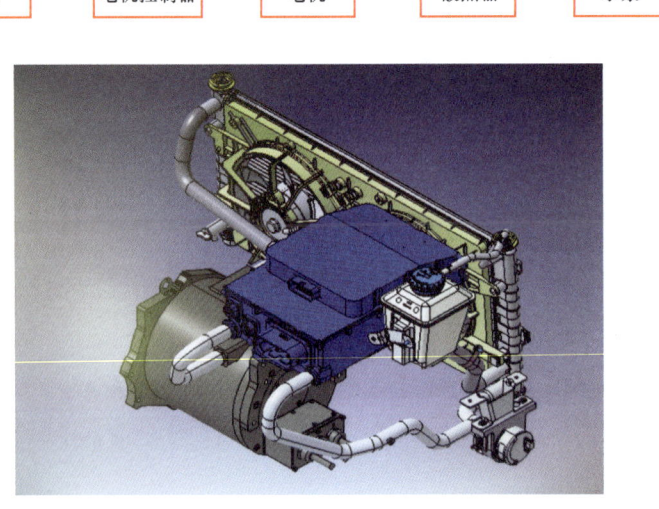

图 6-28　冷却路径（充电机风冷式）

对于充电机是水冷式的车型，该车冷却系统的冷却路径如图 6-29 所示。

水泵 — 电机控制器 — 充电机 — 电机 — 散热器 — 水泵

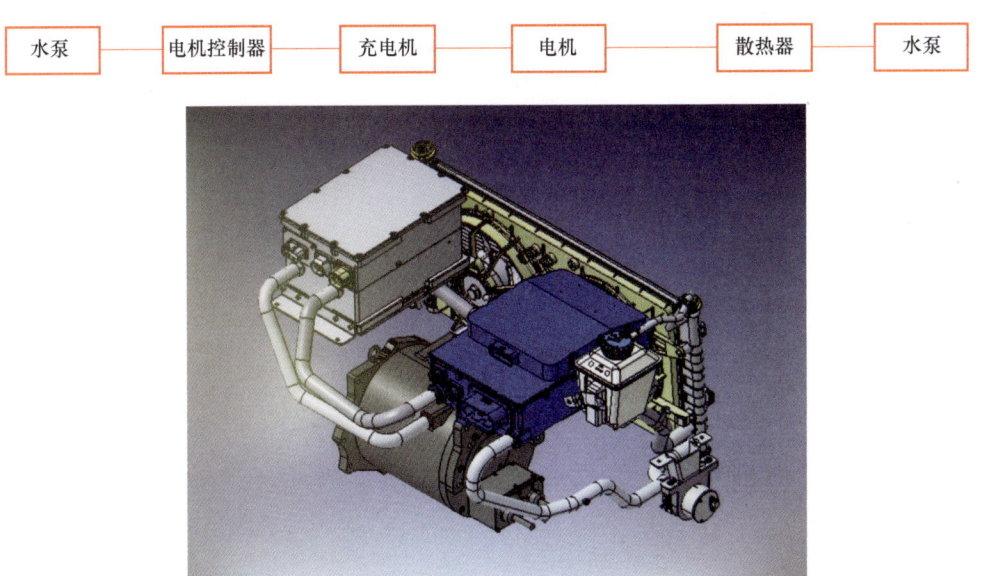

图 6-29 冷却路径（充电机水冷式）

四、冷却系统控制策略

冷却系统电动水泵与散热器风扇都由整车控制器控制，供电源均为低压蓄电池。

整车控制器通过控制水泵继电器使水泵工作运行或者关闭。水泵通过根据整车热源（电机、电机控制器和充电器）温度进行控制。

整车控制器通过控制高速风扇继电器或者低速风扇继电器，使得风扇 1 和风扇 2 同时开启或者关闭。

在充电与工作模式下，冷却系统具体的控制模式，见表 6-3。

表 6-3 冷却系统控制模式

工作模式	控制单元	热源	风扇档位	ON/℃	OFF/℃
充电模式	水泵	充电器	—	55	45
充电模式	风扇	充电器	低速	65	60
充电模式	风扇	充电器	高速	75	70
工作模式	水泵	电机控制器	—	−30	−35
工作模式	水泵	电机	—	−30	−35
工作模式	风扇	电机控制器	低速	45	43
工作模式	风扇	电机控制器	高速	50	48
工作模式	风扇	电机	低速	75	73
工作模式	风扇	电机	高速	80	78

由于散热器风扇同时给冷凝器、散热器提供强制冷却风，故散热器风扇运行策略受空调压力与整车热源温度双向控制，两者择高不择低。

五、冷却系统的检查与加注

1. 检查冷却系统

1）冷却液液位检查。纯电动汽车冷却液液位必须定期检查，如图6-30所示，检查冷却液液位应在电机降温后检查，在电机未完全冷却时，打开散热器盖，可能会导致冷却液喷出，造成严重烫伤。检查冷却液液位与传统汽车无区别，目视检查。

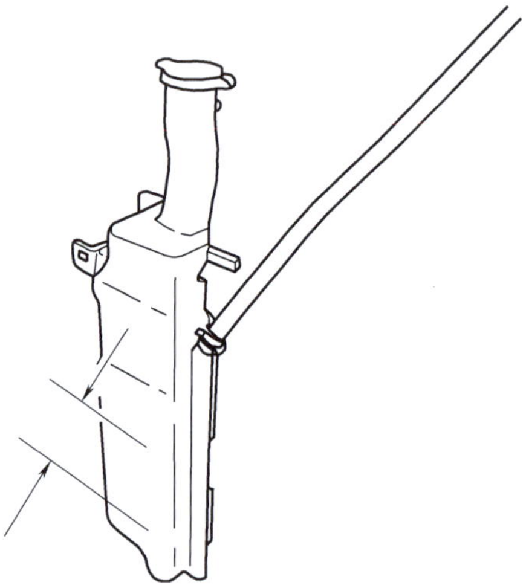

图6-30 检查冷却液液位

注意事项

在打开散热器盖之前，必须确认电机、DC/DC、电机控制器以及散热器均已冷却。
在冷却液处于冷状态测量时，罐内的冷却液的高度应保持在两条标记线之间。

2）检查冷却系统有无泄漏现象。检查冷却系统各管路和各部件接口处有无泄漏现象。

注意事项

在检查发动机舱任何部件之前，整车需要断电，将点火开关关闭，断开低压蓄电池负极。

3）检查水泵电源导线，是否有老化、破皮、电源线铜芯外露等现象。
4）检查散热器盖有无泄漏，软管处有无泄漏，芯体是否老化、堵塞。清洗散热器散热片是良好传热效果所必需的。当散热器和空调散热片出现碎屑堆积时进行清洗。在电机冷却后，在散热器后部（电机侧）使用压缩空气来冲走散热器或空调冷凝器的碎屑。

> **注意事项**
> 严禁使用水枪对散热器散热片喷水清洗。

2. 加注冷却液

如果膨胀水箱中的冷却液液位位于或低于下限（MIN）刻度线，则应添加冷却液或者蒸馏水，使液位上升到上限（MAX）刻度线，冷却液保养建议依据整车保养里程保养，建议完全更换频次为每两年完全更换一次。冷却液需维护保养应在整车特约维修点进行。

EV200 加注冷却液型号为"-40℃"的 E00004003 冷却液，整车加注量：风冷充电机车型为 3.8L，水冷充电机车型为 4.5L。

> **注意事项**
> 只可添加原厂指定型号的防冻冷却液。若添加不同型号的冷却液，或直接加水，会使得冷却系统发生锈蚀和产生沉淀物。切勿向冷却系统内添加任何防锈剂或其他添加物。因为，添加物可能与冷却液或电机组件不相容。

冷却液加注步骤为：打开膨胀水箱盖—排空冷却系统—关闭放水阀—一次加注—着车运转水泵—二次加注—关闭散热器膨胀阀。

向散热器加注口加注符合新能源汽车使用标准的冷却液，当目测冷却液加注至冷却液加注口位置时，开启电动水泵，待水泵循环运行 2～3min 后，再向散热器补充冷却液至加注口，重复以上加注操作，直至达到冷却系统加注量要求。然后向膨胀水箱加注冷却液至上限位置。

手工加注存在驱动电机和控制器中冷却液无法彻底排除问题，实际加注量可能低于标准值。

> **注意事项**
> 冷却液高度明显的降低意味着冷却系统发生了泄漏。如果发生这种情况，应检查泄漏点并排除。
> 在加注时，应避免泼溅到车身上，冷却液会损坏漆面。
> 冷却液加注量为 6L。

六、冷却系统常见故障及诊断

1. 冷却系统常见故障

冷却系统常见故障现象、原因和解决方案见表 6-4。

表 6-4 冷却系统常见故障现象、原因和解决方案

故障现象	故障部位	故障原因	解决方案
电机或控制器过热	冷却液缺少	冷却液缺少，未按维护手册添加冷却液	溢水罐处添加冷却液
	冷却液泄漏	环箍破坏，水管接口处冷却液泄漏	更换全新环箍，留存故障件
		水管破损，水管本身冷却液泄漏	更换全新水管，留存故障件
		散热器芯体破坏，芯体处渗漏冷却液	更换散热器芯体，留存故障件
		散热器水室开裂，水室外侧泄漏冷却液	更换散热器芯体，留存故障件
		散热器水室与芯体压装不良，接缝处渗漏	更换散热器芯体，留存故障件
		散热器放水堵塞丢失，放水孔处渗漏	更换散热器放水堵塞
	电动水泵	冷却液杂质，导致电动水泵堵转	更换系统冷却液
		电动水泵破损，泵盖/密封圈/泵轮破坏	更换电动水泵，留存故障件
		整车线束故障，虚接/短路/断路等故障	查找线束故障，依据线束维修手册处理
		更换电动水泵，留存故障件	控制器熔丝/继电器熔断/插接件脚退针
	散热器风扇	风扇控制器/继电器/插接件针脚退针	更换散热器风扇，留存故障件
		整车线束故障，虚接/短路/断路等故障	查找线束故障，依据线束维修手册处理
		扇叶破损/断裂，扇叶不工作	更换扇叶，留存故障件
		电机/控制器温度传感器故障，风扇不工作	查找电机/控制器故障，依据维修手册处理
	散热器	芯体老化，芯管堵塞	更换散热器
		散热带倒伏，影响进风量	更换散热器
		水室堵塞，影响冷却液循环	更换散热器
	前杠中网或下格栅	进风口堵塞	查找进风口故障，依据相应维修手册处理

冷却系统部件异响的常见故障现象、原因和解决方案见表6-5。

表6-5 冷却系统部件异响的常见故障现象、原因和解决方案

故障现象	故障部位	故障原因	解决方案
电动水泵异响	电动水泵	冷却液杂质，导致电动水泵堵转	更换系统冷却液
		泵轮破坏，造成电动水泵异响	更换电动水泵，留存故障件
		冷却液缺失，电动水泵空转	补充冷却液
		冷却液排空不彻底，电动水泵气蚀	冷却液排空气处理
		电动水泵高速运行，控制器或线束故障	更换控制器或查找整车线束故障
散热器风扇异响	散热器风扇	扇叶破损/断裂，扇叶异响	更换扇叶，留存故障件
		护风圈与扇叶摩擦，扇叶异响	更换风扇总成，留存故障件
		护风圈进入杂质，扇叶异响	排除杂质，确认风扇无异常
		冷却液温度过高，风扇高速运行	根据电机过热，排除故障

2. 冷却系统典型故障诊断

（1）故障现象 客户反馈EV200车辆在行驶中仪表显示电机过热故障，车辆行驶几公里以后，出现限速9km/h现象，仪表显示电机控制器过热。出现此故障后需将点火开关关闭，故障现象才会暂时消除，但行驶一段时间后故障还会重复出现。

（2）故障诊断与排除方法 分析其故障现象可能的原因为冷却液缺少、电动水泵故障、散热器风扇故障、冷却循环管路堵塞、电机温度传感器故障等。

1）首先目测，检查冷却液是否缺少，管路有无泄漏等现象。

2）若无1）现象，连接诊断仪，选择对应的车型和系统，进入整车控制器的数据流界面，选择所需的数据选项，读取电机和电机控制器温度的变化，判断具体的故障原因。

3）分析冷却系统部分电路图，如图6-31所示，检查水泵工作是否正常，MB02熔丝是否损坏，如有，应更换；检查水泵继电器工作是否正常；检查水泵本体。

4）检查风扇工作是否正常，检查熔丝SB02和SB03是否损坏，如有，应更换；检查风扇继电器1-高速和风扇继电器2-低速是否工作正常；检查电机温度传感器工作是否正常；检查风扇本体。

5）观察膨胀水箱是否存在冷却液循环不畅现象，进一步对冷却系统进行水道堵塞排查。采用压缩空气对散热器、管路和电机控制器进行疏通检查，若有堵塞，找到堵塞点用高压空气将电机控制器内部异物吹出，恢复冷却系统管路，加注冷却液后进行试车。

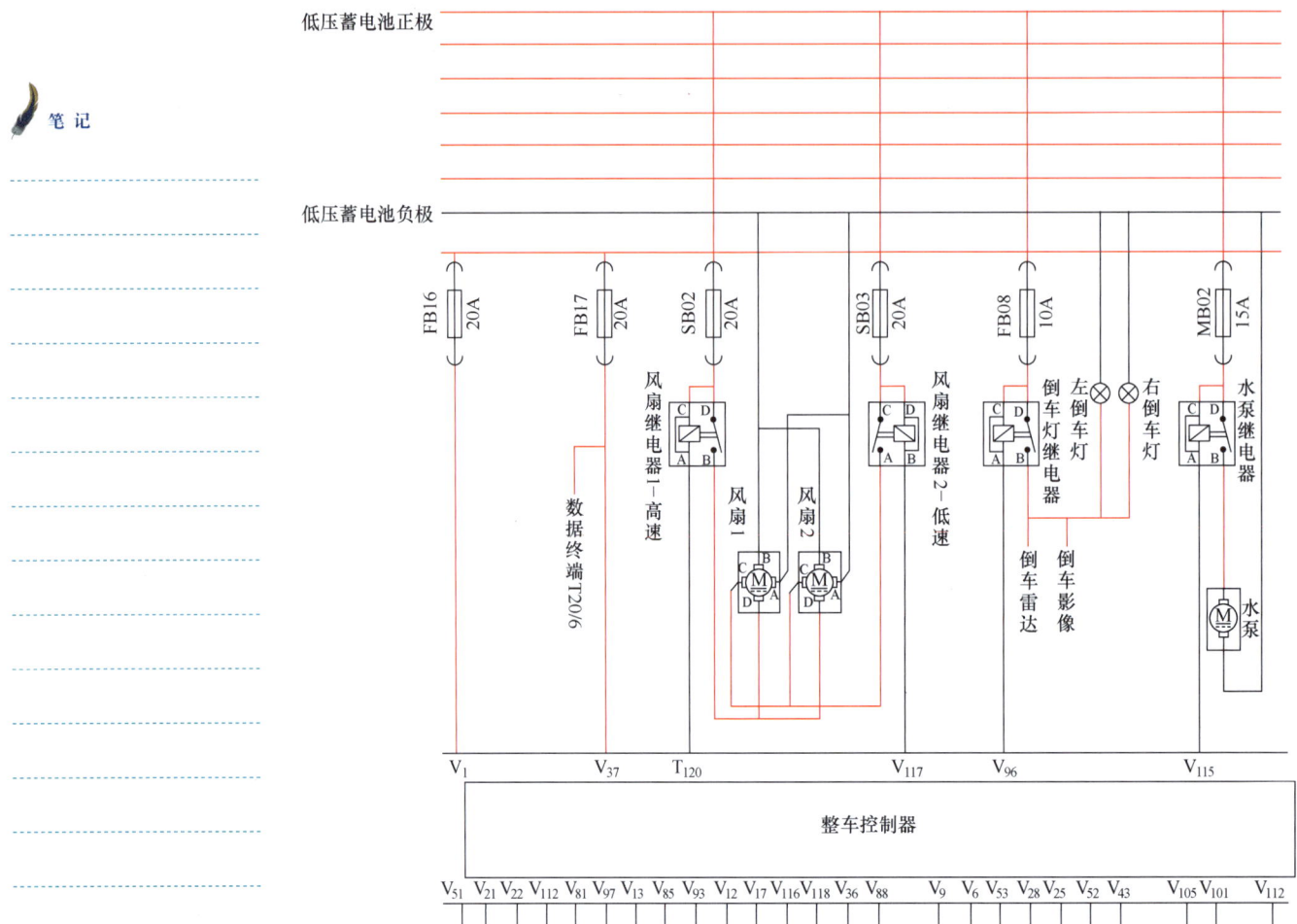

图6-31 冷却系统部分电路图

学习任务3　检修电动助力转向系统故障

【学习目标】

1. 能够说出电动助力转向系统的组成及关键部件的作用。
2. 能够说出电动助力转向系统的工作过程。
3. 能够说出电动助力转向系统插接件各端子的含义。
4. 能够完成电动助力转向系统常见故障的检测。

【任务描述】

客户委托：排除"转动时转向盘沉重"故障

小王于2015年购买了一辆北汽新能源EV200轿车，行驶了2万km，最近发现车辆在行驶时向左转动转向盘稍微沉重，向右转动转向盘正常，仪表显示无故障。于是前往4S店修理，维修人员接待了小王，详细询问车辆故障现象及故障发生的过程，了解客户需求后，展开维修工作。

【知识准备】

一、电动助力转向系统的概述

在节能减排、小型化、轻量化的全球发展趋势中，电动助力转向系统（EPS）的应用成为汽车转向系统技术的主流，特别是在新能源和电驱动乘用车领域。

传统的液压助力依靠发动机运转来带动液压泵，所以液压转向系统会使整个发动机燃油消耗量增加3%~5%，而电动助力转向系统以蓄电池为能源，以电机驱动，可独立于发动机工作，电动助力转向系统几乎不直接消耗发动机动力，降低了车辆使用过程中的油耗。电动助力转向系统可使整车油耗降低大约2.5%。

电动助力转向系统能够根据汽车转向盘转矩、转向盘转角、车速和路面状况等，为驾驶人提供最佳转向助力，使转向更加轻松柔和，另外还能使车辆具有良好的直线保持能力以及抑制颠簸路面反作用力的能力，保证各种行驶工况下的路感。

二、电动助力转向系统的组成及分类

电动助力转向系统主要是由转矩传感器、电子控制单元 ECU 和助力电机等组成的，如图 6-32 所示。电子控制单元根据各传感器输出的信号计算所需转向助力的转矩，并通过功率放大模块控制助力电机的转动，电机的输出经过减速机构减速增扭后驱动齿轮齿条机构产生相应的转向助力。

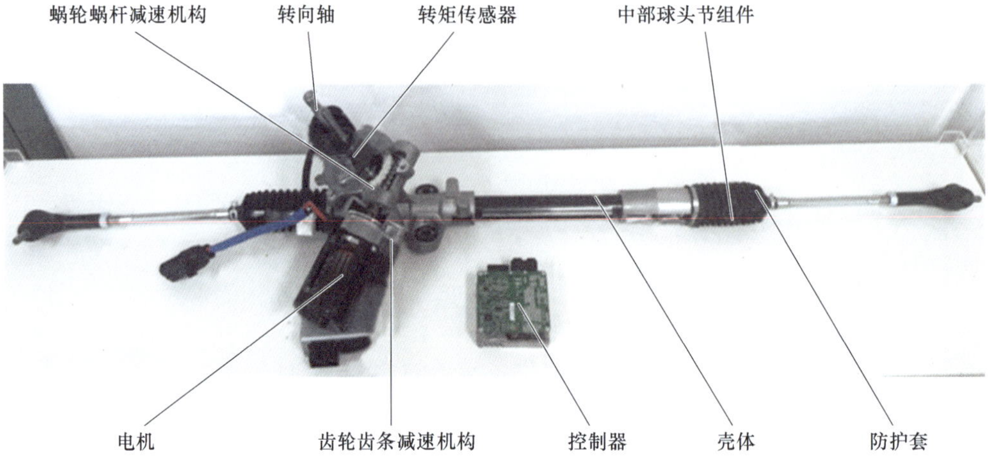

图 6-32 转向系统结构图

目前电动助力转向系统按助力作用位置分为管柱助力式（C-EPS）、齿轮助力式（P-EPS）和齿条助力式（R-EPS）。

三、电动助力转向系统关键部件的结构及工作原理

1. 电机总成的结构及电机控制原理

电动助力转向系统使用的电机分为两种：有刷电机和无刷电机。安装在转向器上的电机总成由一个蜗杆、一个蜗轮和一个直流电机组成。当蜗杆与安装在转向器输出轴上的蜗轮啮合时，它降低电机速度并把电机输出力矩传递到输出轴。图 6-33 所示为电动助力转向系统直流电机的结构组成。

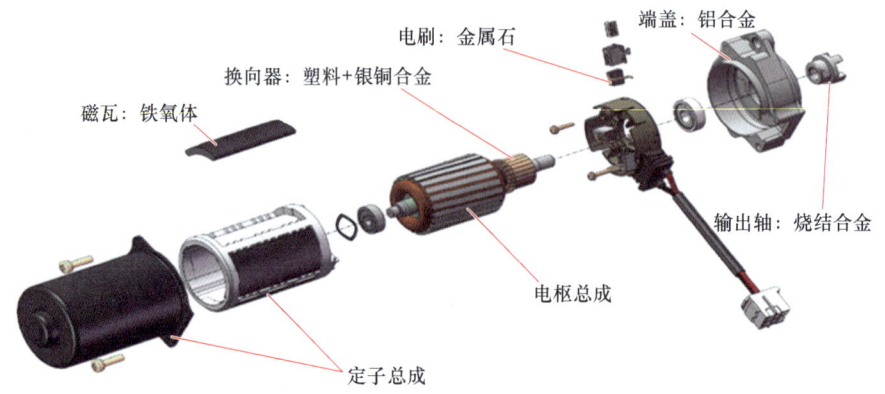

图 6-33 电动助力转向系统直流电机的结构组成

电动助力转向系统常采用永磁式直流电机，额定电压为12V。较简单的电机正反向和转矩控制电路如图6-34所示。图中 a_1、a_2 为触发信号输入端，触发信号由计算机根据转向信号提供。当 a_1 端得到高电位触发信号时，晶体管 T_3 导通，同时 T_2 得到基极电流导通，电流经 T_2 电机 M 和 T_3 形成回路，使电机正转，同理当 a_2 端得到触发信号时，将使电机反转。计算机控制触发信号电流的大小即可控制通过电机的电流大小及助力矩的大小。在需要最大转向助力时，晶体管将工作在饱和导通状态；当需要较小转向助力时，晶体管将工作在饱和导通状态；当需要较小转向助力时，晶体管将处于非饱和导通状态。

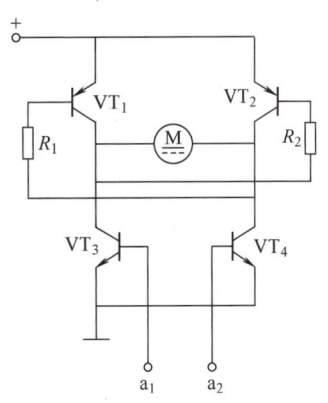

图6-34 较简单的电机正反向和转矩控制电路

2. 转矩传感器的结构及控制原理

常见的转矩传感器一般由扭力元件（扭力弹簧）和电测元件组成，分为无触点电磁感应式扭力传感器和有触点滑动电阻式转矩传感器。由两个带孔圆环、线圈、线圈盒及电路板组成。它获得转向盘上操作力大小和方向信号，并把它们转换为电信号，传递到电动助力转向系统控制器。

两个带孔圆环一个安装在输出轴上，一个安装在输入轴上。当输入轴相对输出轴转动时，电路板计算出输入轴相对于输出轴的旋转方向和旋转量。当转动转向盘时，转矩被传递到扭力杆，输入轴和输出轴之间出现角度偏差，电路板检测出角度偏差及方向，通过计算得到转矩大小和方向并转换为电压信号传递到电动助力转向系统控制器中。

3. 蜗轮蜗杆减速机构

蜗杆传动由蜗杆和蜗轮组成，用于传递空间两交错轴之间的运动和动力，通常两轴交错角为90°。一般用作减速传动，广泛应用于各种机械设备和仪表中。按蜗杆的形状不同，蜗杆传动可分为圆柱蜗杆传动、圆弧面蜗杆传动和锥面蜗杆传动。蜗轮蜗杆减速机构起到传递转矩和减速的作用。蜗轮蜗杆减速机构如图6-35所示。

蜗轮蜗杆减速机构的特点如下：

1）传动比大，结构紧凑。单级蜗杆比 $i = 5 \sim 80$，若只传递运动，其传动比可达1000。

2）传动平稳，噪声小。由于蜗杆齿呈连续的螺旋状，它与蜗轮齿的啮合是连续不断地进行的，同时啮合的齿数较多，故传动平稳，噪声小。

3）可制成具有自锁性的蜗杆。当蜗杆的螺旋线升角小于啮合面的当量摩擦角时，蜗杆传动便具有自锁性。

4）传动效率低。因蜗杆传动齿面间存在较大的相对滑动，摩擦损耗大，效率较低。一般为0.7~0.8，具有自锁性的蜗杆传动，效率小于0.5。

图 6-35 蜗轮蜗杆减速机构

5）蜗轮的造价较高。为减轻齿面的磨损及防止胶合，蜗轮一般要采用价格较贵的有色金属制造，因此造价较高。

四、电动助力转向系统插接件各端子的定义

电动助力转向系统插接件外观如图 6-36 所示，端子定义见表 6-6。

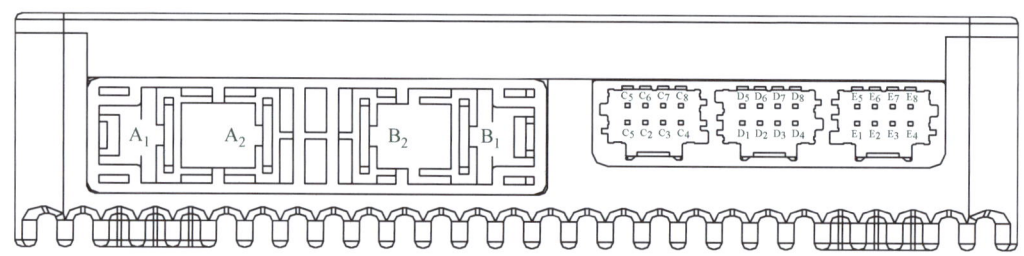

图 6-36 电动助力转向系统插接件外观

表 6-6 电动助力转向系统插接件端子定义

端　　子	端子用途定义	颜　　色
A_1	电源正	红
A_2	电源负	黑
B_1	电动机正	黑
B_2	电动机负	红
C_2	辅路 T_2	绿
C_5	主路 T_1	黑
C_6	搭铁 GND	—
C_7	电源 +12V	红
C_8	电源 TSV5	—
D_5	CAN-H	黄
D_6	CAN-L	白
D_8	点火开关 IG	绿

五、电动助力转向系统的工作原理

图 6-37 所示为电动助力转向系统原理图。

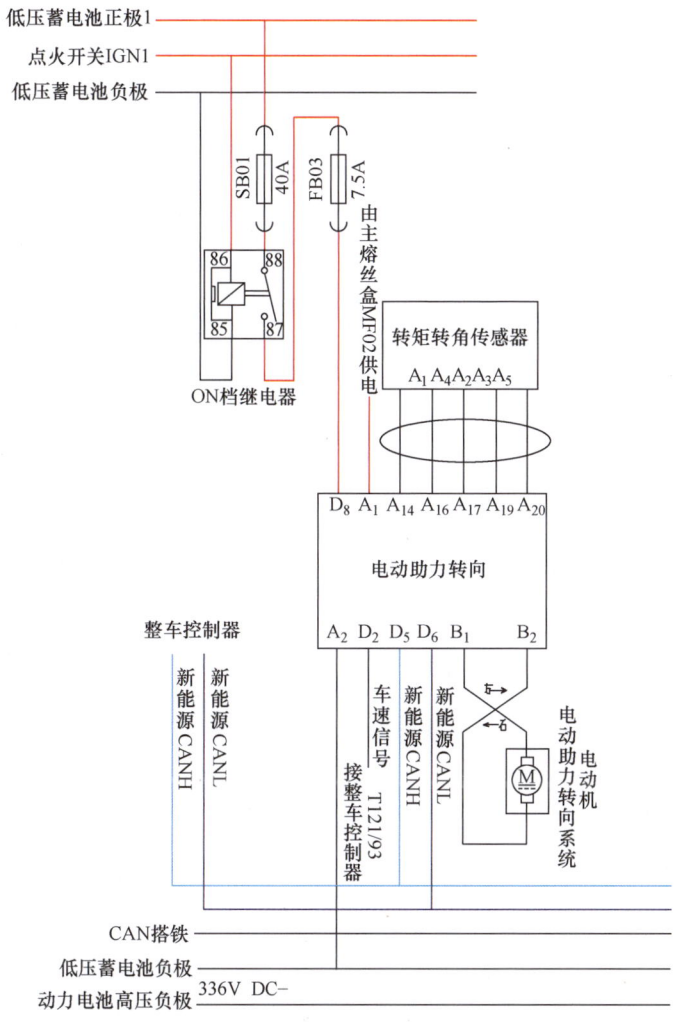

图 6-37 电动助力转向系统原理图

1) 当点火开关处于 ON 档,ON 档继电器吸合后电动助力转向系统开始工作。

2) 当电动助力转向系统正常工作时,电动助力转向系统根据接收来自整车控制器的车速信号、唤醒信号及来自转矩传感器的转矩信号等进行综合判断,以控制电动助力转向系统助力电动机的转矩、转速和方向。

3) 转向控制器在供电 200ms 内完成自检,供电 200ms 后可以与 CAN 总线交换信息,供电 300ms 后输出 470 帧(转向故障和转向状态上报帧)。

4) 当电动助力转向系统检测到故障时,通过 CAN 总线或硬线向整车控制器发送故障信息,并采取相应的处理措施。

电动助力转向系统的助力作用受计算机控制,在低速转向时的助力作用最强,随着车速的升高助力作用逐渐减弱,当车速达到一定时计算机停止向电动机供电,转向变为完全由驾驶人人力操纵。由此可见,电动助力转向系统在低速转向时,可获得较轻便的转向特性,而在高速转向时,则可获得完全的转向"路感",具有优越的控制特性,保证车辆行驶的安全。

六、电动助力转向系统常见故障的检测

1. 常见故障

(1) 转向沉重　转向沉重可能的原因有插接件未插好,线束接触不良或破损,转向盘安装不正确,转矩传感器性能不良,转向器故障,车速传感器性能不良,主熔丝和线路熔丝烧坏,电动助力转向系统控制器故障。

故障排除方法为插好插头,更换线束,正确安装转向盘,更换转矩传感器,更换转向器,更换车速传感器,更换熔丝,更换控制器。

(2) 在直行时车总是偏向一侧　在直行时车总是偏向一侧可能的原因是转矩传感器性能不良。

故障排除方法为更换转向器。

(3) 转向力不平顺　转向力不平顺可能的原因是转矩传感器性能不良。

故障排除方法为更换转向器。

2. 故障检测流程

排除电动助力转向系统故障,要遵循一定的故障检测流程,如图6-38所示。

3. 故障检查步骤

故障检查步骤见表6-7。

表6-7　故障检查步骤

步骤	操 作	是	否
1	主熔丝和线路熔丝是否完好	进入第2步	主熔丝和线路熔丝断
2	打开点火开关,检查终端"D_8"和控制盒体搭铁之间的电压,是电池电压吗	进入第3步	整车信号线断开或短路
3	检查终端"A_1"和控制盒体搭铁之间的电压,是电池电压吗	进入第4步	整车电源线断开或短路
4	整车无助力可以行驶	进入第5步	CAN通信不畅
5	插头与电动助力转向系统控制盒之间连接是否牢靠	如果上述各项都完好,更换一个换好的电动助力转向系统控制盒,重新检查	搭铁不良

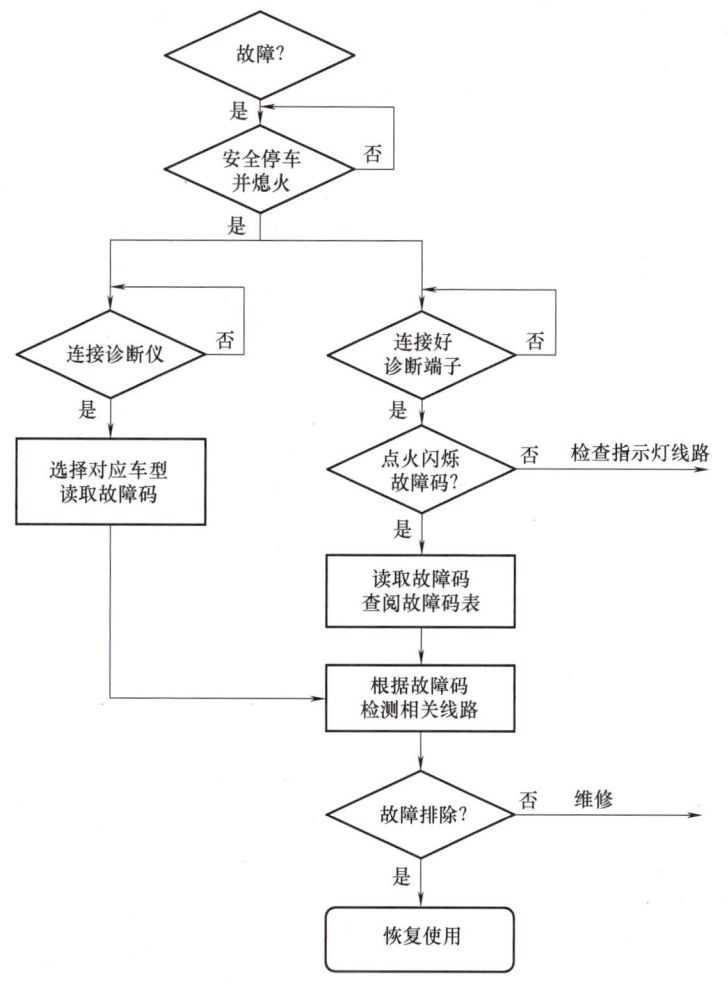

图 6-38 故障检测流程

4. 转矩传感器的检测

参考表 6-7 转矩传感器电压信号进行检测，对打开点火开关转动转向盘在直行状态主、辅信号电压约为 2.5V；左转主信号电压升高，辅信号电压降低，主、辅电压之和等于 5V；右转主信号电压降低，辅信号电压升高，主、辅电压之和等于 5V。

5. 转向盘自由间隙的检查

大小通过在轴方向和横方向移动转向盘，检查转向盘是否松动或发生"吱吱"声。如果发现缺陷，进行维修或更换。在车辆停止，车辆固定在地面朝前方的状态下检查转向盘的自由间隙。

转向盘自由间隙的范围为 0~30mm。

如果转向盘运动不在规定自由间隙的范围内，按如下步骤进行检查，如果发现缺陷，进行更换。

1）检查转向横拉杆球头是否磨损。
2）检查下部球接头是否磨损。
3）检查转向轴接头是否磨损。

4）检查转向小齿轮或齿轮齿条是否磨损或破裂。

5）检查其他部件是否松动。

6. 转向力的检查

1）汽车停放在水平路面上，转向盘放置在平直向前位置。

2）检查轮胎充气压力是否符合指定要求。

3）起动车辆。

4）将点火开关置于 ON 档时，通过相切方向钩住转向盘上的弹簧秤测量转向力。

5）转向力至少 35N（3.5kg）。

学习任务4 检修电动空调系统故障

【学习目标】

1. 了解电动汽车空调系统的结构组成。
2. 掌握电动汽车空调系统的控制原理。
3. 能够按照安全操作规程对空调系统进行维修。
4. 掌握空调系统维修故障案例。

【任务描述】

客户委托：排除空调系统不制冷故障

一辆电动汽车的空调系统不能出冷风，作为一名维修电动汽车的技术人员请你为客户的车辆进行检查并排除空调系统故障。

【知识准备】

汽车空调系统是实现对车厢内空气进行制冷、加热、换气和空气净化的装置。制冷的功能是吸收进入车内的空气中所含的热量和水分。它可以为乘车人员提供舒适的乘车环境，降低驾驶人的疲劳强度，提高行车安全。

一、空调制冷系统的组成

空调制冷循环系统的组成与传统车辆类似，由空调压缩机、冷凝器、膨胀阀、蒸发器及管路组成。只是空调压缩机改为电动形式的压缩机。某电动车型的空调系统组成如图 6-39 所示。

空调制冷剂循环过程原理如图 6-40 所示。

1. 电动空调压缩机

电动汽车空调驱动方式与传统汽车空调不同，采用电机驱动。电动空调压缩机固定在车辆的底盘上，一般在电动空调压缩机上集成有压缩机控制器。空调压缩机控制

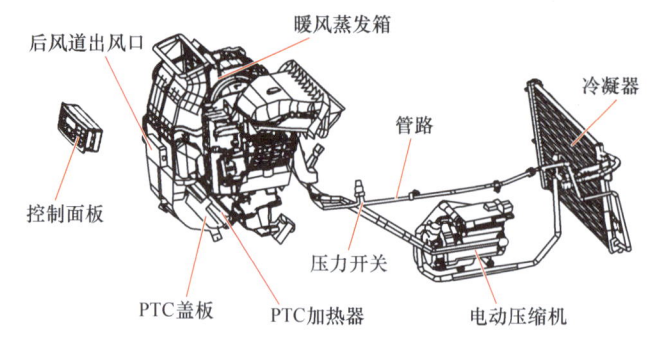

图 6-39 某电动车型的空调系统组成

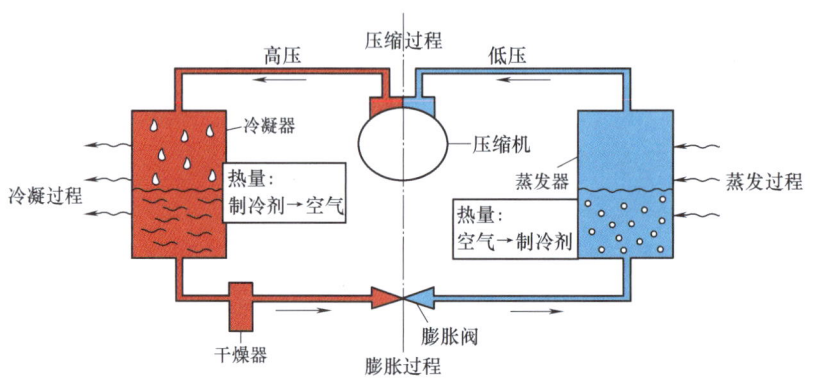

图 6-40 空调制冷剂循环过程原理

器将高压直流电转换成三相交流电而驱动空调压缩机。电动压缩机上布置有高压插头和低压插头,压缩机本体上有制冷剂循环的进出管路。某车型的直流电动空调压缩机的外观及安装位置及说明如图 6-41 所示。

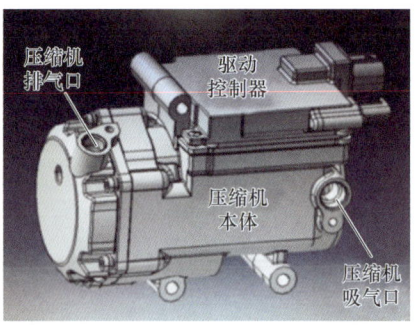

图 6-41 某车型的直流电动空调压缩机的外观及安装位置及说明

电动汽车空调的压缩机一般使用涡旋式压缩机,涡旋式压缩机包括一个定涡盘和一个动涡盘,这两个相互啮合的涡盘,其线形是相同的,它们相互错开 180°安装在一起,即相位角相差 180°。涡旋式压缩机的工作过程如图 6-42 所示。压缩机内部工作分为吸气、压缩和排气等过程。

电动压缩机参数包括工作电压、控制电源电压范围、额定输入功率等。某车型电动压缩机的参数见表 6-8。

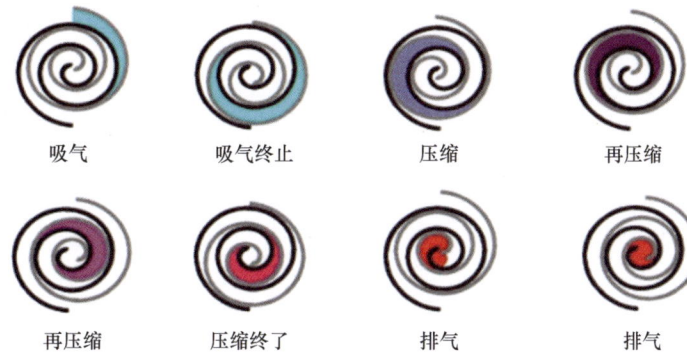

图 6-42 涡旋式压缩机的工作过程

表 6-8 某车型电动压缩机的参数

工作电压范围	DC 330~450V
额定输入电压	DC 384V
额定输入功率	2437W
控制电源电压范围	DC 9~15V
控制电源最大输入电流	500mA
电机类型	直流无刷无传感器电机，6 极
额定转速	6500r/min
最小转速	1000r/min
转速误差	<1%
排量	27mL/r
制冷剂	R134a
冷冻油	RL68H；（POE68）
制冷量	4875W

某车型电动压缩机插接件引脚定义见表 6-9。

表 6-9 某车型电动压缩机插接件引脚定义

插接件	端口	接口定义	备注
高压两芯（动力接口）	A	高压正	控制器与动力电池连接
	B	高压负	
低压六芯（控制信号接口）	1	DC 12V 正极	
	2	空调开关信号输入	高电平或悬空为关闭（OFF），低电平或搭铁为开启（ON） 高电平输入范围：DC 5~15V，15mA；低电平输入范围：DC 0~0.8V，15mA
	3	空调调速信号输入	信号形式为 400Hz PWM 占空比信号，电压：0~15V，高电平 5~15V，15mA，低电平 0~0.8V
	4	DC 12V 负极	
	5	CAN-H 接口	
	6	CAN-L 接口	

2. 冷凝器

冷凝器是用于将制冷剂所含的热量释放，并将制冷剂由气态转变成液态的热交换器。冷凝器安装在车辆的前部，风扇将风吹过散热装置，以利于排出热量。来自压缩机的制冷剂以高温高压的气态形式从顶部进入冷凝器。当经过冷凝器时，制冷剂释放所含的大量热量并凝集在底部。在冷凝器出口，制冷剂处于高压低温液态。冷凝器的工作原理如图 6-43 所示。

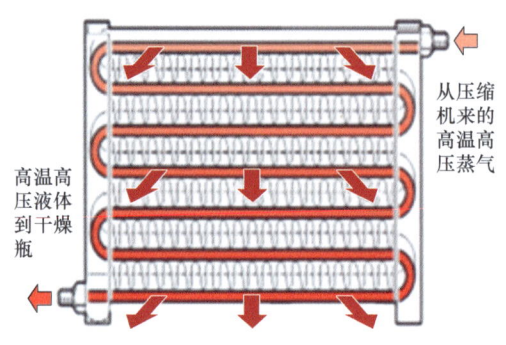

图 6-43 冷凝器的工作原理

3. 膨胀阀

膨胀阀的作用是使从冷凝器过来的高温高压液体制冷剂通过膨胀阀的节流降压成为容易蒸发的低温低压雾状制冷剂进入蒸发器，即分开了制冷剂的高压侧和低压侧。膨胀阀可以自动调节制冷剂流量，它根据制冷负荷的改变和压缩机转速的变化，自动调节制冷剂进入蒸发器的流量以满足制冷循环的需要。膨胀阀的外观和内部结构原理如图 6-44 所示。

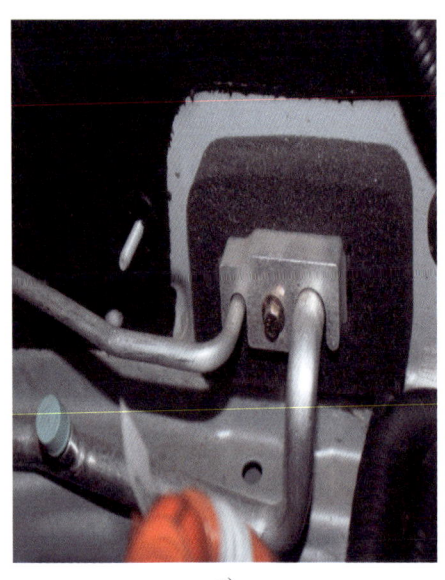
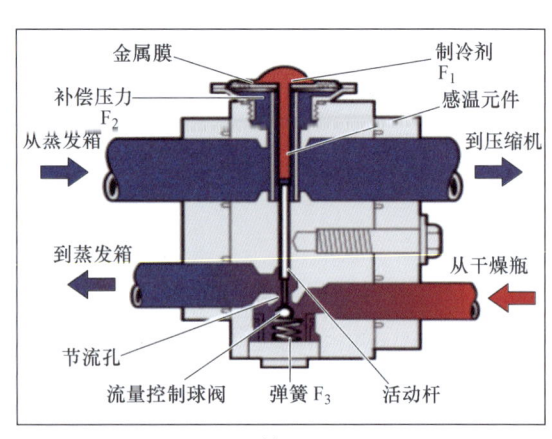

图 6-44 膨胀阀的外观和内部结构原理
a）膨胀阀的外观　b）膨胀阀的内部原理

4. 蒸发器

蒸发器是一个热交换器，减压后的制冷剂以液/气态进入蒸发器，蒸发器中的制冷剂吸收进入车内的外部空气的热量，制冷剂蒸发。在蒸发器出口处，制冷剂呈低压低温气态。

在蒸发器处安装有蒸发器温度传感器来测量蒸发器温度，当蒸发器温度低于一定温度时空调停止运转，防止蒸发器结霜、结冰。当蒸发器温度高于一定温度时，空调系统才能重新接通，是空调电气控制系统的一个保护性传感元件。图 6-45 所示为蒸发器外观和蒸发器温度传感器。

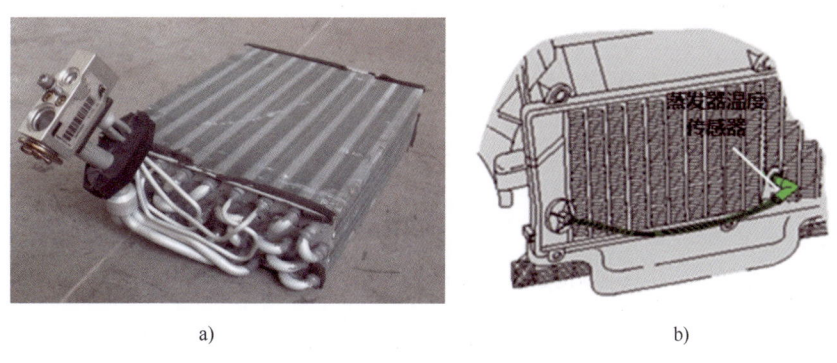

a)　　　　　　　　　　　　b)

图 6-45　蒸发器外观和蒸发器温度传感器

a）蒸发器外观　b）蒸发器温度传感器

二、空调送风系统

空调送风系统的作用是指经过冷却或加热的空气通过特定的风道送到驾驶室内相应的位置。送风系统的组成主要由鼓风机、风道、风门和出风口等组成。某车型的送风系统结构如图 6-46 所示。

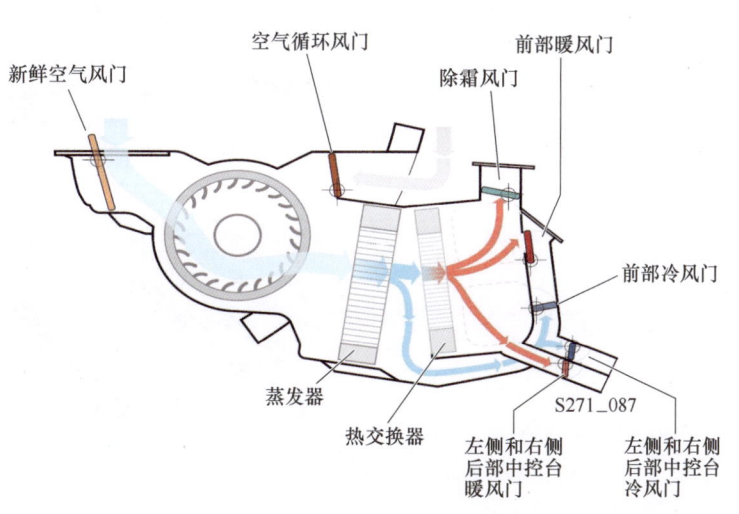

图 6-46　某车型的送风系统结构

空调控制器（ECC）一般与空调面板制成一体，控制电机调节和控制系统中的各个风门，使之按需要移动到各种位置，引入内部或外部的空气通过不同的风道，实现各种送风模式。图 6-47 所示为风道内部元件及结构图。

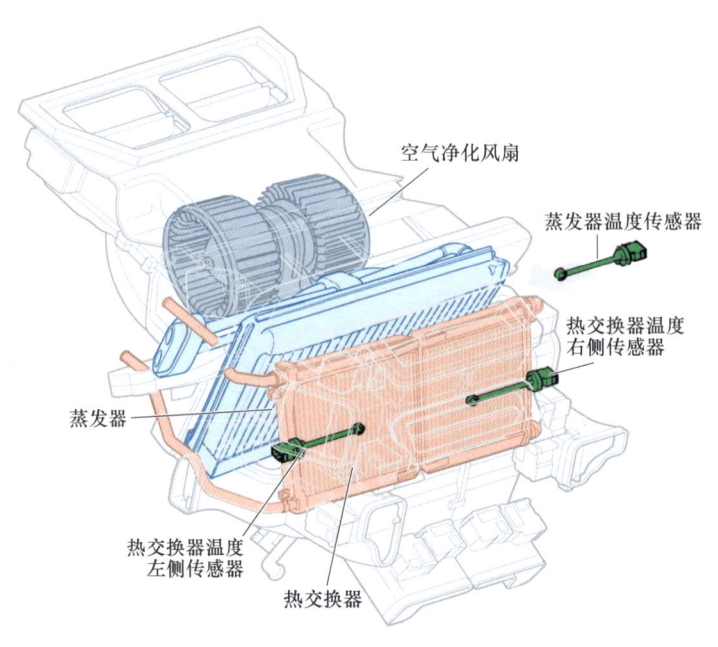

图 6-47　风道内部元件及结构图

三、空调采暖系统

电动汽车没有传统车的发动机，没有了热源，靠电加热器的热能来采暖。在空调的暖风部分，热源为 PTC 加热电阻。有的电动车型，使用 PTC 加热电阻加热冷却液作为热源。

某车型 PTC 加热电阻由高压供电，由整车控制器或空调控制器控制搭铁回路。PTC 加热电阻的电路原理及外观如图 6-48 所示。

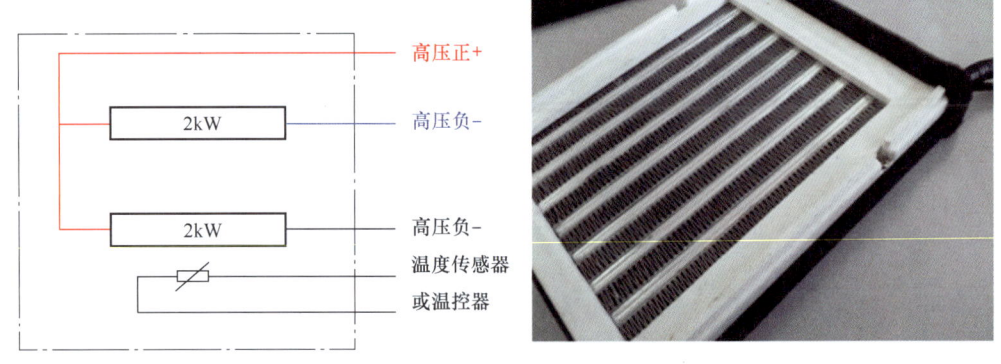

图 6-48　PTC 加热电阻的电路原理及外观

在有些车型上，PTC 加热电阻的工作由专门的控制模块控制，PTC 加热电路原理如图 6-49 所示。PTC 控制模块采集加热请求，同时根据整车控制器或压缩机控制器控制信号、PTC 总成内部传感器温度反馈等信号综合控制 PTC 通断。PTC 控制模块采集信息内容包括风速、冷暖程度设置、出风模式、加热器起动请求和环境温度。

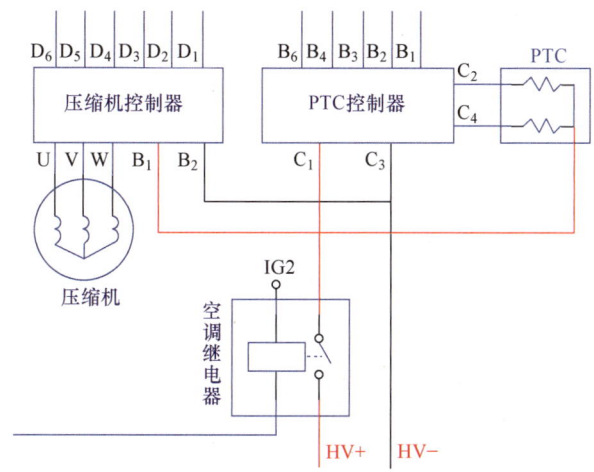

图 6-49　PTC 加热电路原理

四、电动空调的控制原理

1. 空调控制方式

在某电动车型中，整车控制器控制空调功能的开启与关闭。点火开关旋至 ON 档后，按下 A/C 按钮，表示空调制冷功能请求输出。此时，整车控制器会接到 A/C 请求信号，同时开关上的工作状态指示灯点亮，整车控制器根据内部程序控制制冷系统工作。图 6-50 所示为由整车控制器控制的空调系统工作原理图。

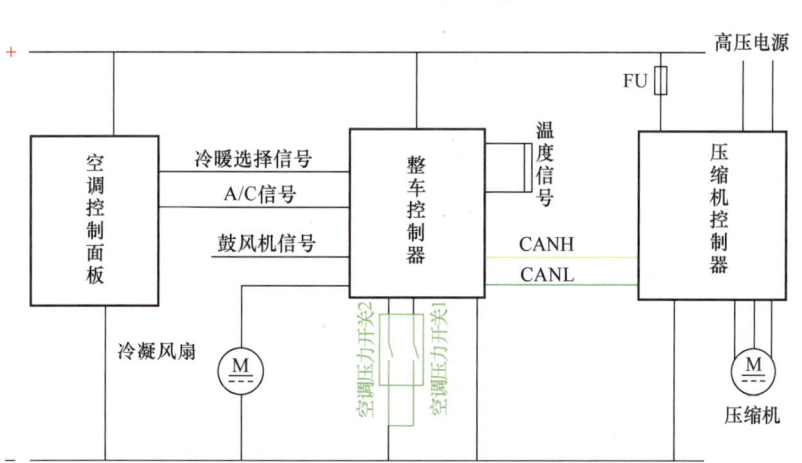

图 6-50　由整车控制器控制的空调系统工作原理图

还有的电动车型由空调控制器控制的空调系统工作。图 6-51 所示为由空调控制器控制的空调系统工作原理图。

2. 冷凝风扇的控制策略

冷凝风扇的控制与制冷剂管路压力有关，冷凝风扇的工作条件如下：

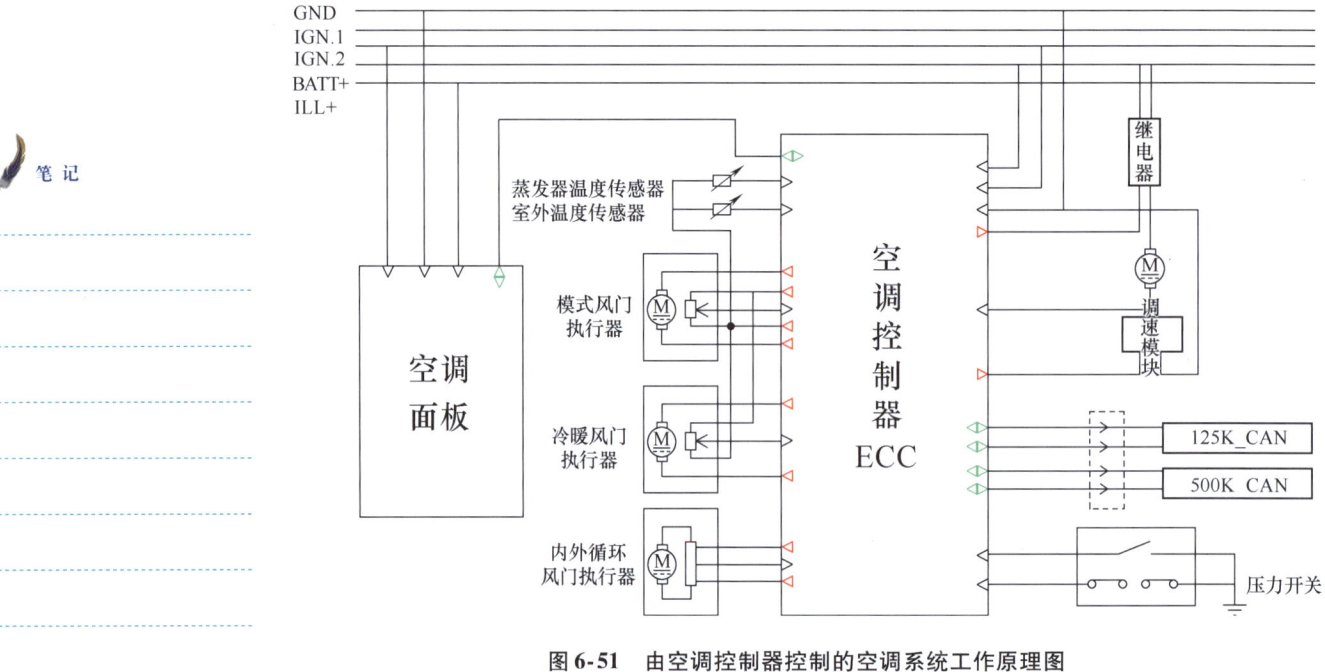

图 6-51　由空调控制器控制的空调系统工作原理图

（1）开启条件　开启条件为高低压开关闭合，并且有 A/C 请求信号开启或电池制冷请求信号开启。

（2）关闭条件　关闭条件为高低压开关断开或 A/C 请求信号关闭。

（3）关闭延时控制　在待机模式下，高低压开关断开请求关闭，冷凝风扇延时 5s 关闭。在开机模式下，高低压开关断开时，冷凝风扇延时 5s 关闭。若高低压开关闭合，关闭 A/C 请求信号，则冷凝风扇延时 5s 关闭。风扇控制与系统压力的关系见表 6-10。

表 6-10　风扇控制与系统压力的关系

序　号	系统压力工况	系统高低压触发状态	系统中压触发状态	风扇请求状态
1	压力过低	触发	未触发	停机
2	压力正常	未触发	未触发	低速
3	压力偏高	未触发	触发	高速
4	压力过高	触发	触发	高速

3. 与空调系统有关的控制器的通信

以某电动车为例讲解空调系统的内部通信原理。

（1）空调控制器与 PTC 控制器通信　某车型空调控制器与 PTC 控制器通过 500K_CAN 网络进行信息交互，通信原理如图 6-52 所示。

图 6-52　空调控制器与 PTC 控制器通信原理

根据 CAN 报文协议，在冷暖调节（即屏幕显示）至暖区四档时，空调控制器发出 PTC 控制器使能命令；当环境温度大于 35℃时，不允许 PTC 控制器加热器工作；

收到整车控制器停机命令后不允许起动 PTC 控制器加热器，若已经起动，即时停止 PTC 控制器工作；在 PTC 控制器起动状态下，若乘员关闭空调，则风机延时 5s 后停机，同时风向调整至吹足，此延时状态仅用于 PTC 控制器散热，显示屏在关机时刻即关闭。

（2）空调控制器与压缩机控制器之间的通信　空调控制器与压缩机控制器通过 500K_ CAN 网络进行信息交互。

在按下 A/C 制冷功能按键后起动电动压缩机，同时点亮指示灯；此功能起动后自动联动内循环；仅在冷暖调节至相应区间后可起动电动压缩机；指示灯表示目前处于制冷状态，不指示实际电动压缩机工作状态（即电动压缩机由于蒸发温度、管路压力、故障、移出相应冷暖调节区间、整车控制器停机命令等因素停机或暂时停机时，此按键指示灯不熄灭），直至乘员手动关闭；在待机状态操作此按键可唤醒空调，同时起动制冷功能。

（3）空调控制命令　根据 CAN 报文协议，控制电动压缩机需同时发出使能、目标转速两项命令。目标转速根据制冷程度选择分别对应 3500r/min（最冷）、2500r/min、2000r/min、1500r/min，冷暖调节为中间状态或制暖状态时压缩机停机；蒸发温度目标值上下限分别为 1℃、4℃；当环境温度低于 5℃时，不允许电动压缩机工作；收到整车控制器停机命令后不允许起动电动压缩机，若已经起动，即时停止电动压缩机工作。

五、排除空调系统故障

1. 空调系统故障诊断原理

空调系统故障包括 CAN 通信故障、欠电压故障、过电压故障、过热报警和过电流保护。

（1）CAN 通信故障　当空调控制器接收到来自 CAN 总线的控制指令时，控制器将根据控制指令执行相应动作。压缩机在运行过程中要不断地接收到来自 CAN 总线信息，若压缩机控制器在 5s 内未接收到有效的 CAN 指令，则认为 CAN 通信故障，压缩机将执行停机操作。

（2）欠电压故障　当空调控制器输入电压低于 DC 220V 时，进入欠电压故障模式，控制器通过 CAN 信息将故障信息上传。

（3）过电压故障　当空调控制器输入电压大于 DC 420V 时，进入过电压故障模式，控制器通过 CAN 信息将故障信息上传。

（4）过热报警　控制器通过内部传感器可以实时监测 IGBT 的工作温度。当 IGBT 工作温度大于 90℃时，控制器将给出停机指令，停止压缩机工作并将过热报警信息通过 CAN 总线上传。

（5）过电流保护　当控制器在运行过程中，如果载荷超过系统最大带载能力或出现较大扰动，会造成系统输出相电流变大，当相电流达到硬件设定值时，触发硬件过电流保护功能。控制器立刻停止运行并通过 CAN 通信上报故障信息。

2. 空调系统维修注意事项

在维修空调系统时要注意以下事项：

1）压缩机绝缘电阻值为 20MΩ。

2）高压部件安全操作。

3）拆解后及时密封各管路开口，防止水或湿空气进入系统。

4）冷冻机油（压缩机润滑油）为 POE68，与传统车（PAG 冷冻机油）不同，不要混用。

5）连接安装各管路接口时注意管口清洁，O 形圈涂抹冷冻油。

6）制冷剂加注量按要求。

7）制冷剂喷出时注意个人防护，避免接触冻伤、吸入及误入眼睛。

3. 制冷系统故障排查简要流程

（1）压缩机故障

1）首先确认操作正常。

2）检查系统压力是否正常。

3）检查空调系统的电路是否存在短路、断路，插接器不良的现象。

4）若均正常，可怀疑空调控制面板或整车控制器，检查电动压缩机控制信号是否正常。

5）无法检查出外围故障，则可认定为压缩机自身故障。

（2）PTC 控制器故障

1）首先确认操作正常。

2）检查系统连接是否正常，是否存在插接件漏插等现象。

3）高压熔丝（即高压电输入 PTC 控制器）是否正常。

4）建议通过故障诊断仪进行故障提示。

4. 电动空调压缩机常见故障分析

电动空调压缩机是空调系统的核心部件，表 6-11 所示为电动压缩机常见故障分析表。

表 6-11 电动压缩机常见故障分析表

故　障	现　象	原因及判断	检测及排除措施
驱动控制器不工作，压缩机不工作	压缩机无起动声音，电源电流无变化	① DC 12V 控制电源未通入驱动控制器 ② 控制电源电压不足或超压 ③ 插接件端子接触不良或松脱	① 检查驱动控制器控制电源插头端子是否松脱 ② 检查控制电源到驱动控制器之间的导线是否有断路 ③ 测量控制电源电压是否达到要求（对 DC 12V 控制电源驱动控制器，控制电源至少大于 DC 9V，不得高于 DC 15V）

(续)

故障	现象	原因及判断	检测及排除措施
驱动控制器工作正常，压缩机不正常工作	压缩机发出异常声音	① 电机缺相 ② 冷凝器风机未正常工作，系统压差过大，电动机负载过大	① 检查驱动控制器与电机连接的三相插头及相关导线，保证其接触良好及导通 ② 保证冷凝器风机正常工作，待系统压力平衡后再次起动
驱动控制器工作正常，压缩机不工作	压缩机无起动声音，电源电流无变化，各端口电压正常	驱动控制器未接收到空调系统的 A/C 开关信号	① 检查 A/C 开关是否有故障 ② 检查与 A/C 开关相连的导线是否断路 ③ A/C 开关连接方式是否正确
驱动控制器工作正常，压缩机不工作	压缩机无起动声音，电源电流无变化，高压端口电压不足或无供电	欠电压保护起动	关闭整车主电源 ① 检查驱动控制器主电源输入接口处的插接件端子是否有松脱 ② 主电源到驱动控制器之间的导线是否断路 ③ 控制主电源输入的继电器是否正常动作
驱动控制器自检正常，压缩机不工作	压缩机起动时有轻微抖动，电源电流有变化随后降为 0	① 冷凝器风机未正常工作，系统压差过大，电机负载过大导致的过电流保护起动 ② 电机缺相导致的过电流保护起动	① 保证冷凝器风机正常工作，待系统压力平衡后再次起动 ② 检查驱动控制器与电机连接的三相插头及相关导线，保证其接触良好及导通

PTC 控制器加热器常见故障模式及排除见表 6-12。

表 6-12　PTC 控制器加热器常见故障模式及排除

故障	现象	原因及判断	检测及排除措施
PTC 控制器不工作	起动功能设置后风仍为凉风	① 冷暖模式设置不正确 ② PTC 控制器本体断路 ③ PTC 控制器控制回路断路 ④ 内部短路烧毁高压熔丝	① 检查冷暖设置是否选择较暖方向 ② 断开高压插件后测量高压正负电阻是否正常 ③ 断开低压插件后测量两极间是否为导通 ④ 更换 PTC 控制器及高压熔丝
PTC 控制器过热	出风温度异常升高或从空调出风口嗅到塑料焦烟气味	PTC 控制器控制模块损坏粘连不能正常断开	关闭制热功能，断电检查 PTC 控制器加热器及 PTC 控制器控制模块

参 考 文 献

［1］何洪文，等. 电动汽车原理与构造［M］. 北京：机械工业出版社，2012.
［2］吴兴敏，张博，王彦光. 电动汽车构造、原理与检修［M］. 北京：北京理工大学出版社，2015.
［3］李晓林. 电动汽车整车控制系统介绍［J］. 科技资讯，2012（19）：27-29.
［4］陈开考. 汽车构造与拆装（下）［M］. 北京：机械工业出版社，2010.
［5］陈新亚. 汽车为什么会跑：底盘图解［M］. 北京：机械工业出版社，2015.
［6］麻友良，严运兵. 电动汽车概论［M］. 北京：机械工业出版社，2012.